Hans Haumer • Das Wildentenprinzip

Hans Haumer

DAS WILDENTEN PRINZIP

DIE STRATEGIE VON KAMPF UND KONSENS IM MANAGEMENT

Orac
WIEN · MÜNCHEN · ZÜRICH

Verlag und Autor danken Herrn Ing. Gottfried Wildgans und dem Niederösterreichischen Pressehaus St. Pölten für die Erlaubnis, Texte von Anton Wildgans und Josef Weinheber (Josef Weinheber, Kammermusik, Gedichte, erschienen im Verlag Niederösterreichisches Pressehaus 1994) abdrucken zu dürfen.

ISBN 3-7015-0317-6

Schutzumschlag: Kurt Rendl
unter Verwendung eines Photos der
Zefa Farbbildagentur, Düsseldorf
Lektorat: Sibylle Pühringer
Satz: Bernhard Computertext, Wien
Druck und Bindung: Wiener Verlag, Himberg bei Wien

INHALTSVERZEICHNIS

„Das Gegenteil einer großen Wahrheit ist eine andere Wahrheit."

Niels Bohr

I.

DIE STRATEGIE VON KAMPF UND KONSENS – EINE EINLEITUNG

Kampf und Konsens, Wettbewerb und Zusammenarbeit, Egoismus und Solidarität sind die Pole der natürlichen und kulturellen Entwicklung des Menschen. Unsere Geschichte kreist um sie als eine Kette von Konflikten und Lösungen, die sich immer wieder in neuem Gewand präsentieren. Die Liberalisierung des Welthandels, die Errichtung der Europäischen Union, die wirtschaftlichen und sozialen Spannungen der Wiedervereinigung Deutschlands, die umstrittene Geld- und Währungspolitik der Deutschen Bundesbank im Rezessionsjahr 1993 – an aktuellen Beispielen für das Gegenspiel von Kräften im großen Weltgeschehen mangelt es nicht. Aus dem täglichen Kontakt mit anderen Menschen kennen wir das ständige Aufeinanderprallen von Interessen und Meinungen in einer „kleinen Welt, in der die große ihre Probe hält". Unterschiedliche Auffassungen, einzementierte Standpunkte, späte Einsichten, allmähliches Zusammensprechen, das ewige Pendeln zwischen Ja und Nein machen unser tägliches Leben aus. Überall, wo Menschen leben und arbeiten, tauchen diese Probleme auf. Ich will in diesem Buch versuchen, einigen grundsätzlichen Fragen des Zusammenwirkens und Zusammenlebens gemäß dieser These der Polarität von Kampf und Konsens nachzuspüren. Das *Wildentenprinzip* soll einen Denkansatz und Einsichten zur Analyse und zum Verständnis dieses Pendelns zwischen Spannung und Spannungsausgleich in unserem beruflichen und privaten Leben liefern. Und es soll eine Hilfe bei der Gestaltung jener vielen kleinen Welten geben, in denen jeder von uns seine Rolle spielt.

In unserer Kultur, die wir nach unserer „Menschwerdung" in kurzen Jahrtausenden geschaffen haben, sind die *letzten Dinge* von Geheimnis verhüllt. Immer wieder aber treten in den Mythen als den Schreinen der tiefsten Werte spannungsgeladene Paarungen auf: Götter und Menschen, Mann und Frau, Jugend und Alter, Erde und Himmel, Tag und Nacht, Leben und Tod. Das Leben selbst scheint von einem Gesetz des Aufbaus und des Abbaus von Spannung gekennzeichnet zu sein, das sich auch in unserer Kultur und in unserem Denken niederschlägt. Wir können von einem Wettstreit des Bewahrens und des Veränderns sprechen, der sich in all den Bildern und Mythen findet, welche die Menschheit in ihrem Erfahrungsschatz mit sich trägt. In der östlichen Philosophie trifft man diese Polarität unter den Begriffen Yin und Yang an; in der westlichen Philosophie, zum Beispiel bei Bergson oder Hegel, finden wir ähnliche Gedankengebäude. Bergson meint, das Pendel des Lebens schwinge ständig zwischen dem Mechanismus der Materie und dem schöpferischen und konstruktiven *élan vital.* These, Antithese und Synthese bilden bei Hegel eine Kette der Auseinandersetzung und Entwicklung bis zum *absoluten Geist.*

„Wenn es in der menschlichen Kultur ein Gleichgewicht gibt, dann läßt es sich nur als dynamisches, nicht als statisches Gleichgewicht beschreiben; es ist das Ergebnis eines Kampfes zwischen gegensätzlichen Kräften." So bezeichnet der in Breslau geborene Kulturphilosoph Ernst Cassirer (1990) denn auch die Kultur als einen Prozeß der fortschreitenden Selbstbefreiung, in dem der Mensch seine Kraft entdeckt und beweist, sich eine eigene Welt errichten zu können.

In unserem modernen Wirtschaftsleben sehen wir die Vorteile des Kampfes und des Wettbewerbs als eine ständige Auslese zugunsten besserer Leistung, wie sie auch in der Natur stattfindet. Friedrich von Hayek hat den Wettbewerb als *Entdeckungsverfahren* bezeichnet, der zu immer neuen Erkenntnissen und daher zu Fortschritt führt. Er folgt damit einem evolutionären Prinzip der Erkenntnisbiologie. Der Kampf um Nahrung und Geschlechtspartner im Tierreich dient im Prinzip dem gleichen Zweck wie der Wettbewerb zwischen Unternehmungen im Markt. Wettbewerb, Egoismus, Selbsterhaltung und Selbstentfaltung bestimmen den einen Pol der sozialen Energie: das *kämpferische, agonale Element.* Was sich durchsetzt und überlebt, ist die bessere Leistung, das attraktivere Produkt, die günstigere Kostenbasis. Doch sind weder das einfache Lebewesen noch der Mensch imstande, ohne Zusammenwirken und Konsens Geschlechtspartner zu finden, Schutz und Nahrung für sich und die Nachkommen zu sichern und Überlebensziele zu erreichen, die jenseits der Kraft und Fähigkeit des einzelnen liegen. Daher kennen sowohl die Natur als auch die Kultur nicht nur das Prinzip von Kampf, Wettbewerb und Egoismus, sondern auch Konsens, Kooperation und Solidarität, die den anderen Pol der sozialen Energie bestimmen: das *partnerschaftliche, synagonale Element.*

Ich stelle die These auf, daß jede Organisation um so größeren Erfolg hat, je besser ihr die *konsensorientierte Nutzung von möglichst hohen kämpferischen Energien* gelingt. Wettbewerb und Kampfgeist innerhalb einer Organisation müssen mit dem Willen zur Zusammenarbeit und zum Konsens in einer „Quadratur des Kreises“ vereinigt werden. Die Aussage mag banal erscheinen – und sie ist es auch. Weniger einfach ist es, diese Forderung nach ständiger *Optimierung von Kampf und Konsens* tatsächlich umzusetzen. Ich habe mich bemüht, in diesem Buch Überlegungen und Beispiele zusammenzutragen, wie unsere Organisationen funktionieren und funktionieren sollten, wo unser Denken und Handeln zu lebensfern geworden ist und wie uns die Philosophie des Wildentenprinzips helfen kann, die natürlichen und ethischen Postulate des Lebens in einer Gemeinschaft besser zu verstehen und zu befolgen. *Das Wildentenprinzip ist ökonomische Vernunft und moralische Haltung.*

Das Wildentenprinzip hat sowohl realen als auch symbolischen Gehalt. Viele Lebewesen, vor allem Zugvögel wie die Wildenten, schließen sich zur Erreichung gemeinsamer Ziele zusammen. Im Formationsflug sparen Vögel etwa 20 Prozent Energie ein, die stärkeren Vögel weniger, die schwächeren mehr, weil sie sich in der Formation entsprechend aerodynamisch ungünstiger oder günstiger positionieren. Dieses Bild von Leistung und Solidarität habe ich bereits in meinem Buch „Die neuen Macher“ (1990) „Wildentenkultur“ genannt, ohne damals näher darauf einzugehen. Der physikalische Grund für die Energieersparnis ist die Nutzung der aerodynamischen Vorteile des Formationsfluges, der biologische das Verhaltensgesetz des gemeinsamen Fluges. Aber auch die Symbolik (oder der Mythos) des Wildentenfluges ist überzeugend: Jeder

Vogel fliegt am Himmel wie ein Pfeil, und gemeinsam bilden alle Vögel nochmals dieses Zeichen des Strebens zu einem gemeinsamen Ziel am Horizont ab.

Leben braucht Energie. Wir müssen aus unserer Umwelt Energie absorbieren, um zu überleben. Überall in der Natur ist Energie knapp, wird Energie knapp bewirtschaftet, paßt sich das Leben an knappe Ressourcen an. Wann immer Überschuß oder Mangel herrscht, sorgt die Natur selbst für einen Ausgleich. Der Kampf ums Überleben ist ein höchst natürliches Prinzip. Die Natur hat aber auch Formen des Zusammenwirkens geschaffen, welche die soziale Effizienz von Lebewesen erhöhen oder überhaupt erst ermöglichen. Wir müssen durch Kampf oder Tausch unseren Energiehaushalt im Gleichgewicht gegenüber anderen halten, die ebenfalls leben und überleben wollen. Wir setzen im Kampf ums Dasein natürliche und angestammte, aber auch kulturelle oder erlernte Verhaltensweisen ein. Gleichzeitig mit dem Kampf und dem Wettbewerb um prinzipiell knappe Ressourcen sind wir auf die Vorteile des Zusammenlebens und der Zusammenarbeit mit anderen angewiesen. Neben der Auseinandersetzung suchen wir den Kontakt und das positive Erlebnis der erfüllenden Gemeinschaft. Diese Veranlagung des Menschen zu beiden Strategien – der des Kampfes (der *agonalen Strategie*) und der des Zusammenwirkens und des Konsenses (der *synagonalen Strategie*) – lenkt auch die zur Verfügung stehende Energie in verschiedene Bahnen. Wie entwickeln sich natürliches und überzeugtes Gemeinschaftsgefühl und Solidarität, und warum regiert so oft blanker und manchmal gewalttätiger Egoismus? Die ethische Seite dieser Frage für jeden einzelnen und für die Gemeinschaft ist: Wieviel an Egoismus oder Solidarität brauchen wir, wieviel sollen wir zulassen? Wo müssen wir die Rücksichtslosigkeit der Falken zugunsten der Rücksichtnahme auf die Tauben zurückstutzen? Auch hier gibt es eine Polarität von Kraft und Gegenkraft, der wir im Verlaufe unserer Überlegungen noch häufig begegnen werden.

Ohne einem übertriebenen Biologismus zu huldigen, kann man aus der Natur viel über das Verhalten des Menschen in Unternehmungen und anderen Institutionen lernen. Zumindest muß man die Natur des menschlichen Verhaltens kennen und berücksichtigen, wenn man die Kultur eines Unternehmens auf eine feste und pragmatische Grundlage stellen will. Die Natur, soweit sie nicht vom Menschen beeinflußt ist, hat das Gleichgewichtsproblem zwischen Kampf und Konsens in jeder Hinsicht gelöst. Die einzelnen Lebewesen und Arten verteidigen ihr Revier zur Sicherung der Nahrung, und die Regeln des Wettbewerbs um die genetische Fitneß in der Fortpflanzung sind klar ritualisiert. Erfolg und Versagen werden durch Fressen und Gefressenwerden beantwortet. In unserer menschlichen Kultur und Zivilisation gibt es differenziertere Regeln. Im Prinzip lassen sie sich aber nach sehr ähnlichen Grundsätzen verstehen und auslegen, weil auch das Kulturwesen Mensch seine natürlichen Triebkräfte und seine stammesgeschichtliche Vergangenheit nicht verleugnen kann. Kampf und Konsens müssen so gemanagt werden, daß möglichst viel Energie in die Erhaltung und Entwicklung der eigenen „sozialen Art" (zum Beispiel das Unternehmen) investiert werden kann. Die Erhaltung der Existenz und Zukunft einer Gemeinschaft hängt von der *sozialen Energie* ab, die zur Sicherung der *sozialen Fitneß* aufgewendet werden kann. Die optimale Energieverwendung läßt sich natürlich auch im Sinne von klassischen Managementbegriffen wie Effektivität und Effizienz beschreiben: Was ist die richtige Aufgabenstellung? Was soll getan werden? Was sind die Produkte, die man mit Gewinn (das heißt mit einem Energieüberschuß) im Markt verkaufen kann? Wie läßt sich die Produktion verbessern, vereinfachen, verbilligen und beschleunigen? Wie lassen sich Reibungsverluste in der Kommunikation reduzieren? Wie stellt man sicher, daß jeder motiviert genug ist, um sein Bestes für die Organisation zu geben?

Das Kapitel II dieses Buches beschreibt die Entstehung und Formulierung des Wildentenprinzips als Postulat moderner Unternehmensführung. Es ist erstaunlich, wie viele moderne Grundsätze der Zusammenarbeit aus dem Verhalten der Zugvögel im Flug abgeleitet werden können.

Im Kapitel III stelle ich das Wildentenprinzip in den Zusammenhang wichtiger klassischer und zeitgenössischer Managementtheorien, vor allem der Polarität *Wirtschaftlichkeit und Menschlichkeit,* die gerade in Zeiten der Krise von höchster Aktualität ist. Die ewig gleichen wichtigen Fragen des Managens wurden von den Jüngern der Managementlehre im Laufe der Zeit unter verschiedenen Gesichtspunkten beleuchtet. Eduard E. Lawler von der University of Southern California hat etwas zynisch gemeint, daß Managementtheorien wie alles andere der Mode unterlägen. Dabei ginge es aber immer wieder um das gleiche: Wie zirkulieren Macht, Wissen, Information und Belohnung in einer Organisation von oben nach unten?

In den beiden darauffolgenden Kapiteln möchte ich einigen Voraussetzungen und Grundgesetzen des Lebendigen nachspüren, die wir zum besseren Verständnis des Wildentenprinzips nutzen können. Die nächsten drei Kapitel befassen sich mit Rolle, Rang und Macht in Organisationen und dienen vor allem dem Verständnis des kämpferischen oder agonalen Prinzips. Macht und Gewalt sind die Apotheose des Egoismus. Der Machthunger ist die Fortsetzung der Ich-Sucht mit anderen Mitteln, könnte man frei nach Clausewitz extemporieren. Die Existenz von Macht ist ein wesentlicher und ständiger Spannungszustand in allen sozialen Gebilden. Machtkonflikte sind aber legitimer Teil jeder sozialen Wirklichkeit. Vor allem in großen Organisationen spielt sich der Kampf um Macht auf subtile Weise und auf vielen Ebenen ab.

Im darauffolgenden Teil des Buches werden wir uns mit dem zweiten Pol, dem synagonalen oder auf den Konsens orientierten Element des menschlichen Zusammenlebens, befassen.

Im Kapitel VIII wird das weite Land der Kommunikation zwischen den Menschen im Mittelpunkt stehen. Ich fasse Kommunikation als *Macht- und Wertbeziehung* auf; denn nur in Abhängigkeit von der Beziehungsebene kommt Information zustande. Wie die Beziehungen und der Informationsaustausch funktionieren, ist eine Lebensfrage für jede Gemeinschaft. Sie wollen wir in diesem wichtigen Kapitel untersuchen. Wenn Kommunikation im Grunde eine Macht- und Wertbeziehung ist, wie ich meine, dann müssen wir das Wertgefüge unserer Zeit und unserer Organisationen einschätzen lernen. Erst dann können wir die Richtung und den Sinn des Wildentenfluges bestimmen.

Das neunte Kapitel dient dazu, die *zentrifugale Kraft* unserer modernen Kultur als Motor der Verhaltenstrends in unseren Unternehmungen darzustellen. Auch eine Unternehmenskultur lebt im Medium der allgemeinen Kultur, so wie die Wildenten die Luft zum Fliegen brauchen.

Danach werde ich mich im zehnten Kapitel mit Teams und Allianzen als zwar uralten, aber immer wieder neu zu erfindenden Formen der Leistungssteigerung durch Zusammenarbeit befassen. Neben einigen theoretischen und praktischen Erkenntnissen von Gruppendynamik und Teamwork will ich vor allem die Arbeit von Teams an der Unternehmensspitze näher beleuchten und auch manche persönlichen Erfahrungen aus jahrzehntelanger Tätigkeit in einer Führungsfunktion einbringen. Zwischen dem gesunden Leistungsstreben, dem ganz normalen Egoismus und dem neurotischen Narzißmus liegen gerade in der dünnen Gipfelluft von Organisationen oft nur wenige Höhenmeter.

Im letzten Kapitel wollen wir den Ausbruch aus dem *eisernen Käfig* proben, wie Max Weber unsere bürokratischen Organisationen genannt hat. In diesem Kapitel fasse ich die Ethik des Wildentenprinzips und seine Ausformulierung so zusammen:

- Soziale Energie bewußt erleben und sinnvoll einsetzen;
- vom Leben die Bewältigung von Gegensätzen lernen;
- Leistung für sich und andere im Wettbewerb erkämpfen;
- Solidarität für die Gemeinschaft erbringen;
- durch Verantwortung Sinn für sich selbst und andere schaffen.

So können wir Kampf und Konsens als Wege des Lebens zum Erfolg nutzen.

„Die wilden Enten fliegen
am Himmel wie viele Pfeile
und doch wie einer."

II.

DER WILDENTENFLUG UND DAS GESETZ DER KNAPPEN ENERGIE

In Unternehmungen ist die *dynamische Balance* zwischen Wettbewerb und Zusammenarbeit einzelner Personen in ihrem vielfältigen Rollenspiel, in der notwendigen und möglichen Arbeitsteilung und Spezialisierung, in partnerschaftlicher Kommunikation, aber schließlich auch in der Koordination durch Machtmittel ein kritisches Erfolgsmerkmal. An diesem Grundprinzip des Entstehens jeder gesellschaftlichen Leistung ist meiner Meinung nach kaum zu rütteln. Die Frage ist hauptsächlich die nach den Voraussetzungen von Kampf oder Konsens. Wird gekämpft, um zu vernichten oder um zu überleben? Herrscht der labile Kompromiß latenter Machtkämpfe, oder kann es zum Konsens zwischen unterschiedlich gepolten Interessen kommen? Man könnte die Frage auch so stellen: Wie wird die soziale Energie des Unternehmens in erster Linie verwendet: für den *infight,* den Kampf gegeneinander, oder die Kooperation, den Kampf miteinander?

Ich gehe davon aus, daß das menschliche Zusammenleben in Organisationen kaum anders funktioniert als in den kleineren Zellen der menschlichen Gemeinschaft. Im Laufe unserer gesellschaftlichen Entwicklung haben wir eher gelernt, uns in der Kleingruppe zurechtzufinden. In größeren sozialen Organisationen jüngeren Datums beherrschen wir trotz unserer technischen und politischen Fortschritte den ganzheitlichen Umgang miteinander nicht. Die kulturellen Werkzeuge dafür sind noch im Entstehen, müßte der Optimist sagen, um nicht an den offensichtlichen Defiziten zu verzweifeln. Man könnte aus dieser Mutmaßung vielleicht eine Art *Kaskadentheorie* der gesellschaftlichen Erfahrung ableiten: Im Verhalten zueinander sucht der Mensch das Vertraute und Überschaubare. In größeren gesellschaftlichen Einheiten fehlen Reaktions- und Anpassungsmuster deshalb noch, weil sie historisch viel jünger und daher weniger „gelernt" sind. Die „Menschenrechte" – oder die demokratische Staatsform als breiter gesellschaftlicher Anspruch – haben sich erst seit wenigen hundert Jahren entwickelt, wobei der Verweis zum Beispiel auf griechische Stadtstaaten und auf die menschengerechte Philosophie der Alten in meinen Augen diese Aussage nicht widerlegt. Die heutige Massendemokratie ist mit der Demokratie der paar tausend privilegierten Bürger von damals nicht zu vergleichen. Die humanistische Philosophie eines Platon oder Aristoteles entbehrte der politischen Breite. (Wir können davon ausgehen, daß Alexander der Große sich kaum an die Ethik seines Lehrers Aristoteles gehalten hat.) Heute gibt es immerhin eine KSZE oder Amnesty International, das heißt Menschenrechte sind auch politisch relevant, wenn auch noch nicht voll international durchsetzbar. Ich vertrete daher die Theorie, daß unser Verhalten in Organisationen erst nach und nach die richtigen *neuen* Muster sucht und sich derzeit noch stark aus den seit Millionen Jahren gelernten und geprägten sozialen Beziehungen in Familie, Clan und Stamm ableitet.

Es ist offensichtlich, daß Menschen nur gemeinsam Ziele verwirklichen können, die ein einzelner nie erreichen kann. Die Gemeinschaft kann unterschiedliche Fähigkeiten und Talente zur Lösung komplexer Probleme aufbringen. Unser Interesse muß also sein, wie wir die Sozialenergie optimieren können, wie wir die harten Kräfte des Kampfes und die weiche Gewalt des Konsenses besser verstehen und dann auch mit mehr Einsicht managen können. Vor allem in großen Organisationen kommt es stark auf die Gliederung der Elemente dieser Energien an. Arthur Köstler hat eine Theorie entwickelt, die hierarchisch angeordnete Teilsysteme jeweils doppelt definiert: Stets ist jeder Teil selbst ein Ganzes, aber auch Teil eines übergeordneten Ganzen. Daher ist alles gleichzeitig Ganzes und Teil. Ein lebender Organismus oder eine soziale Gruppe sind demnach keine Anhäufung von Elementarteilen oder einzelnen Prozessen, sondern eine aus autonomen Sub-Ganzheiten aufgebaute Hierarchie, die ihrerseits wiederum aus Sub-Sub-Ganzheiten besteht usw. Die Einheiten jeder Stufe der Hierarchie sind janusgesichtig: Nach unten hin agieren sie als Ganzheiten, nach oben als Teile.

Peter Russell faßt die Evolution überhaupt als einen ständigen dynamischen Zusammenschluß von Elementarteilchen, Atomen und Molekülen bis zu Zellgeweben, Organen und schließlich Organismen wie den Menschen auf. Alles, was heute noch Teil ist, würde sich zu einer neuen höheren Ganzheit entwickeln. Warum sollte sich nicht etwa die Summe einzelner menschlicher Gehirne zu einem „*global brain*" zusammenschließen? Solche Ansätze zu einer Art globalem Bewußtsein sind tatsächlich zu orten, nicht zuletzt aufgrund der zunehmenden Transparenz und Gleichzeitigkeit auf unserer Welt.

Diese Art der Betrachtung läßt uns Organisationen eher als dynamisch und daher *vorläufig* und jedenfalls *unvollkommen* erscheinen. Das Problem der Organisation ist dann nicht eines der Unter- oder Überordnung, sondern die Aufforderung zur *Ein*ordnung im doppelten Sinn des Wortes: Organisation ist eine *Einheit* der Ordnung und eine *einende* Ordnung, aber auch eine stets in Frage gestellte Ordnung. So muß der Mensch seine Evolution bewältigen: Seine Natur darf er spüren, seine Kultur muß ihn führen. Die menschliche Natur der Individualität und des Gemeinschaftsgeistes soll zur Kultur nach dem Wildentenprinzip werden, in der die Kraft der reifen Persönlichkeit und die dynamischen Werte der Gemeinschaft gleichzeitig verwirklichbar werden.

Ich habe den Ausdruck *Wildentenkultur* in meinem Buch „Die neuen Macher" (1990) als Symbol einer Unternehmenskultur verwendet, die die positiven Elemente individueller und kollektiver Arbeit harmonisch verbindet: Jedes Tier fliegt selbst wie ein Pfeil, gemeinsam bilden sie seine Formation in übersteigerter Symbolik nochmals ab, schrieb ich damals. Auf die Wildenten war ich gestoßen, weil Thomas Watson jr., der Sohn des Gründers von IBM, angeblich gerne folgende Geschichte von Søren Kierkegaard erzählte: Auf dem Flug in den Süden kamen riesige Scharen von Wildenten an einem Teich vorbei, wo sie zu rasten pflegten und in dessen Nähe ein Naturliebhaber wohnte. Er begann, die Enten zu füttern. Einige blieben schon im ersten Jahr über den Winter. Nach einigen Jahren wurden die ersten Enten so fett und so faul, daß sie Schwierigkeiten mit dem Fliegen hatten. Seine Geschichte beendete Watson mit der Pointe: Man kann zwar wilde Enten zähmen, aber zahme Enten nie mehr wild machen. Im September 1993 sagte der Vorstandsvorsitzende von VW, Ferdinand Piëch, vielleicht in Anspielung darauf: „VW ist eine Ente, die zum Fliegen zu fett geworden ist."

Mit dem Verhalten von Tieren auf ihren Wanderzügen hatte ich mich damals noch nicht beschäftigt. Erst später stieß ich auf Untersuchungen, die mir faszinierende Einblicke gaben. Die Arbeiten des Aerodynamikers Dietrich Hummel an der Technischen Universität Braunschweig haben gezeigt, daß Vögel in bestimmten Formationen gewaltige Energieersparnisse durch die spezielle Aerodynamik der Formation einfliegen können. Man ist heute der Ansicht, daß die Vögel diese Vorteile spüren und sich daher in pfeilförmigen Formationen bewegen. Die aerodynamischen Forschungen gingen von der Leistungsersparnis bei Flugzeugverbänden aus. In Abhängigkeit von der Zahl der beteiligten Flugzeuge und von deren seitlichem Abstand konnte eine erstaunlich große Energieeinsparung festgestellt werden. Hummel und andere Aerodynamiker haben daraus abgeleitet und berechnet, inwieweit auch bei der wesentlich komplizierteren Bewegung von Vögeln ähnliche Vorteile entstehen und wie sie auf die Mitglieder der Formation verteilt sind. Innerhalb der Spannweite entsteht hinter dem Flügel des Vogels ein Abwind und seitwärts vom Flügel außerhalb der Spannweite sowie vor dem Flügel ein Aufwind. Der Abwind hat auch weit hinter dem Flügel noch beträchtliche Werte. Der Aufwind hingegen weist nur in unmittelbarer Nähe des Flügels, insbesondere an den beiden Flügelenden und am Rand der freien Wirbelschicht, hohe Werte auf und klingt seitwärts und nach vorne hin stark ab. Seitwärts hinter dem Flügel ist der induzierte Aufwind sehr viel größer als seitwärts vor dem Flügel.

Ausgehend von diesen aerodynamischen Zusammenhängen hat Hummel 1973 wegweisende Untersuchungen veröffentlicht, die als Analogie für die Zusammenarbeit in Organisationen anwendbar sind. Die wesentlichen Ergebnisse dieser Forschungen lassen sich wie folgt zusammenfassen:

- Mit abnehmendem seitlichen Abstand der Vögel voneinander wächst die Leistungsersparnis des gesamten Flugverbandes stark an.
- Je näher die Vögel einander sind, desto mehr Leistung können sie ersparen, aber die Kollisionsgefahr bildet eine objektive Grenze für den seitlichen Abstand.
- Die Leistungsersparnis wird mit wachsender Zahl der beteiligten Vögel höher. Auch hier gibt es eine objektive Grenze, die die Wissenschaft nicht genau belegen kann, die aber aus der Erfahrung ungefähr 60 Vögel zu betragen scheint – vielleicht die optimale Kombination von Leistungsersparnis und Kommunikationsbedarf.

Aus den Forschungen ergibt sich auch, daß alle Flugformationen mit der gleichen Anzahl von Vögeln und dem gleichen seitlichen Abstand der Flügel voneinander die gleiche Gesamtleistungsersparnis ergeben. Das heißt, daß in Flugrichtung die einzelnen Flügel beliebig verschoben werden können, ohne daß sich die gesamte Leistungsersparnis ändert. Praktisch gesprochen bleibt bei gleicher Breite, aber unterschiedlicher Länge der Pfeilformation die Energieeffizienz gleich groß. Der Winkel des Pfeils kann daher auch variieren, ohne daß sich das Energiebudget ändern muß. Für alle von Hummel angeführten Beispiele ist die gesamte Leistungsersparnis bei Flugzeugverbänden mit 23 Prozent berechnet worden. In einem natürlichen Verband von 56 Ringelgänsen wurde unter Anwendung der gleichen aerodynamischen Formel für die gesamte Formation eine Leistungsersparnis von konkret 17,6 Prozent errechnet. Die Verteilung dieser Ersparnis auf die einzelnen Vögel schwankt stark um diesen Mittelwert. In einem natürlichen Verband ist der seitliche Abstand zweier benachbarter Flügel tatsächlich stark veränderlich. Die Leistungsersparnis ist in jenen Bereichen der Formation besonders hoch, in denen *kleine* seitliche Abstände vorliegen. Dies entspricht auch den aerodynamischen Erwartungen.

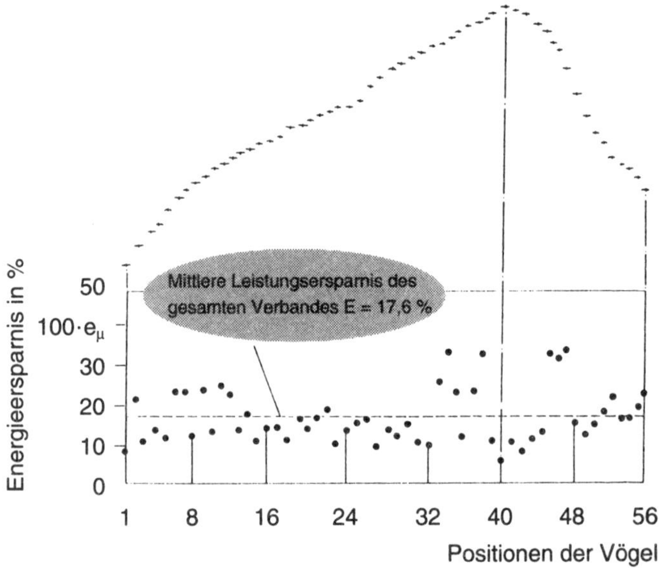

Dietrich Hummel, Die Leistungsersparnis beim Verbandsflug.
Quelle: Journal of Ornithology, Band 114, 1973, Nr. 3.

Bei der Bildung von Flugformationen spielt aber nicht nur die optimale Aerodynamik eine Rolle. Das beobachtete Verhalten der Tiere während des Fluges vermittelt weitere interessante Einblicke. Es wurde lange vermutet, daß wegen einer minimalen Leistungsersparnis an der Spitze der Formation häufig ein Wechsel der Spitzenposition am vorderen Ende des Verbandes zu beobachten sein müsse. Tatsächlich stellte man aber fest, daß die Führungsposition nur selten gewechselt wird. Allerdings kommt es häufiger zu Änderungen in der *Form* des Verbandes nahe der Spitze, sodaß die Leistungsersparnis gleichmäßiger auf die einzelnen dort fliegenden Tiere verteilt wird. Die Spitze der Formation kann sich einen größeren Anteil am Energiegewinn verschaffen, indem sie sich gegenüber den anderen etwas zurückfallen läßt (die Spitze wird stumpfer). Daraus läßt sich ableiten, daß bei Ermüdung der Führungsgruppe nicht so sehr ein Wechsel in der Führungsposition als vielmehr eine Art „schöpferische Führungspause" eintritt, bei der die Führenden sich stärker von den Vorteilen der Formation treiben lassen und sie für sich ausnützen, um sich wieder zu regenerieren. Je spitzer der Pfeilwinkel, desto mehr fällt die Leistungsersparnis in der Spitzenposition ab, während sie am Rande der Formation ansteigt. Für die Wahl des Pfeilwinkels gibt es keinen eindeutigen aerodynamischen Grund, weil er keinen Einfluß auf die Gesamtleistungsersparnis des Verbandes hat. Möglicherweise wird der Pfeilwinkel eher von den Dimensionen der Vogelkörper bestimmt und hat mit dem Wunsch zu tun, auch während des Fluges den Augenkontakt aufrechterhalten zu können. Kurzhalsige Vögel fliegen daher in flachen Winkelformationen, langhalsige eher in spitzwinkeligen. Wir ersehen daraus, daß die Kommunikation eine wichtige Variable für das konkrete Flugverhalten ist, wobei innerhalb des Energieoptimums zusätzlich nach optimaler Kommunikation gesucht wird. Neben der Kommunikation gibt es auch noch den Faktor der Gruppensolidarität, der die Geschwindigkeit und Form des Flugverbandes beeinflußt. Um auf schwächere Tiere Rücksicht zu nehmen, läßt die Gruppe sie in jenem Teil der Formation fliegen, wo die Energieersparnis am größten ist, also in der Mitte. So können sie mit dem geringsten Energieaufwand am ehesten mit dem Gesamttempo der Gruppe mithalten. Die stärkeren Vögel fliegen in jenen Bereichen, wo die relative Energieersparnis geringer ist. Sie setzen einen Teil ihrer Leistungskraft zum Wohl der schwächeren Mitglieder ein, aber auch sie profitieren von der „kritischen Masse“. Einzelleistungen *und* Gesamtleistung werden ökonomischer durch Organisation, Kommunikation und Solidarität.

Zum Unterschied von Wanderzügen mit stabilen Flugformationen gibt es allerdings auch solche, die Störungen ausgesetzt sind. Bei den Wanderfalken hat man beobachtet, daß die Aggression einzelner Vögel während des Fluges und ihr Beuteverhalten die Formierung von aerodynamisch zweckmäßigen Schwärmen oft deutlich behindert. Man hat auch festgestellt, daß einzelne Tiere den Aufwind unterschiedlich ausnützen und damit automatisch seine Nutzung für andere erschweren. Außerdem scheinen Wanderfalken häufig unterschiedliche Ziele anzufliegen, sodaß die Formation oft auf halbem Weg auseinanderfällt. Auch bei den Tieren gibt es mehr oder weniger ausgeprägtes Gruppenverhalten oder individuellen Egoismus mit dem Versuch zum „Trittbrettfahren“. Offensichtlich verschwimmen auch in der Natur die Modelle der Solidarität und des Egoismus. Wir können sie in den angeführten Beispielen aus der biologischen Unterschiedlichkeit zwischen „Tauben und Falken“ verstehen. Die Gemeinsamkeiten mit menschlichem Verhalten sind evident. Schon bei diesen natürlichen Verwandtschaften sind wir zu einer Wertung gezwungen. Rein ökonomisch wäre es wahrscheinlich auch für die Wanderfalken vernünftiger, ihre stabile Formation aufrechtzuerhalten. Aber ihre kämpferische Natur hindert sie daran. So nützen sie die Vorteile des gemeinsamen Fluges nur teilweise aus. Auch bei den friedlichen Wildenten oder Wildgänsen geht es natürlich nicht ohne Kampf ab, zumindest dann, wenn sie ihre Nistplätze erreicht haben und der Wettbewerb um Nahrung, Fortpflanzung und daher Rang und Rolle in der Gemeinschaft voll einsetzt.

Fassen wir die Grundsätze des Wildentenfluges und der knappen Energie abschließend nochmals zusammen:

- Die gemeinsame Leistung erspart Energie. Die Nähe zueinander ist dabei die wichtigste Variable.
- Die Gefahr des Zusammenstoßes begrenzt die möglichen Vorteile.
- Die größere Anzahl erspart mehr Energie, sie ist aber durch den Kommunikationsbedarf begrenzt.
- Die Gruppe verteilt Positionen nach Stärken und Schwächen der einzelnen Mitglieder und definiert dadurch deren Solidaritätsbeitrag.
- Schöpferische Führungspausen werden von der Gruppe mitgetragen.

„Man muß ins Gelingen verliebt sein, nicht ins Scheitern."

Ernst Bloch

III.

IM FOKUS DES MANAGEMENTS – EIN EXKURS ZUR STANDORTBESTIMMUNG

Als im Jahr 1993 in großer Auflage das neue Buch von Michael Hammer und James Champy, „Reengineering the Corporation – a Manifesto for Business Revolution", erschien, bezeichneten es die Autoren in ihrer Einleitung ohne falsche Bescheidenheit als „einen neuen Adam Smith". Vor mehr als 200 Jahren hatte dieser schottische Moralphilosoph und Ökonom in seinem Klassiker „Der Reichtum der Nationen" erstmals die Theorie aufgestellt, daß die industrielle Arbeit in möglichst einfache einzelne Aufgaben unterteilt werden sollte. Durch zwei Jahrhunderte hindurch ist die Lehre der Arbeits*teilung* Mutter des industriellen Fortschritts gewesen. Nunmehr, in unserem „nachindustriellen" Zeitalter, müßten die Firmen im Gegenteil rund um den Gedanken gebaut werden, diese einzelnen Aufgaben wieder in einen zusammenhängenden Prozeß zu integrieren, sagen die Autoren. Diese Idee erhielt den Namen *Reengineering,* auch Reinventing,

Reframing, Transforming usw. genannt. Sie bestätigt das Gesetz der knappen Energie und fügt sich daher wunderbar in das Konzept des Wildentenprinzips. Eindrucksvolle Fallbeispiele werden angeführt, um den Erfolg dieser neuen Managementmethode zu beweisen. Eine vollkommen neue Welt der Arbeit entsteht, heißt es. Bei IBM Credit zum Beispiel entdeckten zwei leitende Angestellte, daß ein Finanzierungsgeschäft, das zwischen sechs Tagen und zwei Wochen dauerte, in Wahrheit nur etwa 90 Minuten Arbeit beanspruche. In einem totalen *Redesign* des Prozesses wurde ein durchschnittlich sieben Tage dauernder Geschäftsfall nun in durchschnittlich vier Stunden erledigt – und zwar ohne jegliche Erhöhung des Personalstandes. Im Endeffekt wurde der Durchlauf um 90 Prozent (!) verringert und die Produktivität um das 100fache (!) erhöht. Kein Wunder, wenn Hammer und Champy mit solchen Beispielen belegen wollen, daß ihre Erfindung gewissermaßen eine zweite „unsichtbare Hand" sei, die von nun an das Geschäftsleben revolutionieren werde.

Der neue Chef von IBM, Lou Gerstner, ist angetreten, um IBM einem solchen *Rethinking* zu unterziehen. In einer exklusiven Darstellung in „Business Week" (Oktober 1993) bricht er mit der alteingesessenen und im Markt gescheiterten Kultur von IBM, ganz in der Art eines unternehmerischen Revolutionärs: „Ich habe nie ein Unternehmen gesehen, das eine solche Nabelbeschau pflegt, das so mit internen Abläufen beschäftigt ist. ... Leute in diesem Unternehmen sagen mir, daß es leichter ist, mit Leuten außerhalb des Unternehmens als innerhalb des Unternehmens zu verkehren. Ich würde das eine Anklage nennen. ... Ich habe keine Zeit verloren, dieser Kultur nachzuweinen ..., weil ich nicht will, daß sie mich einholt." Starker Tobak! Aber auch typisch für die Notwendigkeit, in einer Wendezeit des

Unternehmens – und zweifellos befindet sich IBM in einer solchen Phase – mit revolutionären Ansätzen und starken Worten eine Veränderung herbeizuführen. Ist man nicht schnell und radikal genug, hat man keine Chance. Der amerikanische Vizepräsident Al Gore versucht sich auch in einem *Reinventing the Government.* Er möchte das 10.000 Seiten umfassende *Federal Personell Manual* bis September 1994 durch allgemeine leistungsorientierte und einfache Grundsätze ersetzen.

Natürlich werden die Herausforderungen immer größer. Aber auch die Möglichkeiten der Veränderung wachsen ständig. Tatsächlich besteht ein *Feedback* zwischen dem immer härter werdenden Wettbewerb, den immer anspruchsvolleren Kunden, dem rapiden technologischen Fortschritt und den Möglichkeiten, diesen Herausforderungen mit ihren eigenen Waffen zu begegnen. Einige Postulate des Wirtschaftens bleiben aber immer gleich: Nutzen für den Verbraucher, Ertrag des eingesetzten Kapitals, unternehmerisches Risiko, Wettbewerb. Das in allen Bereichen unseres Lebens feststellbare Gesetz der immerwährenden Beschleunigung und die immer stärkere Bewirtschaftung des Faktors der unvermehrbaren Zeit haben dennoch neue Akzente gesetzt, die unsere Epoche als eine der *Zeitknappheit* charakterisieren.

Die Theorien des Managements versuchen nichts anderes, als sich mit diesen unveränderlichen Variablen von immer neuen Gesichtspunkten her auseinanderzusetzen, und nehmen dabei auf sich ändernde Knappheiten im Sinn des situativen Managements Rücksicht. In der Krise sind andere Methoden und Rezepte gefragt als in guten Zeiten. Manchmal schlägt das Pendel zugunsten der *harten* Managementmethoden aus, und es gilt als „in“, hier und jetzt zu wägen und zu messen, die Spreu vom Weizen zu trennen. Es ist eine Art gemilderte Kommandowirtschaft des Managens. Dann wieder zeigen sich die Schwachstellen einer solchen Politik deutlicher, und die *weichen* Faktoren gewinnen an Bedeutung, die ein „menschlicheres Antlitz“ der Wirtschaft schaffen wollen. Die Polarität von Wirtschaftlichkeit und Menschlichkeit ist künstlich, zeigt aber das Gesetz der Gegensätze, durch welches das Pendel der Entwicklung in Gang gehalten und die Uhr des Fortschritts bewegt wird. Wenn es auch Moden in den Managementlehren gibt, so spiegeln die jeweils aktuellen Schwerpunkte doch den Erklärungsbedarf wider, den eine bestimmte Epoche anmeldet. Darum stehen heute in einer Zeit des sich verschärfenden Wettbewerbs vor allem *Lean management, Total Quality Management (TQM), Time Management* und *Team Management* sowie Kernkompetenzen und strategische Allianzen im Mittelpunkt des Managementinteresses. So wie in der Zeit der beginnenden Massenproduktion das *scientific management* von Frederick W. Taylor den modernen Arbeitsprozeß organisatorisch begründete. Damals wie heute spielte die jeweils neueste Technologie eine wesentliche Rolle für die Änderung des Managementdenkens. Immer haben sich die Organisationsforscher bemüht, Strukturen, Strategien, Ziele und Funktionen einer Organisation *an sich* zu verstehen, sie zu klassifizieren und gedanklich in ihre einzelnen Bestandteile zu sezieren. Immer wieder ging es dabei um den Menschen und sein Verhalten, seine Macht- und Ranganspruche in der Gemeinschaft, aber auch um das eigentliche Ziel der gemeinsamen Arbeit: die effiziente Organisation von Ressourcen zu einem gemeinsamen Zweck.

Große Organisationen entstanden ungefähr gleichzeitig etwa um 1870 in Nordamerika und in Europa; in Amerika war es der Bau der transkontinentalen Eisenbahn, in Europa hingegen die Entwicklung der Universalbank, welche die traditionellen, am Kleinunternehmen orientierten Managementstrukturen aufbrachen. Henry Town gab in seinem Aufsatz „The engineer as economist" zu Anfang dieses Jahrhunderts die Richtung an: Effektivität (was?) gegen reine Effizienz (wie?), Organisation der Arbeit im Gegensatz zur Organisation der Fabrik bzw. der Arbeiter, Wertschöpfung im Markt und für den Kunden gegenüber rein technischer Leistung – das waren die ersten und auch heute noch erheblichen Grundfragen des Managers, damals noch schlicht „economist", also „Wirtschafter", genannt. Damit war auch die moderne Managementlehre geboren.

Ich halte es für nützlich, einen kurzen Rückblick auf jene Grundsätze zu geben, die sich als ewig gleich erweisen und doch immer wieder in neuem Kleid mit den Grundfragen der Organisation und des Managements auseinandersetzen. Sie verschaffen uns die Perspektive für das Wildentenprinzip. In den folgenden Absätzen möchte ich daher eine Auswahl der wichtigsten Entwicklungen der Managementlehre aufzeigen, die eine Einordnung des Wildentenprinzips in das Raster des Managementdenkens dieses Jahrhunderts erleichtern soll. Denn auch beim Wildentenprinzip geht es um die gleichen Konstanten, die frühere Managementforscher beschäftigt haben. Wirtschaft und Mensch sind Pole des gleichen Kosmos, in dem auch Kampf und Konsens zu Hause sind.

WIRTSCHAFTLICHKEIT UND MENSCHLICHKEIT

Das Human-Relations-Management von Elton Mayo begründete die Industriesoziologie. Mayo kam zur allgemeinen Erkenntnis, daß die Zufriedenheit am Arbeitsplatz in einem hohen Maß von einer informellen Sozialorganisation der Arbeitsgruppe abhängt. In seinen berühmten Hawthorne-Experimenten wies er nach, daß physische und sonstige Arbeitsbedingungen die Leistung in Gruppen viel weniger beeinflussen als die Fähigkeit und Möglichkeit, sich zu einer Arbeitsgruppe mit eigenen Standards und Erwartungen zu organisieren. Diese Studien wurden in den Jahren 1927-1932 durchgeführt, und es nimmt eigentlich wunder, daß sich ähnliche Organisationsformen in einzelnen Firmen (ich komme darauf noch zu sprechen) immer noch im Experimentierstadium befinden, denkt man zum Beispiel an die *high performance teams* nach McKinsey.

Einen ähnlichen Schwerpunkt weisen die Forschungen von Frederick Herzberg auf, der sich vor allem mit der richtigen Organisation der Arbeit befaßte. Herzberg fand durch Experimente heraus, daß es zur Zufriedenheit am Arbeitsplatz insbesondere der Anerkennung, des sichtbaren Erfolges, der Verantwortung, des Fortkommens in einer Karriere und einer interessanten Tätigkeit an sich bedarf. Die Faktoren der Unzufriedenheit sind hingegen vollkommen unterschiedlich: Unternehmenspolitik und Bürokratie, Führung, Bezahlung und Beziehungen zu anderen Mitarbeitern sind ausschlaggebend für die Unzufriedenheit am Arbeitsplatz. Die Folgerungen, die Herzberg daraus zog, hängen mit der seiner Meinung nach zweigeteilten menschlichen Natur und Kultur zusammen. Seine *„Adam-Konzeption“* umfaßt all jene Bedürfnisse, die Menschen deshalb haben, weil sie aus dem Paradies vertrieben worden seien. Adam mußte danach *selbst* für Ernährung, Unterkunft und Wärme, für Sicherheit und Geborgenheit sorgen. Dagegen gibt es im Menschen auch einen anderen, einen kulturellen Antrieb, den Herzberg die *„Abraham-Konzeption“* nennt. In ihr bündeln sich all jene Bedürfnisse, die ihn zur Ausschöpfung seiner kulturellen Möglichkeiten veranlassen. Dazu gehören vor allem die Kommunikation, die Kreativität, das innere Wachstum, kurz gesagt der Anspruch auf „Menschwerdung". Herzberg entwickelte aus seinen Erkenntnissen die berühmte Theorie des *job enrichment*, das vor allem größere Verantwortung, Anerkennung von Erfolg, Lernen und Entwicklung der Persönlichkeit umfassen sollte.

Ein anderer großer Klassiker der Managementtheorie, Douglas McGregor, wurde durch die Entwicklung der *Theorie X* und der *Theorie Y* weltbekannt. Er unterschied Organisationen vor allem nach ihrem Menschenbild. Manager, die Mitarbeiter grundsätzlich für unmotivierbar, bequem oder wenig initiativ halten, werden sich nach der Theorie X verhalten und daher ihre Mitarbeiter anweisen, zwingen oder bestrafen, um die Ziele der Organisation zu erreichen. Wenn das vorherrschende Menschenbild eines Unternehmens die Eigenverantwortlichkeit der Mitarbeiter, ihre Arbeits- und Lernwilligkeit und ihr Potential positiv einschätzt, dann werden im Sinn der Theorie Y Mitarbeiter motiviert und überzeugt werden können, mehr und besser zu arbeiten. (Eine interessante Nebenfront dieser Forschungen war übrigens das Verhältnis zwischen „Linie und Stab". Denn nach der Theorie Y sind Stäbe eher als Serviceeinrichtungen zu sehen, nach der Theorie X als Kontrollinstrumente.) Wir wissen, wie viele unterschiedliche Auffassungen über die wahre Veranlagung von Menschen es gibt und daß derartige Verallgemeinerungen natürlich nur ein hilfreiches Klischee sein können. McGregors Buch „The Human Side of Enterprise" (1960) ist ein Klassiker geworden. Aber die Ansprüche des *menschlichen Managements* sind trotzdem noch lange nicht verwirklicht.

Robert R. Blake und Jane S. Mouton haben mit ihrem „*managerial grid*" (1962) eine Bewegung ausgelöst, deren Wellen auch an die fernsten Gestade der Unternehmensentwicklung schlugen. In ihrem „Gitterfenster" trugen sie auf der x-Achse die Wertschätzung des Managements für die Produktion und auf der y-Achse die Wertschätzung für die Menschen ein. Die höchsten kombinierten Werte von „concern for people" und „concern for production" bilden schon bei Blake/Mouton einen Unternehmensstil namens *Team Management.* Die zu lösende Frage lautet: Wie können Menschen besser zusammenarbeiten, um ein gemeinsames Ziel leichter zu erreichen? In der Darstellung, vielleicht auch im Inhalt, wird uns die Definition des Wildentenprinzips an das managerial grid erinnern.

Vielfach wurde auch versucht, Organisationen nach verschiedenen Bildern der Wirklichkeit zu ordnen. Der Soziologe Tom Burns unterscheidet zwischen *mechanistischen* und *organischen Typen von Organisationen.* Die mechanistische Organisation, im übrigen Max Webers Bild einer rationalen Bürokratie ziemlich ähnlich, funktioniert gewissermaßen wie eine Maschine; die organische Organisation wie ein lebendiger Organismus. Da sich Organismen besser an die Umweltbedingungen anpassen können, haben nach Tom Burns mechanistisch organisierte Unternehmungen auch häufig große Probleme, Veränderungen zu bewältigen. Sie verfangen sich in einem bürokratischen Dschungel, bauen Gremien und Hierarchien als vermeintliche Korrektursysteme auf und unterliegen letzten Endes. Seit der Begriff der organischen Organisation von Pieper (1931) eingeführt wurde, tauchen immer wieder organische Ansätze zur Bewältigung von Problemen in unseren sozialen Gebilden auf. Vor kurzem erschien das Buch „Organismus Unternehmen" (1993) von Gerd Ammelburg, das die ganzheitliche Sicht der Unternehmensführung auf dieser Basis zusammenfaßt. Auch die triviale und die nicht-triviale Maschine (Heinz von Foerster; siehe Seite 296 ff.) gehören in diese Denkschule.

Eine umfassende *Typologie der Organisation* hat Henry Mintzberg (1989) entwickelt. Als Elemente der Klassifikation unterscheidet er sechs wesentliche Teile jeder Organisation: den operativen Kern, den Mittelbau, die Technostruktur, die Stäbe, die strategische Führung und die Ideologie, die wie eine Haut die fünf übrigen Teile umschließt.

Eine (größere) Organisation unterscheidet sich von kleineren sozialen Gebilden (Gruppen) hauptsächlich durch eine Arbeitsteilung besonderer Ausprägung und durch spezielle Formen der Koordination. Die Regelkreise zwischen den einzelnen Teilen der Organisation stellt die Kommunikation im Unternehmen zur Verfügung. Je nach Art der Koordination und nach dem Grad der Dezentralisierung oder Zentralisierung entwirft Mintzberg bestimmte Konstellationen, um eine Organisation danach zu klassifizieren. Keine Organisationsform ist die *richtige.* Keine Form kommt in Reinkultur vor. Oft können im Lauf der Geschichte eines Unternehmens verschiedenste Typen die jeweils passenden sein.

Unter den bei Mintzberg (1989) angeführten Organisationstypen möchte ich nur einen hervorheben, weil er für unsere späteren Überlegungen interessant sein wird. Während die meisten erwähnten Organisationstypen durch ihre vorherrschenden Charakteristika wie zum Beispiel professionell, innovativ und unternehmerisch beschrieben sind, läßt sich die „politische

Organisation“ nur in Begriffen der Macht, nicht solchen der Struktur beschreiben. Macht wird dabei in einer Form ausgeübt, wie sie in konventionellen Organisationen nicht legitim wäre. Mit anderen Worten: Das Regelspiel einer funktionierenden Organisation ist bei der politischen Organisation gewissermaßen von vornherein außer Kraft gesetzt. Aus diesem Grund fehlt auch ein bevorzugter Stil der Koordination, gibt es keinen dominanten Teil der Organisation, keine klare Form der Dezentralisierung. Alles hängt vom Fluß der informellen Macht ab, die zur Durchsetzung von individuellen Anliegen angewendet wird. Oft sind derartige Organisationen für wirtschaftliche Zielsetzungen nicht besonders geeignet. Manchmal ist *Power Management* aber offensichtlich zumindest auf Zeit ein Weg, der zum Erfolg führen kann. Wir werden uns in einem späteren Kapitel noch ausführlich mit dem Machtspiel in Organisationen beschäftigen.

Eine politische Organisation wird immer dann entstehen, wenn stabilisierende Elemente der Struktur wegfallen oder geschwächt werden. Eine Zeit des Übergangs mit abrupten Veränderungen im Markt, in der Eigentümerstruktur, in der Technik usw. kann aus vorher durchaus stabilen Unternehmungen „politische Organisationen“ machen. In diesem Sinne soll Macht auch nicht als ein von vornherein negativer Begriff aufgefaßt werden, vielmehr symbolisiert er nur eine Energie, die sich nicht im Sinne eines „geordneten“ und kontrollierbaren Unternehmenszwecks bündeln ließ, sondern nach Entfaltung oder Vernichtung über die vorgegebenen Muster hinausstrebt.

Die beiden Sozialwissenschaftler Michael Hannan und John Freeman haben in ihrem Buch „Organizational Ecology“ (1988) versucht, die Organisation in ein weiteres biologisch definiertes Umfeld zu stellen. Organisationen können auch als Mitbewerber um Ressourcen aufgefaßt werden, ähnlich wie Tiere in freier Wildbahn. Nach dem Vorbild der Soziobiologie versuchten sie zu erforschen, welche Dichte bestimmter „Arten" von Organisationen in einem gegebenen Umfeld gemäß den verfügbaren Ressourcen und der Spezialisierung entstehen kann. Nur die Besetzung einer *Nische* kann die Vielfalt der Arten und ihr Überleben in der Natur sichern. Daher haben Hannan und Freeman je nach der Fähigkeit, sich eine solche Nische nachhaltig zu sichern, auch den Lebenszyklus einer bestimmten Organisation definiert.

R- UND K-STRATEGEN

Ich habe mich bei der Vorbereitung für dieses Buch mit Soziobiologie beschäftigt und eine interessante Parallele zwischen Natur und Organisation entdeckt. Wir können Organisationen und ihre Anpassungsfähigkeit nach zwei hauptsächlich vorkommenden Selektionsmechanismen der Natur in zwei Gruppen einteilen: *„R-Strategen"* (R für Reproduktion), die sich schnell vermehren (zum Beispiel Nagetiere oder Insekten), müssen die Fähigkeit haben, sich rasch an ein entsprechendes Umfeld zu gewöhnen; *„K-Strategen"* (K für Kapazität) leben in der Natur in einem stabileren Umfeld und daher meist nahe am Sättigungspunkt, den die zur Verfügung stehenden Ressourcen gerade noch erlauben können. Solche Arten zeichnen sich durch eine niedrigere Reproduktionsrate R aus, sie besitzen jedoch besondere Fähigkeiten des Wettbewerbs um das individuelle Überleben, also bessere Kampfstrategien. Beispiele für solche K-Strategen sind Hirsche oder andere territorial fixierte Arten.

Faßt man einige der wesentlichen Eigenschaften von R-Strategen im übertragenen Sinn zusammen, so kommt man zur Beschreibung einer „*R-Organisation*": rasche Entwicklung, hohe Produktinnovation, häufig auch „kleine Körpergröße" (kleine und flexible Produktionseinheiten), kurze Lebensdauer einzelner Produkte u. ä. Beispiele für solche R-Organisationen sind einzelne *High-Tech*-Firmen, Wertpapierbroker oder die Verkäufer von Regenschirmen, die bei jedem Regenguß in New York sofort an jeder Ecke auftauchen. Eine „*K-Organisation*" zeichnet sich dagegen durch langsamere Entwicklung, niedrigere Ressourcenschwellen, aber auch höhere Stabilität ihrer Aktivitäten, längere Lebensdauer und dafür langsamere Innovation aus. In einem solchen Fall ist die Effizienz (wie?) ein wichtigeres Kriterium als die Effektivität (was?), ist doch die Kapazität der Ressourcen wesentlich schwerer veränderbar als bei R-Strategen, die wie Heuschrecken weiterwandern, wenn sie einen bestimmten Markt kahlgefressen haben. Es verwundert auch nicht, daß K-Organisationen die Tendenz zur Bürokratisierung aufweisen und ein wesentlich differenzierteres Sozialverhalten produzieren. Sie entwickeln stabile Regeln (ellendicke Arbeitsanweisungen) und richten sich auf ein langes Leben ein. Beispiele für K-Organisationen sind alle Unternehmungen, die ihren Markt „kontrollieren", die vielleicht sogar (wie öffentliche Institutionen und Behörden) ein Monopol besitzen und eine alteingesessene Tradition haben. Wir werden sie in der öffentlichen Verwaltung, in Interessensvertretungen, bei Banken und Versicherungen, aber auch in stark marktbeherrschenden Industrieunternehmungen finden (IBM, General Motors, Daimler Benz). Hier endet auch schon die Analogie zur Natur: Denn gerade diese „K-Strategen" müssen zur Kenntnis nehmen, daß ihre Ressourcen (ihr Markt) und ihr Territorium (ihre Kunden) die bisher gewohnte Stabilität nicht mehr zulassen. Aus den K-Strategen müssen „*K-R-Strategen*" werden, die eine Mischung aus den schwer oder nur sehr langfristig änderbaren Voraussetzungen ihrer unternehmerischen Tätigkeit und vollkommen neuen Wegen finden müssen, um sich zu behaupten. Ein *K-R-Stratege* optimiert Ressourceneffizienz (K) und Erneuerungsrate (R). Wir sind heute gezwungen, die Vorteile der R- und der K-Strategen zu kombinieren. Sowohl hohe Flexibilität und große Schnelligkeit der Anpassung und Erneuerung als auch hohe Effizienz im Verbrauch von Ressourcen und ein differenziertes Sozialverhalten im Unternehmen zur Bewältigung des Wettbewerbs sind angesagt. Wir werden auch sehen, daß es eine Verwandtschaft zwischen den Eigenschaften von R- und K-Strategien und der in diesem Buch behandelten Frage von Strategien des Kampfes und des Konsenses gibt. Die Parallelität der Lebenszyklen von Organisationen und lebenden Organismen ist nur relativ. Es gibt schließlich auch wesentliche Unterschiede, wie etwa:

- Biologische Systeme enthalten eine Finalität, eine zielgerichtete Endlichkeit, die jedes Entwicklungsstadium, auch den Tod, schon in der genetischen Programmierung vorsieht.
- Für Organismen gibt es eine unumkehrbare Reihenfolge von Lebensphasen, die für Organisationen nicht zutrifft. Organisationen können wachsen, aber auch schrumpfen, können insgesamt sterben, aber dann in Teilen wieder zum Leben erweckt werden, wie dies zum Beispiel mit Auffanggesellschaften nach Konkursen oder Abverkäufen von Unternehmensteilen sehr häufig der Fall ist.
- Organismen vermögen ihre eigene Umwelt nur sehr wenig oder überhaupt nicht zu gestalten, Organisationen können dies tun; denken wir etwa an das Lobbying oder an die Public Relations.

Sicherlich gibt es aber große Ähnlichkeiten zwischen verschiedenen Phasen der Unternehmensentwicklung und dem Lebenszyklus eines Menschen. Je nach dem Erreichen einer bestimmten Phase lassen sich dann auch *verschiedene Unternehmenstypen* feststellen, wie dies zum Beispiel Cuno Pümpin (1989) getan hat. Er spricht von Pionierunternehmen, Wachstumsunternehmen, Reifeunternehmen oder Wendeunternehmen. Außerdem werden für jede Phase ein bestimmter Managementstil und die geeigneten Managementressourcen benötigt: Pioniere müssen „mutige Helden" sein, für das Wachstum braucht man Optimisten, für die Reifezeit Bewahrer und für die Wende Sanierer oder Revolutionäre.

ALTE UND NEUE MEISTER

Seit Henry Town das erste Mal die Fragen der Effektivität und Effizienz zur Diskussion gestellt hat, ist dieses Thema Gegenstand und Mittelpunkt unserer Beschäftigung mit dem Management geblieben. Peter F. Drucker, wohl der größte lebende Managementphilosoph, hat erst vor kurzem (The new productivity challenge, Harvard Business Review, Nov./Dez. 1991) daran erinnert, daß die alten Fragen immer noch im Raum stehen. Die Notwendigkeit von Veränderungen im Management sei aktueller denn je, schreibt er. Seine wesentlichen Punkte:

- Steigerung der Effektivität: Was ist die Aufgabe, warum muß sie überhaupt erledigt werden, was soll sie eigentlich bewirken?
- Konzentration und Aufmerksamkeit auf die Arbeit lenken, sie von unnötigem Begleitkram, Papierkrieg und Kontrollen befreien;
- den Leistungsmaßstab der Qualität und Quantität strikter definieren;

- die Partnerschaft im Unternehmen zwischen Management und Mitarbeitern stärken;
- die Weiterbildung zur permanenten Einrichtung für die Entwicklung und Weitergabe von Know-how sehen.

Eigentlich haben sich also seit Town und Henry Fayol, der 1916 zum ersten Mal einen Artikel über systematisches Management herausbrachte, die Anforderungen wenig geändert. Die wesentlichen Punkte des Ansatzes nach Fayol („Administration industrielle et generale. Prevoyance, organisation, coordination, contrôl") sind zumindest für den traditionellen Manager aktuell wie eh und je:

- Vorausschau und Planung zur Prüfung der Zukunft und Erstellen eines Arbeitsplanes;
- Organisation zum Bau der materiellen und personellen Strukturen;
- Weisungen zur Aufrechterhaltung der Aktivität im Personal;
- Koordination zur Harmonisierung der Aktivitäten und Anstrengungen; und schließlich
- Kontrolle, um zu sehen, daß „alles in Konformität mit den Regeln und Weisungen der Führung erfolgt".

Fayol hat diese allgemeinen Prinzipien des Managements dann noch verfeinert und 14 Punkte veröffentlicht, aus denen noch heute die französischen Originalausdrücke *„unité de doctrine"* oder *„ésprit de corps"* geläufig sind. Es würde zu weit führen, hier diese 14 Prinzipien anzuführen und zu analysieren, sie enthalten jedenfalls zeitlose Feststellungen und Aufforderungen. Beispiele dafür: die Unterordnung individueller Interessen unter das allgemeine Interesse, die Abwägung zwischen Zentralisierung und Dezentralisierung je nach Art der geschäftlichen Aktivität, die Ermöglichung von Initiative für alle Mitarbeiter auch zu Lasten der „persönlichen Eitelkeit“ vieler Manager oder das ständige Bemühen um eine gerechte Gehaltsordnung, auch wenn es eine solche nie in Vollkommenheit geben könne.

Nach Meinung der klassischen Organisationslehre wird durch Organisation ein System von personenbezogenen Verhaltensregeln (Verhaltenserwartungen) und maschinenbezogenen Funktionsregeln (Leistungsanforderungen) geschaffen, das die Aufgaben einer Institution effizient erfüllen soll. Neben dem sachlich-logischen stellt die organisatorische Gestaltung immer auch ein politisches Problem dar. Konflikte, Machtkämpfe und die Beeinflussungsversuche der daran beteiligten Personen spielen, wie wir noch sehen werden, eine große Rolle dabei, was in einer Organisation *tatsächlich* passiert. Nach der im klassischen Verständnis von Organisation gegebenen Prioritätenliste gibt es verschiedene Voraussetzungen für den Erfolg. Wir können sie so zusammenfassen:

- Die Orientierung an einem bestimmten Ziel oder Zielsystem: Eine bestimmte Stelle sollte eindeutige Aufgaben haben und einen bestimmten Bezug zum Unternehmensziel aufweisen. Die Aufgaben, die Kompetenz und die Abgrenzung der Verantwortung sollten klar und übereinstimmend sein. Die Erfüllung der Aufgaben sollte sich stets am Ziel orientieren und jeweils sach- oder problemorientiert vorgenommen werden.
- Führbarkeit, das heißt die Schaffung einer Übersicht in der heutigen „neuen Unübersichtlichkeit“: Vor allem müssen auch die wachsenden Kosten der immer stärker notwendigen Koordination in großen Organisationen begrenzt werden. Das bedeutet wieder-

um, die jeweils günstigste Anzahl von Hierarchiestufen zu wählen, die bereichsübergreifende Koordination auf das notwendige Ausmaß zu beschränken und die Schnittstellen der Aufgaben ohne allzu störende Konflikte zu warten.

- Die Schnelligkeit und Qualität der Informations-, Verarbeitungs- und Entscheidungsprozesse: Dies verlangt nach einer für den Zeitbedarf, die Terminsicherheit und die Umsicht bei der Problemlösung gleichermaßen geltenden Qualität, aber auch nach einem optimalen Zusammenwirken aller Stellen des Unternehmens. In der Kommunikation spielen persönliche Werthaltungen und Beziehungen eine große Rolle, und Konflikte sind unvermeidbar. Den meist ungeschriebenen Regeln der Konfliktlösung kommt daher eine überragende Bedeutung zu; hier ist wohl auch das größte Defizit festzustellen, wenn sich große Organisationen zu sehr von der Natürlichkeit des menschlichen Sozialverhaltens entfernt haben.
- Die Anpassungsfähigkeit und Flexibilität einer Organisationsstruktur: Wir werden später noch ausführlicher von individueller und sozialer Fitneß sprechen. In der Nischentheorie der Unternehmung vollzieht sich, was in der Natur schon die *Darwinschen* Finken gezeigt haben. Die verschiedenen Finkenarten auf den abgelegenen Galapagos-Inseln vor der Küste Ecuadors unterscheiden sich nur durch die Form und Ausbildung des Schnabels, damit sie einer bestimmten Art von Beute in einem bestimmten Revier leichter habhaft werden können. Durch diese Beobachtung erhielt Darwin auf seiner Forschungsfahrt an Bord des englischen Vermessungsschiffes Beagle die Anregung zu seiner Evolutionstheorie des *survival of the fittest*. Die Natur züchtet ja die Strukturen und Verhaltenssteuerungen, die für den jeweiligen Lebensraum am zweckmäßigsten sind.

- Die Förderung der Unternehmensmitglieder: Die ständige Qualitätsverbesserung der menschlichen Ressourcen sollte im Mittelpunkt des Managementansatzes stehen. Ich verstehe darunter sowohl die individuelle als auch die soziale Qualität des Verhaltens.

Die Feinde der großen und starren Organisationen formieren sich. Der erfolgreiche Schweizer Unternehmensberater, Sanierer und „Unternehmer des Jahrzehnts", Nicolas G. Hayek, sieht eine Organisation als „notwendiges Übel" an. Regeln für den Ablauf und den Aufbau, wie Organisation von ihm definiert wird, seien unmenschlich, weil sie dem üblichen menschlichen Verhalten gar nicht entsprächen. Organisation wird aber notwendig, wenn Ziele, Strategien und operative Entwicklungen durchgesetzt werden müssen. Formale Funktionen und Hierarchien sollen daher nach dem Minimalprinzip gebildet werden. „Freundliche Zielkonflikte" seien wesentlich, meint Hayek, um innerhalb eines Systems die Dynamik aufrechtzuerhalten.

Die Krise in vielen großen Unternehmungen hat den Ruf nach neuen Managementimpulsen verstärkt. Man erwartet heute mehr vom Management, weil die Sehnsucht nach Ordnung und Sinn wegen der immer größer werdenden Herausforderungen und der abnehmenden Stabilität der Unternehmungen immer stärker wird. Die Wurzeln der aktuellen und nach wie vor vorherrschenden mechanistischen Unternehmensführung liegen nicht etwa tief im 19. Jahrhundert, wie Peter Martin von der „Financial Times" kritisch feststellte, sie liegen tatsächlich viel tiefer. Die neuen Herausforderungen des globalen Wettbewerbs lösen naturgemäß einen viel stärkeren Anpassungsdruck im Management aus.

VOM PAPIERKORB ZUM MISTKÜBEL

Der ehemalige Vorstandsvorsitzende der weltbekannten ungarischen Beleuchtungsfabrik Tungsram, der gebürtige Ungar Györg Varga, erzählt folgende kleine Geschichte: Als er nach der Privatisierung für den neuen Eigentümer General Electric 1990 als *trouble shooter* nach Ungarn kam, fand er in der ganzen Firma keinen einzigen Papierkorb vor. Als er nachfragte, warum dem so sei, erfuhr er, daß hier alles abgelegt, nichts weggeworfen werde. Ein solcher Managementstil der 100 %igen Nachvollziehbarkeit (falls man dann in der Ablage auch etwas findet) kam sicherlich nicht nur im ehemaligen Osten vor. Was Varga hier zum besten gibt, hat auch für viele andere Organisationen Lehrwert. Wie wählt man zwischen Wesentlichem und Unwesentlichem aus? Was muß man bewahren, was darf vergessen werden? Was muß man im nachhinein „beweisen" können, und wo gilt das informelle Vertrauensprinzip der mündlichen Erledigung? Fragen, die für Management- und Entscheidungsprozesse eine sehr große Rolle spielen. Um nicht in der Flut von Informationen und Entscheidungen umzukommen, bedarf es einer strengen Selektion. Der ehemalige Präsident der USA General Eisenhower hat einer schematischen Vorgangsweise seinen Namen gegeben, nach der er Probleme in vier Kategorien einzuteilen pflegte (Eisenhower-Matrix):

- Muß heute erledigt werden, kann nicht delegiert werden;
- kann später erledigt werden, kann aber ebenfalls nicht delegiert werden;
- kann delegiert werden;
- Papierkorb.

Bei wichtigen, aber auch alltäglichen Entscheidungen sind klare und schnelle Zuordnungen nicht leicht. Die

Entscheidung unter wachsender Unsicherheit ist daher auch ein zentrales Thema jeder Organisation. James D. Thompson hat in seinem Klassiker „Organizations in action" (1967) die komplexen Organisationen unserer Tage als offene Systeme beschrieben, die kaum bestimmbar und immer mit Unsicherheit konfrontiert sind, gleichzeitig aber den Kriterien der Rationalität unterliegen und daher Bestimmtheit und Sicherheit benötigen. Je größer die Unsicherheit für Entscheidungen, desto mehr Elemente der Wertung und der Inspiration müssen eingebracht werden. Thompson spricht von einem „inspirierten Sprung ins Dunkel", wenn weder klare Präferenzen gegeben sind noch die Konsequenzen einer Entscheidung wirklich überblickt werden können. Für den Nobelpreisträger Herbert A. Simon ist Management überhaupt gleichbedeutend mit dem Treffen von Entscheidungen. Für ihn gibt es drei Stufen des Entscheidungsprozesses:

- Die Konstellationen herauszufinden, welche Entscheidungen benötigen (Intelligenz);
- die Entwicklung und Analyse verschiedener möglicher Handlungsweisen (Design);
- die Auswahl einer besonderen Handlungsweise unter den gegebenen Möglichkeiten (Wahl).

Die meisten menschlichen Entscheidungen, ob sie nun individuell sind oder in Organisationen getroffen werden, beschäftigen sich mit der Entdeckung und Auswahl von befriedigenden Alternativen. Kaum je, meint Simon, ist man tatsächlich bestrebt, optimale Alternativen herauszufinden. Bildlich gesprochen befassen sich die meisten Entscheidungen nicht damit, die *schärfste* Stecknadel im Heu zu finden, sondern überhaupt eine Stecknadel zu finden! Folgt man diesem Rat, nicht gleich die „schärfste Stecknadel" im Heu zu suchen, erspart man sich ungeheuer viel Aufwand und vereinfacht die Welt einigermaßen. Simon empfiehlt, daß Organisationen so viele Entscheidungen wie möglich routinisieren oder programmieren sollten. Die traditionellen Grundlagen oder Techniken programmierter Entscheidungen sind Gewohnheit, vorhandene Fähigkeiten, Standards und die Struktur und Kultur der Organisation. Wenn Entscheidungen nicht programmierbar sind, so benötigen sie wesentlich mehr Urteilskraft, Intuition und Kreativität. Die moderne Informationstechnologie bietet mehr und mehr die Möglichkeit, programmierbare Grundlagen der Entscheidung zu schaffen. Je mehr Information verfügbar ist, desto größer wird allerdings auch die Palette der Entscheidungen.

Ich habe die Erfahrung gemacht, daß auch eine noch so große Fülle von Information weder die Bewertung noch die Intuition aus dem Entscheidungsspiel beseitigt. Im Gegenteil muß man sich davor hüten, sich von der Fülle der Daten in einer *falschen Sicherheit* wiegen zu lassen. Die häufigste Falle ist, das falsche Problem „richtig" zu lösen, also von vornherein auf der falschen Fährte zu sein, weil man das Wesentliche nicht vom Unwesentlichen unterschieden hat. Eine zweite Falle ist, aus der Fülle von empirischen Daten eine Zukunft bauen zu wollen. Die angeborene Neigung zur Extrapolation von Trends und der Übernahme von Annahmen aus der Vergangenheit stellen eine große Gefahr für alle Entscheidungen dar, die sich mit neuen und noch nicht dagewesenen Problemen befassen müssen. Mit dem schon erwähnten beschleunigten Wandel werden die Prämissen von gestern immer häufiger und immer schneller falsch. Trotzdem werden immer wieder auf der Basis von gestern Entscheidungen für morgen getroffen. Die Flut von Informationen und Alternativen kann von unserem Gehirn (wie wir noch sehen werden) überhaupt nicht bewältigt werden. Die gängige Methode unseres Denkens bringt uns dazu, Entscheidungen nach dem Modell der aufeinanderfolgenden begrenzten Vergleiche und nicht nach der eigentlich notwendigen Methode der Zusammenschau zu treffen. Was letzten Endes herauskommt, ist nicht so sehr die Entscheidung zur Bewältigung eines gegebenen Problems, sondern die Adaptierung des Problems an gegebene Möglichkeiten der Entscheidung. Charles E. Lindblom hat dafür den mittlerweile berühmten Ausdruck „Science of *muddling through*" (1959) geprägt, die praktische Kenntnisnahme der Unmöglichkeit, eine ganzheitliche und vollständig „informierte" Entscheidung zu treffen. Entscheidungsprozesse sind vielen unberechenbaren Einflüssen unterworfen. James G. March hat ein „Mistkübel-Modell" der Selektion in Organisationen entworfen, das ich ziemlich originell finde, wenn auch etwas zu zynisch für den Normalfall des Betriebsalltags. Wenn Leute sich darum prügeln, bei Entscheidungen dabeizusein, dann aber eigentlich nicht Gebrauch von diesem Recht machen, wenn sie Informationen verlangen und dann nicht verwenden, wenn sie sich in einem Entscheidungsprozeß heftig um die Interessensstandpunkte raufen und sich dann letztlich nicht darum kümmern, ob eine Entscheidung wirklich ausgeführt wird – dann läuft etwas schief. March meint, daß die Möglichkeit oder Notwendigkeit einer Entscheidung daher als eine Art *Mistkübel* erlebt werden kann, in den verschiedene Probleme und Lösungen hineingeworfen werden. Probleme, Lösungen, Entscheider und Wahlmöglichkeiten liegen in dieser *garbage can* beieinander, kommen aber verhältnismäßig unabhängig voneinander wieder zum Vorschein. (Wer leert den Mistkübel und „trennt" den Müll?) Der Entscheidungsprozeß in einer Organisation hat daher eine gewisse Ähnlichkeit mit organisierter Anarchie. „Eine Organisation ist eine Ansammlung von Wahlmöglichkeiten, die nach Problemen Ausschau halten, Themen und Gefühlen, die nach Entscheidungssituationen rufen, in denen sie zum Tragen kommen könnten, Lösungen, die nach Problemstellungen suchen, in denen sie eine Antwort sein könnten, und Entscheidern, die nach Arbeit suchen." Aus diesem Chaos, ganz im Sinn von „Urmasse" des Managements, soll Ordnung werden?! Wir werden noch sehen, wie nahe beieinander Chaos und Ordnung wohnen und daß erst dadurch die lebendige Organisation und die Organisation des Lebendigen möglich wird. Wie die moderne Naturwissenschaft zwar Gott nicht findet, aber die Suche nach ihm eigentlich immer dringlicher werden läßt, so zwingt uns der Fortschritt der Managementtheorien keineswegs dazu, auf das Geheimnis und das nicht oder schwer Erklärbare zu verzichten. Ganz im Gegenteil. Je mehr wir uns dem Geheimnis nähern, desto bewußter wird die Dringlichkeit unserer Suche. Die vielfältigen Beiträge der Managementlehre zum Verständnis unserer Organisationen sind wohl eine immerwährende Suche – genauso wie die Suche Fausts nach dem, „was die Welt im Innersten zusammenhält". Kunst besitzt, wie George Braque es so schön formuliert hat, jenes Element des Unerklärbaren, das sie eigentlich ausmacht. So verhält es sich wohl auch mit der Kunst des Managements. So drehen sich also auch die ständigen Revolutionen des Managements stets um ganz wenige Punkte:

- Die Natur des Menschen, der als Kulturwesen über sich selbst hinauswachsen kann, dazu aber nur mit vielen Fehlern und Irrtümern in der Lage ist;
- die Unmöglichkeit, auch bei unserer immer mehr von Prognosen vermessenen Zukunft die Unsicherheit für Entscheidungen auszuschalten;

- Macht, die jeder einzelne möchte, aber nur bis zu einem bestimmten Ausmaß zugebilligt erhält;
- Kampf, aber auch Konsens in der Vielfalt des menschlichen Zusammenlebens unter dem Pfeil der vorwärtsgerichteten Zeit.

Fassen wir das Wichtigste aus diesem Kapitel über die Perspektiven der Managementlehre nochmals zusammen:

- Ewig gleiche Fragen wie Verbrauchernutzen, Gewinn, Risiko, Wettbewerb und knappe Ressourcen stellen sich dem Management im jeweiligen modischen Kleid der Zeit.
- Wirtschaftlichkeit und Menschlichkeit als die Pole von „harten" und „weichen" Stilen verlagern ihre Bedeutung im Einklang mit der allgemeinen und der wirtschaftlichen Lage.
- Die mechanische Sicht der Organisation weicht immer mehr der biologischen Analogie.
- Das Unternehmen der Zukunft wird eine K-R-Strategie verfolgen müssen, die Ressourceneffizienz und Erneuerungsrate optimiert.
- Die Management- und Organisationslehre wird sich in wachsender Differenziertheit mit dem Grundproblem Wirtschaft-Mensch, also auch Einzelleistung und Gemeinschaftserfolg, auseinandersetzen.

„Leben ist die letzte in sich selbst ruhende Wirklichkeit."

Johannes von Uexküll

IV.

VOM LEBEN LERNEN

In unserer Wirtschaft herrscht ein ständiger Kampf um Wettbewerbsvorteile im Markt, den jedes Unternehmen in eine Verbesserung der eigenen Leistung ummünzen muß. Der Kunde und der Markt sind das Leitprinzip des Wettbewerbs. Die Effektivität (was tun wir?) im Unternehmen ist der Schlüsselbegriff des Erfolgs. Die Kostenstruktur (wie effizient tun wir es?) ist heute wohl die wichtigste Voraussetzung für das Bestehen im Wettbewerb. Qualität, Flexibilität, Fitneß und in zunehmendem Maß der Wettbewerbsfaktor Zeit verknüpfen diese wesentlichen Variablen des Wettbewerbs. Nach einer Studie von A. T. Kearney weicht zum Beispiel der Durchschnitt der deutschen Automobilzulieferer „nur" etwa 30 Prozent vom Weltbestmaßstab ab, was die Kosten- und die Kundenausrichtung anlangt, doch ist die organisatorische Effektivität um deutlich mehr als 50 Prozent geringer. Ich vergleiche die Funktion der Organisation mit einem lebenden System, das dem Prinzip des Lebens einiges abschauen kann.

In diesem Kapitel möchte ich daher das Gesetz der knappen Energie und der Energieoptimierung nach dem Muster des Lebens darstellen.

Die wichtigste Voraussetzung für das Verständnis des Wildentenprinzips ist das Lernen vom Lebendigen. Dabei spielt Energie eine zentrale Rolle. Leben ist auf das Zusammenspiel sehr vieler und sehr verschiedener Leistungen angewiesen. Die Voraussetzung allen Lebens ist Energie: Ohne Energie gibt es kein Leben, keine Bewegung, keine Entwicklung und keine Leistung. Im Verlauf ihres Lebens nehmen Organismen aus ihrer Umwelt mehr arbeitsfähige Energie auf, als sie für deren Erwerb aufwenden müssen. Ein Organismus ist also ein *energieerwerbendes System* mit einer positiven Energiebilanz. Dies gilt nicht nur für physische Lebewesen, sondern auch für soziale Organismen. Wilhelm Ostwald, der Begründer der physikalischen Chemie, veröffentlichte im Jahr 1909 – das Jahr, in dem ihm der Nobelpreis zuerkannt wurde – das Buch „Die energetischen Grundlagen der Kulturwissenschaft“. Er war der erste, der die zentrale Bedeutung der Energie für die Lebensentwicklung erkannte und schon damals auch das Wirtschaftsgeschehen unter diesem Aspekt beurteilte. Ostwald meinte, der Mensch sei allen Lebewesen deshalb überlegen, weil er mehr Energie unter seine Herrschaft bringen und organisieren könne. Hans Hass hat in seinen Büchern „Energon“ (1970) und „Der Hai im Management“ (1988) auf dieser Grundlage weitergearbeitet. Wir müssen aus der Umwelt mehr Energie gewinnen, als wir für unsere Tätigkeiten verbrauchen. Ob dies direkt oder auf dem Umweg über Geld erfolgt, ist grundsätzlich gleichgültig, hat aber natürlich mit dem Prinzip der Arbeitsteilung und Spezialisierung sehr viel zu tun. Nach der Energon-Theorie von Hass hat jedes energieerwerbende System oder „Energon“ zu seiner Energiequelle die gleiche Beziehung wie die eines Schlüssels zu einem Schloß. Das Schloß trägt kein bißchen Energie zur Schlüsselherstellung bei und legt doch zwingend fest, wie der Schlüsselbart ausgebildet sein muß. Das zu öffnende Schloß ist mit der Energiequelle vergleichbar, für die der Tauschpartner, der im Besitz des Schlüssels ist, einen Teil seines Energiepotentials abgibt. Über eine Vielzahl von Organismen und die von diesen Organismen entwickelten energieerwerbenden Systeme wird der Lebensstrom erhalten.

Bis heute bleibt uns das Geschehen des Lebens rätselhaft. Wir können seine Entfaltung verfolgen, seine naturwissenschaftliche Sinndeutung ist bisher aber nicht gelungen. Eine neue Forschungsrichtung, die sich „Wissenschaft von der Komplexität“ nennt und die Chaostheorie weiterentwickelt, hat sich diesen Prinzipien des Lebens auf die Spur geheftet. In Santa Fe (Nevada, USA) ist ein Forschungsprojekt über *artificial life* zu Ergebnissen gelangt, die das Staunen (nicht so sehr den Erklärungswert) über den Prozeß des Lebens eher vergrößert haben. Der energetische Prozeß des Lebens hat Strukturen zur Voraussetzung, die an die Aufgabe der Energieumsetzung angepaßt sind. Jeder Organismus muß genau darauf eingestellt sein, aus seiner Umwelt- und Lebensnische Energie entnehmen zu können. Die für bestimmte Lebewesen spezifische Energiequelle muß konkret angezapft werden können. So kann sie zur Erhaltung des energieerwerbenden Systems genutzt werden. Darum haben die Darwinschen Finken ja auch ihre besonderen Schnäbel entwickelt – das einzige, worin sie sich voneinander unterscheiden. Wir sehen, daß Anpassung *(Fitneß)* und Leben eng zusammenhängen. Anpassung bildet die

Gegebenheiten der Umwelt ab. Ein bestimmter Wirklichkeitssinn ist Teil dieser Anpassung. Wenn ein Affe vor vielen Millionen Jahren keine realistische Vorstellung von dem Ast besessen hätte, auf den er springen wollte, so wäre er bald ein toter Affe gewesen. Die Soziobiologie zieht daraus den nüchternen Schluß, daß er dann eben nicht zu unseren Vorfahren gehört hätte. Daraus läßt sich ja die bis heute zwar umstrittene, aber unwiderlegte Darwinsche Theorie des *survival of the fittest* ableiten. Sie bedeutet nicht das Überleben der besten, sondern das Überleben der am besten *angepaßten* Lebewesen – die aber eben deshalb wohl auch wieder die besten sind. Das Prinzip der Auslese durch Anpassung – mit oder ohne Kampf – beherrscht nicht nur die Natur, sondern auch die Kultur. Ob Gene oder Ideen – was sich anpaßt und in diesem Sinn *überlebt*, ist besser.

Wenn wir den Energieerwerb als Grundvoraussetzung des Lebens verstehen, so können wir auch versuchen, unser Sozialleben nach dem gleichen Prinzip zu interpretieren. Tatsächlich eröffnen sich höchst interessante neue Einblicke, wenn man im täglichen Sprachgebrauch durchaus bekannte Begriffe der Zusammenarbeit einmal biologisch beschreibt. Da wird *Kommunikation* eine Handlung seitens eines Organismus genannt, die auf das wahrscheinliche Verhaltensmuster eines anderen Organismus einen Einfluß ausübt. *Koordination* ist das Zusammenwirken zwischen Einheiten einer Gruppe auf solche Weise, daß der Energieeinsatz der Gruppe zwischen den Einheiten aufgeteilt wird, ohne daß eine von ihnen eine wirkliche Leitungsfunktion übernimmt. (Als Beispiele aus der Natur kann man die Formierung eines Vogelzuges, wie beschrieben, oder auch die kreisförmige Anordnung von Löwen bei der Jagd heranziehen.)

ÖKOLOGISCHE EFFIZIENZ

Wenn wir vom Leben ausgehen, um die Funktion eines sozialen Organismus besser zu begreifen, so müssen wir auch die Prozesse der Selbstregulierung und der Selbsterneuerung erwähnen. Regulierung ist die Koordination von Einheiten eines Systems, um die Erhaltung einer oder mehrerer physikalischer oder biologischer Variablen auf einem konstanten Niveau sicherzustellen. Das Ergebnis dieser Regulierung heißt *Homöostasis.* Die grundsätzliche physiologische Form der Homöostasis ist ein entsprechend fein abgestimmter, konstanter pH-Wert in den Konzentraten aufgelöster Nahrungsmittel und Salze, im Verhältnis von Enzymen usw., welche alle jeweils dem optimalen Wert für Überleben und Arterhaltung angenähert sind. Die physiologische Homöostasis ist daher die Grundvoraussetzung für die Optimierung individueller und sozialer Fitneß, die das Überleben des einzelnen und der Art sichern soll. Sie reguliert sich durch ein inneres Feedback in Form verschiedener Schleifen, die die Werte wichtiger Variablen anheben, wenn sie unter ein bestimmtes Niveau abfallen, und umgekehrt diese Werte absenken, wenn sie einen bestimmten höheren Wert überschreiten. Homöostasis gibt es nicht nur im physiologischen, sondern auch im sozialen Organismus. Auch bei Insektenkolonien werden zum Beispiel die Population, die Einteilung in verschiedene Kasten und die Ausstattung der Brutstätten entsprechend reguliert. Wichtig ist, *daß* diese Selbstregulierung stattfindet; eine andere Frage ist, *wie* sie jeweils erfolgt. Wenn die optimale Energieverwertung auch für soziale Organismen eine wichtige Rolle spielt, so kann uns die Optimierung des Energieverbrauchs durch entsprechendes soziales Verhalten und Nutzung der Umwelt auch Einblicke in die Lebenstüchtigkeit von Unternehmungen geben.

Der Energiekreislauf von Arten kann mit der Anzahl der Kalorien gemessen werden, die eine bestimmte Population für ein Beutetier darstellt. Die von ihr selbst verbrauchten Kalorien durch Nahrungsaufnahme oder Beuteverzehr sind der Input, ihre eigenen Kalorien der Output. Die *ökologische Effizienz* ist umso größer, je günstiger das Verhältnis von Nahrungsaufnahme (weniger Input) zur Energieerzeugung (mehr Output) ist. Als sehr einfaches Beispiel für ökologische Effizienz läßt sich ein Kleefeld darstellen, von dem Mäuse leben, die von den Katzen der Umgebung gefressen werden. Meist werden nur etwa zehn Prozent der Energie von einem Niveau der Nahrungskette zum nächsten übertragen. Nach dieser Zehn-Prozent-Regel der ökologischen Effizienz könnte man erwarten, daß für 100 Kalorien von Klee, den die Mäuse fressen, zehn Kalorien Mäuse von Katzen gefressen würden. Da eine Nahrungskette in der Natur höchstens etwa vier bis fünf Glieder aufweist, würde bei einer ökologischen Effizienz von zehn Prozent nur ein zehntel oder gar ein hundertstel Prozent der Energie für die Nahrungsmittelkette übrigbleiben, welche die Grünpflanzen ursprünglich dargeboten haben. Die logische Konsequenz dieser Überlegung ist, daß hochentwickelte Beutejäger nur bei entsprechend dünner Verbreitung und in einem großen Einzugsgebiet überleben können. Wölfe müssen endlose Kilometer wandern, um genügend Energie zu finden, und das gleiche gilt für die großen Wildkatzen, für Eisbären oder Killerwale. Diese Überlegungen zur ökologischen Effizienz haben auch eine Konsequenz für die Anpassungsfähigkeit der Arten an ihre Umgebung. Die Biologie spricht – wie schon früher erwähnt – von K-Strategen und R-Strategen, die sich entweder durch Verteidigung eines verhältnismäßig großen Reviers (K) oder durch relativ schnelle Reproduktion (R) anpassen können. Wer sich am Ende der Nahrungsmittelkette befindet, hat kaum eine Chance, ein neues Revier zu finden.

Wir werden von diesem Beispiel sofort an die Beziehung zwischen dem Spezialisierungsgrad einer Unternehmung und zum Beispiel ihrem Weltmarktanteil erinnert. Je schmäler das Segment eines Produkts ist, umso größer muß der geographische Marktanteil sein, um überleben zu können. Eines der Grundgesetze des Lebens findet sich auch in der Wirtschaft als eine Voraussetzung des Überlebens wieder. Wir können aus vielen Beispielen ersehen, daß Unternehmungen entweder einen großen Marktanteil in einer bestimmten kleineren Region oder einen großen Marktanteil in einem großen Einzugsbereich, aber für ein spezifisches Produktsortiment benötigen, um ihre unternehmerische Effizienz erfolgreich entfalten zu können. Kostenführerschaft oder kritische Masse für Forschung und Entwicklung scheinen auf Dauer anders schwer möglich zu sein. Wahrscheinlich können wir auch eine Parallele zwischen der Nahrungskette und der Wertschöpfungskette ziehen. Je höher in der Wertschöpfungskette ein Unternehmen angesiedelt ist, desto mehr Ausschläge in der Unternehmenskapazität (Population) wird es geben, wenn die „Nahrungsmittelbasis", also der Markt des Unternehmens, sich verändert. Ein typisches Beispiel sind die starken Folgen von Konjunkturausschlägen für die Investitionsgüterindustrie.

Wenn die Nahrung mehr oder weniger gleichmäßig verteilt ist und auch von einzelnen Individuen ökonomisch verteidigt werden kann, so besteht das energetische Optimum eher darin, Exklusivterritorien zu besetzen. Ist die Nahrung jedoch in unvorhersehbarer Häufung vorhanden, so ist es wiederum effizienter, wenn die einzelnen Lebewesen ihre Territorien zusammenlegen und als Gruppe fressen bzw. auch dort ihre Rastplätze errichten. In der Wirtschaft entspricht dieser biologischen Voraussetzung, daß bei verhältnismäßig breit gestreutem Sortiment und einer vergleichsweise gleichmäßig gegebenen Bedarfslage von Kunden etwa durchaus eine einzelne Unternehmung zum „Platzhirschen" werden kann und einen relativ hohen Marktanteil in der Region erreicht und verteidigt. Dies erklärt zum Beispiel, daß einzelne regionale Finanzinstitute imstande sind, innerhalb eines überschaubaren Raumes eine überdurchschnittliche Marktdurchdringung zu erreichen. Auf der anderen Seite erfordert eine Spezialisierung auf komplexe oder innovative Produkte, sich in einem wesentlich weiteren Markt zu bewegen, weil die Bedarfslage in nicht genau berechenbarer Form wesentlich stärker und breiter gestreut ist.

LEBEN ALS QUINTESSENZ DES GEGENSATZES

Vielleicht hat die Entdeckung Amerikas einen ganz entscheidenden Einfluß darauf ausgeübt, wie die Menschen mit ihrem Wissen umgingen. Die neue, unerwartete Erkenntnis zeigte, wie unvollständig die vorhergegangenen Modelle gewesen waren, nach denen die Welt erklärt werden sollte. Mit Kolumbus hatte man zur Kenntnis zu nehmen, daß der Menschheit bisher ein ganzer Kontinent völlig entgangen war! Wissen war nicht mehr etwas Gegebenes, etwas Statisches, sondern ein Prozeß, der sich gewissermaßen dem Unbekannten nur allmählich und voranschreitend nähern konnte. Im 16. Jahrhundert wurde dafür der Begriff *Scienza Nuova* geprägt. Vielleicht stehen wir heute an einer ähnlichen Schwelle neuen Wissens. Chaostheorien oder die neue Lehre der Komplexität versuchen auch nichts anderes, als Schlüsselideen für ein neues Verständnis zu entwickeln. Auch jetzt geht es darum, die Ordnung der Welt zu erkennen und so die faustische Frage nach dem Kern des Wissens zu beantworten, wieder einmal danach, „was die Welt im Innersten zusammenhält“. Wissen oder Naturgesetze sind offensichtlich nichts Ewiges, wenn man die Stufen der Forschung hinansteigt, zum Beispiel die der Physik. Erkenntnisse, die oft für Jahrhunderte als gesichert galten, werden allmählich in Frage gestellt, dann umgestoßen oder zumindest in wichtigen Punkten revidiert. So ähnlich geht es uns jetzt. Der enorme Fortschritt der Biologie ist nicht einfach zu definieren. Auch die bereits erwähnte und noch immer bestätigte Aussage von Darwin über das *survival of the fittest* ist streng betrachtet nur eine Tautologie: Daß der Überlebende überlebt, ist der einzig bleibende Beweis. *Wie* man tatsächlich für das Überleben richtig angepaßt ist, läßt sich gar nicht einfach erklären. Denn schließlich müßte man dazu das Leben an sich erklären können.

Die Entdeckung der heute in aller Munde befindlichen Chaostheorie geht auf den Mathematiker Henri Poincaré zurück, der 1908 schrieb: „Eine sehr kleine Ursache, die für uns unbemerkbar bleibt, bewirkt einen beträchtlichen Effekt, den wir unbedingt bemerken müssen, und dann sagen wir, daß dieser Effekt vom Zufall abhänge. Würden wir die Gesetze der Natur und den Zustand des Universums für einen gewissen Zeitpunkt genau kennen, so könnten wir den Zustand dieses Universums für irgendeinen späteren Zeitpunkt genau voraussagen. Aber selbst, wenn die Naturgesetze für uns kein Geheimnis mehr enthielten, könnten wir doch den Anfangszustand immer nur näherungsweise kennen. Wenn wir dadurch in den Stand gesetzt werden, den späteren Zustand mit demselben Näherungsgrade vorauszusagen, so ist das alles, was man verlangen kann; wir sagen dann: Die Erscheinung wurde vorausgesagt, sie wird durch Gesetze bestimmt. Aber so ist es nicht immer; es kann der Fall eintreten, daß kleine Unterschiede in den Anfangsbedingungen große Unterschiede in den späteren Erscheinungen bewirken. Ein kleiner Irrtum in den ersteren kann einen außerordentlich großen Irrtum für die letzteren nach sich ziehen. Die Vorhersage wird unmöglich, und wir haben eine zufällige Erscheinung." Viel mehr als vor fast einem Jahrhundert kann die Wissenschaft auch heute nicht sagen. Die Anwendung der Chaostheorie auf unser Verständnis von Natur, Gesellschaft oder Management baut eine Brücke zwischen dem Zufall und der Notwendigkeit, dem ungeordnet erscheinenden Wirrwarr und der dem Menschen unentbehrlichen, sinngebenden Ordnung. Die Chaostheorie möchte eine Beziehung zwischen der Wahrscheinlichkeit schaffen, mit der beim Aufwerfen einer Münze Kopf oder Adler liegenbleibt, und dem Universum, das „wie ein Uhrwerk" abläuft. Sie bedient sich dabei einiger Begriffe, die der Natur abgeschaut worden sind und die sich auch für die Betrachtung sozialer Organismen sehr gut verwenden lassen. Eines dieser Prinzipien ist das Theorem der Selbstähnlichkeit. B. Mandelbrot hat unter dem Begriff *Fraktaltheorie* behauptet, daß das Aussehen von Gegenständen im Detail immer ein kleineres Abbild der Gesamtstruktur sei. Die Blumenkohlrose besteht aus vielen kleinen Rosen, die Schneeflocke aus vielen kleinen Kristallen, die in der Struktur einander ähnlich sehen. Wenn auch Unternehmungen und Organisationen fraktal strukturiert sind, so wäre eine Unternehmensstruktur dann *natürlich,* wenn sie ebenfalls versucht, sich nach diesem Prinzip der Selbstähnlichkeit zu bilden. In der neuen Welle des Reengineering wird u. a. die „fraktale Fabrik" zur Steigerung der Produktivität vorgeschlagen, wie wir später noch sehen werden. Während die Fraktaltheorie mit Ordnung zu tun hat, ist die sogenannte *dissipative Struktur* im Gegensatz dazu ungleichgewichtig, also mit der Tendenz zur Dissipation oder Zerstreuung und Selbstauflösung behaftet. Der Nobelpreisträger Ilja Prigogine hat auf die enge und paradoxe Verbindung zwischen Struktur und Ordnung einerseits, Dissipation und Unordnung andererseits aufmerksam gemacht. Ich glaube, daß die Chaostheorie deshalb so großes Interesse gefunden hat, weil wir das Leben nicht begreifen können, aber immer mehr in seine Geheimnisse eindringen wollen. Das Leben selbst können wir nicht definieren. Es ist die letzte in sich ruhende Wirklichkeit (J. v. Uexküll). Wir können nur einige Eigenschaften lebendiger Organismen aneinanderreihen:

- Organismen sind komplexer als alle anderen physikalischen Systeme. Ihre Komplexität ist so organisiert und aufeinander abgestimmt, daß sie als ein integriertes Ganzes funktioniert.
- Auf jeder Ebene und in der Verbindung zwischen den Ebenen des Organismus findet man eine verwirrende Vielfalt von Rückmeldungssystemen und Kontrollen.
- Jeder lebende Organismus bietet uns immer wieder neue und unerwartete Eigenschaften, die sich nicht auf die Merkmale seiner einzelnen Teile zurückführen lassen, und ist einzigartig.
- Organismen sind eng an eine bestimmte Umwelt gebunden und ziehen aus ihr Energie.
- Ein lebender Organismus hat die Fähigkeit, sich an eine dauernd geänderte Umwelt durch immer neue Funktionen und Strukturen anzupassen, also die Fähigkeit zur Evolution und zur Anlage genetischer Informationen für die Nachkommenschaft.

Das wichtigste Merkmal der Lebensfähigkeit ist wohl die Komplexität. Ein lebensfähiges System muß eine innere Komplexität aufweisen, die ungefähr der äußeren Komplexität seines Umfeldes entspricht. Für lebende Organismen gilt daher allgemein, daß das Ganze mehr ist als die Summe seiner Teile. Die Prozesse in einem Organismus laufen zwar praktisch automatisch ab, lassen sich aber trotzdem nicht genau vorhersagen. Der Mensch zum Beispiel besitzt ein stammesgeschichtliches Programm, das sein Verhalten stark steuert – aber dennoch auch einen freien Willen, der schon immer Gegenstand kühner und weitreichender Überlegungen und des Dogmenstreits verschiedener Schulen der Philosophie gewesen ist. Leben ist in diesem Sinn die *Quintessenz des Gegensatzes* und der Spannung. Wahrscheinlich läßt sich das Gesetz von innerer und äußerer *Spannung* in der Zelle – offensichtlich überhaupt der grundlegende Antrieb zur Entwicklung eines Organismus – und ihres *Ausgleichs* durch stabilisierende Homöostasis auch auf andere organische und soziale Prozesse übertragen. Alles Lebendige scheint ein geheimnisvolles Zusammenspiel von Gegensätzen zu sein.

SPANNUNG UND KREISLAUF

Nach jahrtausendealter Lehre der Chinesen erzeugen Yin und Yang im Wechselspiel des Aufbaus und Ausgleiches von Spannung die ständig fließende Energie Tsri. Von den verschiedenen Möglichkeiten, die Entstehung, Verteilung und den Verbrauch von Energie durch einzelne Organismen zu erklären, scheint mir die alte chinesische Energielehre am brauchbarsten für grundsätzliche Überlegungen zum Energiehaushalt und zum Energiekreislauf eines sozialen Organismus. Danach besteht der Mensch aus Materie und Geist. Er schafft materielle Nahrung, also Energie für den Leib, braucht aber auch immaterielle Energie aus dem Kosmos, aus Licht und Luft. Die Energie der Erde nennen die Chinesen Yin, die des Kosmos Yang. Gemeinsam bilden sie die Lebensenergie des Menschen, das Tsri. Wenn der Körper von Yin- und Yang-Energie im richtigen Verhältnis durchflutet wird, fühlt sich der Mensch gesund und ausgeglichen. Entsteht irgendwo ein Energieüberschuß oder ein Energiemangel, so gibt es in Teilen des Körpers Entzündungen oder sonstige Ungleichgewichte, und der Organismus ist gestört und krank. Die chinesische Akupunktur beruht darauf, durch die Freimachung der Energiekanäle den Energiefluß entweder zu verstärken oder auch zu verlangsamen und zu beruhigen. Überschüssige Energie wird abgeleitet und dorthin gebracht, wo sie fehlt.

Dieses Prinzip der richtigen Verteilung von Energie gilt im Grunde auch für Organisationen. Auch hier können wir zwischen zwei hauptsächlichen Möglichkeiten unterscheiden, ins Geschehen einzugreifen: stimulierend, motivierend, mobilisierend, treibend – aber auch bremsend, kontrollierend, ausgleichend und beruhigend. Energie sollte so verteilt werden können, daß sie in diagnostizierten Defizitbereichen zusätzlich zur Verfügung steht und aus Überschußbereichen abgezogen wird, die bei einer zu intensiven Energieversorgung zu „entzündeten" Zentren der Aggressivität werden können. Energie entsprechend schnell und zielorientiert umlenken zu können, erfordert große Beweglichkeit, gute *Fitneß* des Unternehmens und eine seiner Komplexität entsprechende ganzheitliche Steuerung. Die Turbulenz der Märkte, die größere Volatilität, das hohe Tempo der Innovation und die ständige technische und soziale Veränderung machen die Diagnose und den Einsatz unternehmerischer Führungsinstrumente immer schwieriger. Vergleicht man (durchaus nach dem Prinzip der Selbstähnlichkeit) das Innere einer Zelle mit dem gesamten Innenleben einer Organisation und ihre Umgebung mit dem Szenario, insbesondere dem Markt, dann ist der optimale Energiegewinn für das Unternehmen wiederum in Analogie zu biologischen Voraussetzungen durch eine *maximale Oberfläche* nach außen, aber auch eine Aufrechterhaltung des *homöostatischen Gleichgewichts* bedingt. Jedes Wachstum, die Übernahme von verschiedenen unternehmerischen Risken, jede Vorwärtsstrategie wird dadurch begrenzt, wie leistungsfähig das Unternehmen bei der Sicherung seiner Homöostasis ist. Wir kennen die Fälle der Praxis, wo kühne Expansionspläne schreckliche Folgen zeitigten, weil die finanziellen Ressourcen, das Management oder das Know-how eines Unternehmens durch die neue Herausforderung aus dem Gleichgewicht gerissen und überfordert wurden.

Auch die Kreisläufe und Systeme des menschlichen Körpers können als Analogie für den Kreislauf von Information, Entscheidung und Kommunikation und das Zusammenwirken einzelner Menschen in Institutionen und Unternehmungen wertvolle Einsichten liefern. Im Jahr 1648 entdeckte der englische Arzt und Physiologe William Harvey den Blutkreislauf. Das Lymphsystem, „das allumfassendste und wichtigste Vitalsystem bei Menschen und Tieren“ (ein „offener Kreislauf“), die Entdeckung des motorischen und sensiblen Nervensystems und die Erforschung des vegetativen Nervensystems brachten zusätzliche Erkenntnisse. Doch viele Lebensvorgänge lassen sich nur zum Teil in Systeme einordnen. Bis heute ist zum Beispiel das Krankheitsbild der *vegetativen Dystonie* (verschiedene Funktionsstörungen ohne faßbare organische Erkrankung) nicht genau diagnostizierbar. Sicher bedient sich das Leben auch weiterer, bis heute nicht genau erforschter und verstandener Funktionssysteme, die seine weiter oben beschriebene Komplexität ausmachen. Es ist uns auch bekannt, daß der menschliche Organismus durch Ströme gesteuert wird. Vor allem die Messung von Hirnströmen (EEG) und Herzströmen (EKG) wird heute in der Medizin allgemein verwendet. Das Nervensystem bildet eine Art elektrische Leitung, durch die diese Ströme fließen. Allerdings gibt es auch Ströme, die keine „Leitungen" brauchen. Wellen, die Stimmen und Bilder bringen, die eine ganze Welt transportieren und transformieren können. Die drahtlose Übermittlung von elektrischen Steuerimpulsen ist auch in der Medizin bekannt. Die Innervation (Weiterleitung der von den Nerven aufgenommenen Reize) des Herzmuskels zeigt, daß Muskelfunktionen auch ohne Nervenleitungssystem möglich sind. Die Chinesen entdeckten, daß der gesamte Organismus einem solchen übergeordneten drahtlos arbeitenden Steuerungssystem gehorcht, das unter der Bezeichnung „Akupunktur" vermittelt wird. Wenn es eine Methode gibt, den Fluß dieser unsichtbaren Energie zu beeinflussen, so setzt sie an der Wurzel des Lebens an und erreicht den höchstmöglichen Wirkungsgrad. Die Teilabschnitte des Energieleitungssystems, aus denen sich der Energiekreislauf zusammensetzt, werden Meridiane genannt. Die Meridiane sind nach Organen und Funktionskreisen zugeordnet wie zum Beispiel Herz, Niere, Kreislauf usw., sie haben aber eine umfassendere Aufgabe als nur die der Sicherung des Energieflusses zu dem direkt mit ihnen kommunizierenden Organ, die wir nicht genau kennen. Damit die Systeme des Kreislaufs funktionieren und einen Organismus gesundhalten können, müssen logischerweise einige Bedingungen erfüllt sein: Blut muß ungehindert fließen können, die Blutgefäße dürfen nicht verstopft sein; die Nervenimpulse müssen durchkommen, die Nervenbahnen dürfen nicht unterbrochen sein; die Energieleiter müssen in der Lage sein, die Energie störungsfrei zu führen, und sie dürfen keine Blockaden aufweisen.

SOZIALE FITNESS

In jeder Organisation gibt es ähnliche geschlossene und offene, formale und informelle Kreisläufe der Information, der Entscheidungsbildung, der Abläufe, des Verkaufs usw. Es ist klar, daß auch hier jeweils mit bestimmten Energiezentren oder Organen vergleichbare Entscheidungs- oder Funktionszentren existieren, die störungsfrei in die verschiedenen Kreisläufe eingebettet sein müssen, damit der ganze Organismus sich „wohlbefindet“ und in einem lebendigen Gleichgewichtszustand verbleibt. Wenn wir vom Leben etwas für unsere Organisationen lernen können, dann halte ich die Auflösung der Komplexität durch natürliche Kreisläufe, den Aufbau von Spannung und ihren Ausgleich durch Homöostasis und den ständigen Austausch von Energie innerhalb des Organismus für die wesentlichsten Erklärungshilfen.

Das Überleben von Organismen in ihrem Umfeld bedeutet immer auch Wachstum *oder* Schrumpfung. Stillstand gibt es in der lebenden Natur nicht. Richtet sich eine Unternehmenseinheit auf Wachstum aus, das nicht auch den natürlichen Abschwung, ja den Tod von „Zellen“ (Unternehmensteilen) mitberücksichtigt, dann sind früher oder später Überlebensprobleme zu erwarten. Damit der Wachstumsprozeß insgesamt in Gang bleibt, muß rechtzeitig für Reproduktion gesorgt werden. Häufig läßt sich bei Unternehmungen über die Zeit ein typischer Verlauf feststellen, der für Produkte, Methoden oder auch für ganze Unternehmen gilt: Einführungsphase, Wachstumsphase, Reifephase, Sättigungsphase und Degenerationsphase. Typisch für diesen Verlauf der Lebenskurve der Wirtschaft ist, daß der Deckungsbeitrag schneller steigt oder sinkt als die Fixkosten und diese wieder schneller steigen oder sinken als der Umsatz. Fragt man sich, wie der Zyklus einer unternehmerischen Entwicklung nach biologischen Maßstäben beurteilt werden kann, so könnte der *Energieverbrauch* ähnlich wie bei Lebewesen als Indikator der Lebenserwartung gelten. Die *Stoffwechselrate* ist dann wahrscheinlich ein guter Maßstab für die Abschätzung der Lebensfähigkeit eines Unternehmens in seinem Umfeld. Im längerfristigen Vergleich muß diese Stoffwechselrate – Effizienz oder auch Produktivität sind ähnliche Konzepte, die allerdings meist zu eng in nur betriebswirtschaftlichem Sinn verstanden werden – wenigstens dem Durchschnitt der Konkurrenz entsprechen, um Überleben zu sichern. (Mit solchen Maßstäben arbeitet das *benchmarking*, um die relative Position eines Unternehmens zu definieren.) Wäre dies nicht der Fall, dann ist ein Unternehmen auf Subventionen, also auf künstliche Energiezufuhr, angewiesen. Der Verbrauch an Kommunikationsenergie ist meiner Meinung nach besonders wesentlich für die Beurteilung der dauerhaften Lebensfähigkeit. Aufgrund dieser biologischen Überlegungen und der turbulenten Bedingungen der Märkte im Wettbewerb halte ich nicht besonders viel von starren unternehmerischen Langfristplänen, sondern glaube an das Prinzip der unternehmerischen Fitneß. Nur ein Unternehmen, das sich schnell und wirkungsvoll anpassen kann, wird leben und überleben. Wer sich auf viele Jahre in fixierten Vorstellungen vergräbt, die sich von der Realität ablösen, wird Bewegungs- und Anpassungsfähigkeit einbüßen. Der Grad der sozialen Fitneß ist entscheidend für die Fähigkeiten des gesunden Überlebens. Zwar benötigt jede erfolgreiche Organisation Vision und Identität; aber die Mitarbeiter und vor allem die Führungsmannschaft müssen ständig *auf den Zehenspitzen der Veränderung stehen.* Meiner Erfahrung nach besteht die größte Gefahr für eine Organisation darin, zwar die Notwendigkeit der Veränderung zu erkennen, ja sogar zu akzeptieren, aber nicht die notwendige Umsetzung zustande zu bringen.

Eigentümer, Kunden und Mitarbeiter sind eingebunden in einen Kreislauf der gegenseitigen Abhängigkeit und des Erfolgs oder Mißerfolgs. Denn das lebendige System des Unternehmens steht nicht für sich allein. Es kommuniziert mit dem Markt und mit seinen Eigentümern genauso wie mit sich selbst. In diesem Kreislauf werden füreinander Werte geschaffen; daher sollten diese drei wesentlichen Beziehungsfelder auch gegenseitig Wertbewußtsein, Wertschätzung und Verantwortung gewinnen. Wahrscheinlich ist das Erlebnis gemeinsamer Verantwortung in einer Organisation überhaupt die wichtigste Voraussetzung für ihr gutes Funktionieren wie Lebenswille für einen Organismus. Wie man die Funktion einzelner Organe nicht isolieren kann, wenn es um Gesundheit und Wohlbefinden des Organismus geht, so läßt sich auch kein einzelner leistender Mitarbeiter aus dem Prozeß für den Erfolg wegdenken. Natürlich wissen wir, daß sogar teilweise Führungskräfte, die in die Rolle von sozialen Trittbrettfahrern abgeglitten sind, selbst in höchsten Rängen unterwegs sind und in unseren Unternehmungen mit*fahren*, nicht mit*führen.* Sie in die Gemeinschaft der Führenden und Geführten einzugliedern, ist eine wichtige Aufgabe. Die Probleme der Anpassung von Organisationen sind im Grunde die gleichen wie jene von Organismen. Hier wie dort muß eine positive Energiebilanz erwirtschaftet werden, und hier wie dort entstehen Kosten des Aufbaus, der Erhaltung, der Reservebildung, der Reparatur und Abwehr von Störeinflüssen, der Verteidigung, der Erschließung und schließlich auch der eigentlichen Marktleistung, die ja die Energiebilanz erst positiv werden läßt.

DAS POSITIVE ENERGIEFELD

Der französische Ingenieur Sadi Carnot hat schon im Jahre 1824 in einem damals populären Buch über Dampfmaschinen korrekt darauf hingewiesen, daß Wärme nicht spontan von heißen zu kalten Gegenständen hinfließt, wie man das früher geglaubt hatte. Man hatte sich vor Carnot eine Art unsichtbare Flüssigkeit vorgestellt, die sich in erhitzten Gegenständen bilden und bei der geringsten Chance in kühlere Gegenstände „abfließen" würde. Carnot formulierte gewissermaßen *en passant* die Grundlage für das Zweite Gesetz der Thermodynamik, nämlich daß Hitze eben nicht spontan zwischen kalten und warmen Gegenständen fließt. Die heute verwendete statistische Erklärung, daß Atome ständig versuchen, sich in einen Zustand geringerer Ordnung zu begeben, kam erst 70 Jahre später zustande. Ganz ähnlich war das beim Ersten Gesetz der Thermodynamik, nämlich daß Energie von einer Form in die andere wandert – Wärme, Bewegung, chemische oder elektrische Energie –, aber nie eigentlich geschaffen oder zerstört wird. Diese Aussage wurde im Jahre 1840 von dem englischen Amateurphysiker und Bierbrauer James Joule gemacht. (Auch heute dauert es in Wissenschaft und Forschung einige Zeit, bis gewisse Ideen und Meinungen, die wir bereits erahnen, auch tatsächlich formuliert und zum Besitzstand des Wissens werden.) Wenn wir an die Aussage anknüpfen, daß Leben dem Energieerwerb dient, so ist global betrachtet die Energie eine Konstante, die nach den Gesetzen der Thermodynamik nur *umgewandelt*, aber nicht geschaffen oder vernichtet wird. Es kommt daher darauf an, diese Energie richtig zu bündeln und sie in eine *Form* zu bringen, die von Nutzen sein kann. Übertragen auf die Unternehmenspolitik bedeutet dies, die Sozialenergie jeweils ziel- und aufgabenorientiert einzusetzen und zu verhindern, daß Energie „verschwendet“ wird. Wenn man der unternehmerischen Entropie nicht entgegenwirkt und das Zerfallen der Energie von „geordneter“ in „ungeordnete“ Form nicht bewußt steuert, verpufft, „verschwindet“ sie.

Heute ist immer öfter vom Wettbewerbsfaktor Zeit die Rede. Viele werden wissen, daß der Physiker Stephen Hawking in seiner „Kurzen Geschichte der Zeit“ (1988) auf den Zusammenhang zwischen Thermodynamik und dem Zeitpfeil hingewiesen hat. *Weil* Energie vom geordneten in den ungeordneten Zustand übergeht (zum Beispiel von der Nahrung in Wärme), ist der Zeitpfeil *nach vorne* gerichtet, und *daher findet Leben statt.* Darum ist aber vielleicht auch Zeit so knapp und der wirklich kritische Faktor geworden. Wenn wir nicht mit der Zeit gehen, sondern dem Prozeß der ständigen Chaotisierung von Energie tatenlos und teilnahmslos zusehen, so werden andere die lebensnotwendigen Energien schneller und leichter als wir erlangen. Möglicherweise – und das ist reine Spekulation – ist die wachsende Komplexität der Welt durch zunehmende Bevölkerungszahlen und den technischen, zivilisatorischen und kulturellen Fortschritt der Grund dafür, daß die Zeit immer kritischer wird, weil der Wettlauf gegen die Energiewandlung immer härter wird. Nach dem Wildentenprinzip kommt es darauf an, das Energiefeld des Unternehmens möglichst hoch im Bereich Kampf *und* Konsens zu positionieren. In einem Koordinatensystem können wir darstellen, ob sich das Energiefeld überwiegend im positiven Bereich beider Achsen oder in anderen Quadranten des Koordinatensystems befindet. Je höher wir die agonale Achse hinaufklettern, desto stärker ist die Energie des Kampfes und des Wettbewerbs ausgeprägt. Je weiter nach rechts auf der synagonalen Achse wir gehen, umso stärker befinden wir uns im positiven Bereich der Zusammenarbeit und des Konsenses. Je nachdem, wo im Koordinatenbereich das Energiefeld liegt, entspricht es mehr oder weniger den Forderungen des Wildentenprinzips.

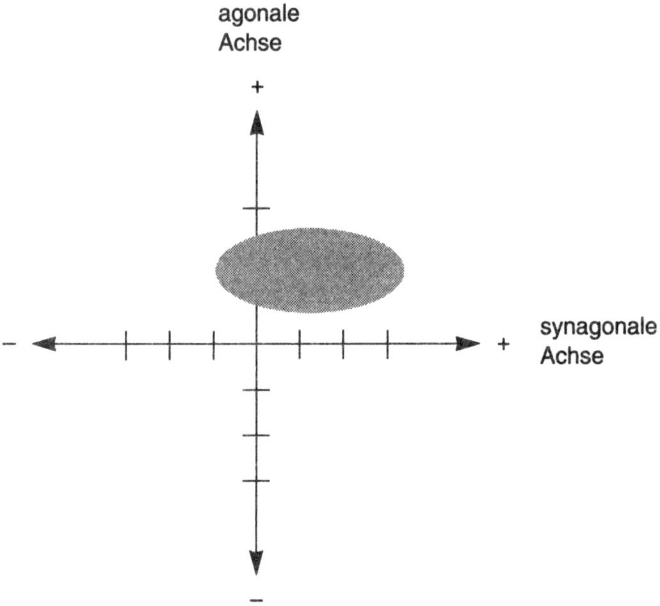

Man kann je nach Ausprägung der Kräfte des Kampfes und des Konsenses (*harte* und *weiche* Energien) den vier Quadranten des Koordinatensystems auch bestimmte typische Qualitäten zuordnen, die je nach Lage des Energiefeldes vorherrschen:

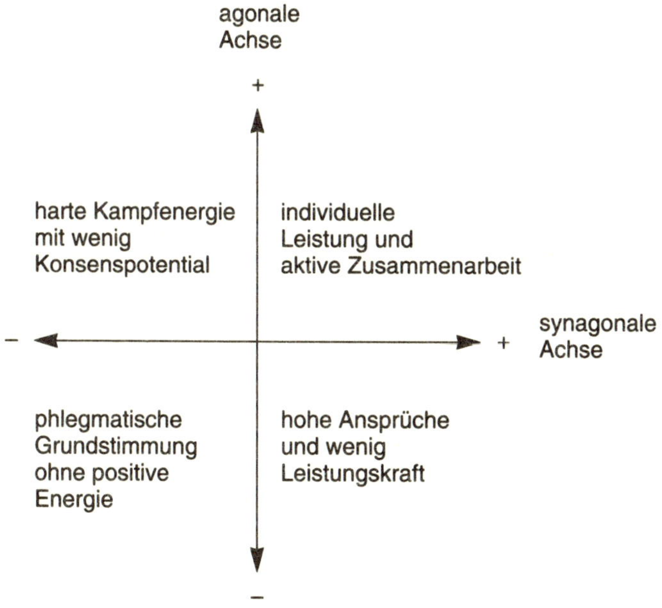

Natürlich gibt es in Organisationen nicht nur ein Energiefeld, vielmehr können mehrere Energiefelder einander überlagern oder überschneiden. Im ersten Fall spricht man von gut eingepaßten Subkulturen einzelner Unternehmensteile, im zweiten Fall vom eher häufigeren Konflikt zwischen einzelnen Elementen innerhalb einer Organisation, die nicht unter einen Hut gebracht werden können.

Wie in jedem lebendigen System geht es auch im sozialen Organismus des Unternehmens darum, das Fließen der Energie möglichst ungehindert zu ermöglichen. Das Management hat die Aufgabe, auf die Energiewandlung einzuwirken und dadurch die optimale Energienutzung zu ermöglichen, also Bewegungsenergie zu schaffen, wo Bewegung notwendig ist; Wärme zu erzeugen, wo zu große Sachlichkeit oder gar feindselige Kälte herrscht; zu große Anspannung durch Spannungsausgleich abzubauen; die allzu heftige chemische Reaktion der Gegensätze in die Bahn des Konsenses zu lenken. Diese Vergleiche lassen sich leicht auf die Wirklichkeit übertragen, wenn man sich vor Augen hält, was in den einzelnen Menschen, in den Gruppen und auch zwischen den Gruppen im Unternehmen tatsächlich vorgeht. Vor allem aber muß Management nach dem Wildentenprinzip die *Kombination von agonaler und synagonaler Energie* zu individueller Leistung und aktiver Zusammenarbeit anstreben:

- Jeder einzelne Mensch sucht über das Unternehmen Ressourcen (ein Einkommen), Gestaltungsmöglichkeiten und Anerkennung (eine Rolle mit einem bestimmten Einfluß), Vertrauen und Sicherheit (den sozialen Schutz der Gemeinschaft).
- Jede Gruppe konstituiert sich nach einem bestimmten Muster der Funktionsverteilung und des Rollenspiels. Auch die Gruppe möchte sich so gut wie möglich im Sinne des optimalen Energieerwerbs positionieren, sie bietet dem einzelnen über dessen persönliche Möglichkeiten hinaus an, was er allein nicht erreichen könnte.
- Jede größere gesellschaftliche Einheit funktioniert im Wechselspiel von Wettbewerb und Zusammenarbeit zwischen einzelnen und Gemeinschaften.

Alle diese sozialen Vorgänge beanspruchen Energie und sind ihrerseits wieder dazu geeignet, Energie aus der Umwelt zu erwerben. Ein gutes Produkt, das durch die kreative Leistung und den Schweiß einer Abteilung entwickelt und auf den Markt gebracht wurde, findet interessierte Käufer. Erfolgreicher Wettbewerb ist im Ergebnis nichts anderes als die Erzielung von Gewinn. Und dieser Gewinn korrespondiert mit der Differenz zwischen der eingesetzten (Input) und der erhaltenen Energie (Output). Der Organismus ist lebensfähig, wenn die Energiebilanz positiv ist – ist sie negativ, so zehrt er eine Zeitlang von der Substanz, bis er entweder die Form seines Energieerwerbs ändern kann oder zugrunde geht.

Wir haben in diesem Kapitel versucht, einige Grundgesetze des Lebendigen auf einen sozialen Organismus anzuwenden:

- Energie ist Voraussetzung für alles Leben. Der Energieerwerb eines Organismus aus seiner Umwelt erfordert Anpassung *(Fitneß)* durch Spezialisierung. Sie ist die Voraussetzung für eine positive Energiebilanz, die jeder lebende Organismus braucht.
- Je besser der Nutzungsgrad der Energie, desto erfolgreicher kann sich ein Individuum, aber auch eine soziale Art im Überlebenskampf behaupten.
- Positiver Energietausch vom einzelnen zur Gemeinschaft innerhalb des Unternehmens und zwischen dem Unternehmen und seiner Außenwelt ist die einzige Möglichkeit, um zu einer positiven Energiebilanz zu gelangen.
- Das Energiefeld eines Unternehmens als Resultat agonaler und synagonaler Qualitäten ist verschieden positioniert; je nachdem können wir verschiedene typische Konstellationen harter und weicher Energie unterscheiden.
- Das Wildentenprinzip verlangt, das Energiefeld des Unternehmens möglichst hoch im positiven Bereich von Kampf *und* Konsens zu positionieren.

„Make not your thoughts your prisons“

William Shakespeare

V.

DAS STAMMESDENKEN IN UNS

Was bestimmt nun das Verhalten der Lebewesen in ihrem sozialen Umfeld tatsächlich? Die Soziobiologie, ein Wissenszweig, der sich mit der biologischen Basis des sozialen Verhaltens beschäftigt, nennt zwei wesentliche Faktoren: *stammesgeschichtliche Beharrung und ökologischen Druck.* Hohe stammesgeschichtliche Beharrung bedeutet relativ hohen Widerstand gegenüber der Evolution und der Veränderung, niedrige Beharrung aber eine verhältnismäßig hohe Labilität. Die Beeinflussung durch die Umwelt reduziert sich meist auf einen oder ganz wenige hauptsächliche Anpassungsmechanismen, etwa an jahreszeitliche Veränderungen bezüglich der Futtersuche, an den jeweils gefährlichsten Feind usw. Diese Voraussetzungen treffen auch für den Menschen zu. Neben die stammesgeschichtliche Entwicklung tritt aber beim Menschen die kulturelle Evolution. Ein System überlieferter Regeln wurde entwickelt und erprobt und kann ebenfalls als Ergebnis einer Auslese gesehen werden, die nicht so sehr vom Verstand als vom Erfolg und der Erfolgswahrscheinlichkeit gelenkt ist. Im Wettbewerb um das

Überleben setzen sich die erfolgreicheren Waffen und Einrichtungen durch. Daher ist die kulturelle Entwicklung ebenso wie die biologische nicht das bewußte Wirken und die planende Entwicklung, sondern die Auswahl durch den Erfolg im Wettbewerb und im Kampf „um Futter und Frau". Die Evolution hat in einem Zusammenspiel von Wettbewerb und Zusammenarbeit jene Verhaltensweisen ausgezeichnet, die das Überleben des einzelnen, vor allem aber das Überleben der Art, am besten gewährleisten.

In diese komplexe, schwer durchschaubare Ordnung alles Natürlichen und Lebendigen ist nun der selbstbewußte Mensch gestellt. Wie keinem anderen Lebewesen ist es ihm gelungen, sich an seine Umwelt anzupassen, sich als *fit* zu erweisen, indem er sich getreu dem Spruch der Bibel die Erde untertan gemacht hat. Mit unserem begrenzten Wahrnehmungs- und Denkvermögen ausgestattet, aber mit einer ungeheuren intellektuellen Fähigkeit des Wissens und Machens begabt, haben wir diese unsere Welt und uns selbst organisiert und ihre Ressourcen mit erkennbaren Folgen für Gegenwart und Zukunft ausgebeutet. Es ist keine Frage, daß wir nicht vieles besser machen *könnten;* in seinem klassischen Werk „The Ascent of Man" schreibt Jacob Bronowski, daß die Menschen nichts mehr lieben, als etwas gut und noch besser zu machen. Daran liegt es nicht. Woran liegt es aber dann? Wahrscheinlich an der die Menschheitsgeschichte kennzeichnenden Unmöglichkeit, unsere Fähigkeiten und Möglichkeiten mit einem Willen zum Gemeinwohl der Menschenfamilie insgesamt zu verbinden. Es trennen uns Wände von Interessen, Gefühlen, Vorurteilen, mangelndem Wissen voneinander; es trennt uns eine in der Entwicklungsgeschichte des Menschen verankerte und bis heute nicht überwundene Barriere des Stammesdenkens, die unseligerweise die Grenzen unserer eigenen Erkenntnis mit den Grenzen unserer sozialen Beziehungen multipliziert.

Karl Popper meint, es gäbe keine Wahrnehmungen, die nicht auf Theorien beruhen. Sie wurden in Jahrmillionen der Evolution an der Auswahl und Anpassung gemessen und sind an ihrem Erfolg orientiert. In einem gewissen Sinne ersetzen diese Theorien die Wirklichkeit, weil es nach Popper für die Menschen ja auch nur verschiedene subjektive Wirklichkeiten gibt. In jedem Kopf existiert eine eigene, persönliche Welt. Im Vergleich zur *wirklichen* Welt (nach Popper die „Welt 1“) ist auch diese *subjektive* Welt (nach Popper die „Welt 2“) real. Jeder Mensch hat ein Vorwissen durch die Gene mitbekommen. Diese genetische Erfahrung schützt uns davor, nicht in einer sinnlosen Datenflut zu ertrinken. Es ist bekannt, daß wir uns in der Regel nur auf sehr wenige Dinge und das nur für eine bestimmte kurze Zeit, oft wenige Minuten, wirklich konzentrieren können. Darüber hinaus wissen wir, daß uns nur das wirklich interessiert, wovon wir emotional berührt sind. Wir werden im Kapitel über Kommunikation auf diesen besonders wichtigen Grundsatz noch zurückkommen. Auch die mangelnde Konzentrationsfähigkeit ist ein Sicherheitsventil. Sie schützt uns vor der Enttäuschung, die Welt nicht in eine bestimmte Ordnung bringen zu können. Die selektive Wahrnehmung ordnet vor, was wir überhaupt aufnehmen können und wollen. Wir alle kennen die uralte Frage, ob uns jemand anderer wirklich verstehen kann, insbesondere ein geliebter Mensch. Unsere Enttäuschung macht sich oft mit dem Seufzer „Du verstehst mich nicht!“ Luft. Im Verstehen des anderen und der anderen liegt aber die einzige Chance, eine gemeinsame Welt zu bauen und das Geistkapital einer Organisation zu schaffen, das die Basis für ihre Leistungsfähigkeit ist. Niemand kann entscheiden, was tatsächlich die wirkliche und damit die richtige Welt ist. Alles spielt sich nur in unseren Gehirnen ab, deren Funktion trotz der ungeheuren Fortschritte der Gehirnphysiologie noch unendlich viele Rätsel aufgibt. Der Computerwissenschaftler E. Pugh kommentiert das Problem philosophisch: „Wenn das Hirn so einfach wäre, daß wir es verstehen könnten, dann wären wir so einfach, daß wir es nicht verstehen könnten."

Die moderne Evolutionstheorie versucht, dem Geheimnis des Erkennens, Denkens und Fühlens auf die Spur zu kommen. Keineswegs beigelegt ist der Streit, welchen Gesetzen unser Denken und Handeln wirklich gehorcht. Ist es die Veranlagung, die genetische Prägung – oder sind es Erziehung und Lernen? Ist es die Natur oder ist es die Kultur, die die Oberhand behält? Die Naturgeschichte und die Kulturgeschichte unserer Entwicklung geraten umso härter aneinander, je größer dieser Gegensatz zwischen der Infrastruktur unserer Natur und unserer kulturellen Superstruktur wird. Natur und Kultur sind Pole, die den Menschen immer mehr anspannen – bis zum Zerreißen oder bis zur Resignation, wie es scheint. Die meisten Psychologen meinen, der Mensch sei überwiegend doch ein Kulturwesen; daher werde sich zu guter Letzt die Kultur, das gelernte Verhalten, die akzeptierte oder durchgesetzte Norm gegen die anthropologische Konstante unserer genetischen Vergangenheit durchsetzen.

Es gibt aber auch gegenteilige Meinungen. Der Freiburger Molekularbiologe Hans Mohr meint, daß die in den Genen akkumulierte Erfahrung der Stammesentwicklung unser Verhalten bestimme, nicht kulturelle und erlernte Verhaltensweisen. In unseren Reflexen,

Wahrnehmungen, Ängsten und Urteilen schlage das uralte genetische Programm durch, das sich in einer Mutationskette von einigen hunderttausend Generationen entwickelt habe. Man könnte sagen: Was soll dagegen eine vielleicht 50.000 Jahre alte spezifische kulturelle Entwicklung des Menschen ausrichten? Dieses genetische Programm liefert uns eine beschränkte Empfindung von Raum und Zeit und das den heutigen Ansprüchen der Komplexität unangemessene lineare Denken. Wir pflegen zu vereinfachen, weil wir eine *direkte* Ursache für ein Geschehen suchen. Wir erwarten, daß sich eine bestimmte Gesetzmäßigkeit stets wiederholt, weil wir diese Erfahrung genetisch gespeichert haben. Wir wollen also angestammte Ordnung in unserem Denken halten und uns „auskennen". Jeder von uns erinnert sich an die oft mit Schaudern gemachte Erfahrung nächtlicher Gespräche vor allem in jüngeren Jahren über Unendlichkeit und Ewigkeit. Wir besitzen die Kategorie des Denkens für diese Begriffe nicht. Wir können nur ohne Verstehen nachplappern, daß sich der Raum mit Lichtgeschwindigkeit ausdehnt und dann verstummen. Das Gefühl der Ewigkeit gibt ein bekanntes Gleichnis wieder: Ein Vogel fliegt alle tausend Jahre auf einen hohen Berg aus Diamant und wetzt einmal seinen Schnabel. Wenn er den Berg mit seiner Beharrlichkeit eingeebnet hat, dann ist die erste Sekunde der Ewigkeit vorbei ... Wir wissen, daß wir nur eine Hilfsgröße einsetzen, eine fast unendlich lange Zeit, die doch noch lange nicht unendlich ist. Deshalb sucht auch der denkende Mensch – in solchen Augenblicken wenigstens – Zuflucht bei der Religion. Er schützt sich selbst davor, voll ausgeliefert zu werden, sein Band zum überirdischen Urvertrauen zu verlieren. Und auch unser beschränktes Denken ist ein solcher Schutz vor der Kälte des Universums. Immer wieder stelle ich in Diskussionen fest, wie ich selbst und andere außerstande sind, aus den vorgefertigten Denkmustern und Vorurteilen auszusteigen, auch wenn vielfach die Notwendigkeit dazu sehr deutlich wird. Unser allgemeines Denken ist von Mittelmäßigkeit und falscher, weil prinzipienloser Angepaßtheit („Pragmatismus") beherrscht. Wer hat sich nicht schon mit den *Sachzwängen* herumschlagen müssen, die Argumente und Entscheidungen in eine vorgegebene Richtung drängen – auch wenn sie keinesfalls die richtige ist? Wer hat nicht schon von „logischen" Entwicklungen Kenntnis nehmen müssen, auch wenn sie in eine Sackgasse führen?

Unser Denken kann also offensichtlich nur in einem vertrauten und lange erprobten Territorium richtig funktionieren. Es scheint mir, daß dieser Bereich keine Extreme kennt und den Weg der Mitte sucht. Vielleicht ist auch der sogenannte *gesunde Menschenverstand* Ergebnis dieses Kompromisses zwischen Natur und Kultur, der jahrtausendealte Denkmuster bis in unsere Ära verpflanzt hat. So wird häufig intuitiv der Gegensatz zwischen von unserer Geschichte millionenfach gelernten und eingeprägten Verhaltensweisen und heute erforderlicher, denktechnisch nicht bewältigbarer Komplexität überbrückt. Für den menschlichen Verstand ist nicht einsichtig, was keine unmittelbare Folge zeigt. Als drastisches Beispiel sehe ich die Zerstörung unserer Biosphäre durch Handlungen, die von unmittelbarem Erfolgsdenken geleitet sind. Die Rodung der Urwälder dient dem vermehrten wirtschaftlichen Erfolg von heute, die bequeme Anwendung der modernen Chemie und der widernatürliche Energiekomfort vergrößern das Ozonloch und heizen das Treibhaus Erde auf. Wir scheinen für derartige Erkenntnisse nicht das richtige Verrechnungssystem zu besitzen, wie Hans Mohr die Fähigkeit zur denkerischen Konsequenz nennt. Daher dürfe man uns streng genommen auch nicht unmoralisches Verhalten vorwerfen, weil wir die nötigen vorprogrammierten moralischen Standards gar nicht besitzen können. Unser Denkschema läßt uns im Stich. Daß wir keine wirklichen Fortschritte gemacht haben, beweist auch die jahrtausendealte Befassung der Dichtung und Philosophie mit den gleichen Sorgen und Fragen der Menschen.

DIE ERFINDUNG DER WIRKLICHKEIT

Ich persönlich bin deshalb nicht so pessimistisch, weil die Menschheit wenigstens bisher imstande gewesen ist, immer wieder Lösungen auch für große Probleme zu finden und zu *überleben.* Aber läßt sich aus der Vergangenheit auf die Zukunft schließen? Kann das Überleben einer Eiszeit und anderer Katastrophen auch das Überleben des Biokollaps garantieren, der von vielen Wissenschaftlern für die nächsten Generationen vorausgesagt wird? Auch die Biologie schließt nicht aus, daß einige unserer genetischen Voraussetzungen durchaus Anlaß zur Hoffnung geben. Schon vor drei Jahrtausenden hat die griechische Philosophie die Ambivalenz des Menschen erkannt, der sowohl gut wie böse sei. Der Gehirnphysiologe, Nobelpreisträger und Forschungspartner von Popper, John C. Eccles, vertritt dazu die optimistische Hypothese, daß immaterielle, rein geistige Ereignisse auf materielle Strukturen einwirken können. Das Denken könne also die Neuronen unserer Großhirnrinde verändern. Mit einem Querverweis auf die Quantenphysik spricht er von einem „Wahrscheinlichkeitsfeld", das weder Energie noch Materie enthalten müsse und trotzdem existiere. Wenn das stimmt, so können von uns gemachte geistige Erfahrungen unsere genetische Weiterentwicklung beeinflussen. Mit anderen Worten: Es gibt eine Chance, daß sich unser genetisch geprägtes Denken durch (positives) Denken tatsächlich verändert, weil sich das Gehirn selbst verändern kann. Allerdings dauert ein solcher Prozeß viele Generationen.

Ich sagte schon, daß ich die Polarität zwischen natürlichen Voraussetzungen und kulturellem Überbau für besonders wichtig halte. Das Nebeneinander von Natur und Kultur bestimmt unser Verhalten und unser Zusammenleben. Wenn Eccles recht hat, so haben wir vieles schlicht aus Zeitmangel noch nicht lernen können. Die Evolution unserer Erkenntnis braucht offenbar mehr Zeit als die Entwicklung unserer technologischen und wirtschaftlichen Strukturen. Wie rasend schnell haben sich doch die letzten Stadien der menschlichen Kultur entfaltet, wenn man sie mit unserer Stammesgeschichte in Beziehung bringt! Erst die letzten 400 Generationen sind überhaupt seßhaft – im Vergleich zu vielleicht 100.000 Generationen Mensch als Jäger und Sammler. Erst vor 200 Generationen wurde die Schrift erfunden und vor zwölf Generationen die Industrie. Wenn – wie vorher erwähnt – unser Raum- und Zeitempfinden beschränkt ist, wenn wir beispielsweise den Raum als dreidimensional und die Zeit als vorwärts gerichtet und absolut gleichmäßig verlaufend empfinden, so hat doch Einstein vor fast 100 Jahren schon den *vier*dimensionalen Verbund von Raum und Zeit entdeckt! Dennoch konnte dieses Wissen unsere Empfindung bislang keinesfalls verändern, weil wir uns diese Zusammenhänge (noch) nicht vorstellen können. Ein weiteres Beispiel für mangelhaft angepaßtes Erkennen ist der „Zwang“, aus erhaltenen Informationen sofort Folgerungen zu ziehen. Wir wollen nichts offen lassen, weil jede Ursache eine Wirkung hat und braucht. Die kausale Ordnung unseres Denkens zwingt uns zu einer Klarheit, die uns vielleicht in die falsche, wohl aber in eine berechenbare Richtung führt. Früher war dieses Muster des Erkennens und Handelns absolut überlebenswichtig. Wer nicht rasch genug auf plötzliche und einfache Anzeichen von Beute oder Feind reagieren konnte, der hatte kaum Überlebenschancen. In einer fortlebenden stammesgeschichtlichen Prägung wollen wir daher bis heute rasche und einfache Erklärungen finden.

Wir haben vorher von der subjektiven Wirklichkeit gesprochen, die Karl Popper so eindringlich beschreibt. Die Neurophysiologen Humberto Maturana und Francisco Varela haben diese Erkenntnistheorie vom Individuum auf die Kommunikation zwischen Menschen übertragen. Sie meinen, daß unsere Welterfahrung in einander bedingender Wechselwirkung von Geben und Nehmen ständig neu erbaut wird. Nur indem wir erkennen, *wie* wir erkennen, bringen wir uns selbst hervor. Der Pionier der Kybernetik, Norbert Wiener, meinte beziehungsvoll zum Problem der Kommunikation: „Ich weiß nicht, was ich sage, bis ich die Antwort höre." Die ständige „Erfindung" unserer Wirklichkeit durch ein dynamisches Zusammenwirken ererbter und erlernter Informationen ist für den wichtigsten Prozeß jeder Organisation, die Kommunikation, von allergrößter Bedeutung. Wir empfangen täglich Millionen von Eindrücken, die wir mit niemandem wirklich teilen können. Diese Eindrücke entwickeln uns ständig weiter. Auch unsere Partner erleben die gleiche ständige Veränderung. Ich fürchte, daß Information und Kommunikation kaum anders funktionieren als nach den Gesetzen der Chaostheorie: kleine Ursachen, große Wirkungen!

Der Mensch ist trotz der beeindruckenden Entwicklung seiner Kultur und Zivilisation während einer verhältnismäßig kurzen Zeit seinem biologischen Erbe noch so stark verpflichtet, daß er sich davon nicht emanzipieren kann. Der Geist hat ungeheure Dimensionen erklommen, aber der Kern unseres Wesens ist immer noch das in der Tiefe liegende Gefühl, das alte Erbe der Menschheit. Sehnsucht, Schmerz, Liebe, Haß und das ganze übrige Arsenal der Emotionen bleiben die wichtigsten Triebfedern unseres Verhaltens *aus dem Bauch*, das durch den Kopf ergänzt, aber nicht ersetzt werden kann. Gefühle sind die Leitsterne der Kunst und unsere angeborene vertraute Welt. Aber erst aus der Verbindung von Gefühlen und rationalem Denken entwickelt sich das, was wir als Verhalten in der menschlichen Gemeinschaft bewerten können. Die Verdrängung dieser emotionalen Wirklichkeit und die Schaffung einer kalten Zweckrationalität, um mit Max Weber zu sprechen, haben uns vielfach vergessen lassen, daß in Organisationen *Menschen* arbeiten. In seinem Essay „Das Unbehagen in der Kultur" meint Sigmund Freud, daß wir Menschen es offensichtlich schwer haben, glücklich zu werden. Drei Quellen unseres Leidens nennt er: die Übermacht der Natur, die Hinfälligkeit unseres Körpers und die Unzulänglichkeit der Einrichtungen, welche die Beziehungen der Menschen zueinander in Familie, Staat und Gesellschaft regeln. Und außerdem würden wir, so fährt er fort, ohnehin mit falschen Maßstäben messen: Wir streben Macht, Erfolg und Reichtum für uns an und bewundern sie bei anderen, unterschätzen aber die wahren Werte des Lebens. Auch hierin kommt die Polarität unseres Seins als Natur- und Kulturwesen klar zutage. Aus unserer Biologie heraus ist Überleben und daher die Sicherung von Ressourcen das höchste Gebot. Bert Brecht hat es einfacher formuliert: Erst kommt das Fressen, dann kommt die Moral! Man kann leicht philosophieren, wenn man satt ist. Aber erst die Kultur formt unser wahres Selbst.

Unsere Managementtheorie ist vom Konzept des *Homo oeconomicus* geprägt, einem künstlichen Gebilde des vernünftigen und rational entscheidenden Menschen. Richtiger ist es aber vielmehr, sich den Menschen als ein Bündel von Gegensätzlichkeiten und Ungereimtheiten vorzustellen, welche er laufend in eine *sinnstiftende Ordnung* bringen muß, wenn er nicht scheitern möchte. Eine ähnliche Herausforderung finden wir in unseren Unternehmungen täglich und stündlich vor. Je offener wir den Gegensatz zwischen natürlichen und kulturellen Grundlagen im Management anerkennen, desto besser werden wir auch mit den realen Herausforderungen unserer Praxis fertig werden. Nicht, daß wir keine Ahnung vom menschlich allzu Menschlichen hätten; ich wage aber trotzdem zu behaupten, daß wir das Stammesdenken in uns viel zuwenig beachten, was die Reise in eine Welt höherer Kultur durchaus beschwerlich und reich an Zwischenfällen macht.

DAS VERTRAUEN DES CLANS

„Gesellschaft existiert, wo eine Anzahl von Individuen miteinander in Interaktion treten." So beschreibt Georg Simmel den Gegenstand der Soziologie (1908). So läßt sich auch das Problem des menschlichen Zusammenlebens auf den kürzestmöglichen Nenner bringen. Viele Gründe stehen hinter dem menschlichen Zusammenwirken und dem Leben miteinander. Vieles verbirgt sich hinter Liebe und Haß, Anerkennung und Verachtung, Macht oder Unterwerfung. Jeder beeinflußt und wird beeinflußt. Aus vielen Elementen ergibt sich eine neue gesellschaftliche Wirklichkeit. Simmel nennt dies Vergesellschaftung. Erst in der Gesellschaft können Menschen ihre Interessen verwirklichen. Wir wissen das schon seit Aristoteles, der den Menschen ein *zôón politikón*, ein *Gemeinschaftswesen*, genannt hat.

Das Urbild der aktiven und organisierten menschlichen Gruppe ist die Jagdmeute. Sie formiert sich als Sippe oder Clan, um gemeinsam zu erreichen, was ein einzelner nicht wagt: die Erlegung größerer Beute. Jeder beansprucht etwas davon für sich – und zwar so viel wie möglich. Für jede Gruppe ist die *Verteilung* das älteste Problem: Verteilung von Beute, Verteilung von Einkommen, Verteilung von Rollen, Anerkennung und Macht. Wäre die Verteilung nicht Regeln unterworfen, so könnte sie nur in Akten der Gewalt enden. Werden diese Regeln mißachtet, herrscht das Faustrecht. Und das ist in der Geschichte ja auch oft genug passiert und passiert leider auch heute. Das Gesetz der Verteilung ist so gesehen vielleicht das älteste Gesetz der Menschheit auf ihrem Weg in die Kultur und Zivilisation. Es ist auch eines der grundlegenden Gesetze, die jede Organisation beachten muß. Die Jagdgruppe entwickelte sich aus der Großfamilie und dem Clan der Blutsverwandten. Man hat zu seinem eigenen Fleisch und Blut mehr Vertrauen, die genetische Ähnlichkeit und die persönliche Nähe geben Sicherheit und das Gefühl der gemeinsamen Stärke, sie schaffen Stabilität. Freilich gibt es zahllose Fehden und Streitereien zwischen Blutsverwandten; aber im genetischen Sinn ist diese soziale Zelle von vornherein *am gemeinsamen Überleben* orientiert, um ihr genetisches Erbe zu schützen. Die Familie entsteht aus den natürlichen Bedingungen der menschlichen Aufzucht. Ohne Familie wäre die Heranbildung von Gruppen mit einer Rollen- und Arbeitsverteilung nicht möglich. In der Familie liegt das Urmuster des menschlichen Verhaltens zueinander. Was in der Familie nicht erfahren und gelernt wird, kann später nie mehr oder nur mit großer Mühe nachgeholt werden. Das *Urvertrauen* des Kindes ist eine Voraussetzung für seine gesunde seelische und körperliche Entwicklung. Die positive Erfahrung des Gebens und Nehmens im Kleinkindalter und das Vorbild anderer in der nächsten Umgebung prägen sich fast unauslöschlich ein und bilden jene Standards, an denen sich auch der Erwachsene orientiert. Die „natürliche" Gruppe wird nur eine überschaubare Anzahl von Personen umfassen können, wenn nicht ihr Zusammenhalt, die Rollenaufteilung und das Verteilungsgleichgewicht gestört werden sollen. Jede Gruppe will eine *Vorteilsgesellschaft* sein und sich so organisieren, daß die Vorteile der einzelnen Mitglieder genügend groß sind, um sich für die Gruppe zu engagieren und einen bestimmten Beitrag zu ihrer Existenzstärkung, ja zu ihrem Machtzuwachs zu leisten. Ausgehend von der Urfamilie, den Clans und den Stammesgemeinschaften, läßt sich leicht die Analogie zu den Gruppen, Abteilungen oder Bereichen einer modernen Organisation ziehen. Die kulturelle Entwicklung ist noch lange nicht so weit fortgeschritten, daß wir ohne Rücksicht auf die Millionen Jahre alte Prägung durch unsere genetische Geschichte auf dem Reißbrett der aufgeklärten Vernunft festlegen könnten, wie eine moderne Organisation funktionieren soll.

Spiegelbildlich zum Zusammenhalt und Vertrauen in der (genetisch verwandten) Gruppe gehört offensichtlich die Scheu des Menschen vor dem unbekannten Mitmenschen zu den anthropologischen Konstanten. Auch sie beeinflußt unser Zusammenleben entscheidend und führt dazu, daß wir uns instinktiv zunächst vor Fremden hüten. Gleichzeitig ist es eine uralte Regel der menschlichen Kultur, den Fremden als Gast aufzunehmen. Im Griechischen gab es für beides das gleiche Wort *(xénos)*. Das Gesetz der Gastfreundschaft ist damit wohl die zweitälteste Grundregel der Gemeinschaft nach dem Gesetz des gerechten Teilens und der *lex taleonis* (Gleiches mit Gleichem). Weil eben der Mensch seine Lebenserfahrung noch aus den hunderttausenden Jahren bezieht, in denen er nur in Kleinverbänden lebte, wo Vertrauen und gegenseitige Bekanntheit die Voraussetzung des Zusammenlebens waren, kann er sich in anonymen Großgruppen viel schwerer emotional entfalten. Im städtischen *Habitat,* das die heutige Menschheit zunehmend prägt, begegnen wir fast nur Fremden. Während man früher dem ausnahmsweise erscheinenden Unbekannten mit Höflichkeit und Achtung, aber auch mit Vorsicht und fallweise mit Aggression begegnete – immer aber zuerst nach seiner Herkunft und seinem Namen fragte! –, verlangt die Anonymisierung unserer modernen Gesellschaft eine andere Art von Anpassung. Gruppen grenzen sich durch Fremdenscheu voneinander ab. Während die Mitglieder der Gruppe einander in Vertrauen verbunden sind und füreinander einstehen, kann diese Haltung für Fremde zunächst nicht gelten. Man hat festgestellt, daß Menschen in Großstädten umso schneller gehen, je größer die Städte sind. Die Menschen scheinen wegen der „Überfremdung" ihr gesamtes Verhalten in Richtung grundsätzliches Mißtrauen zu verschieben, und angstauslösende Signale anderer werden aufgrund dieser Erwartung bevorzugt aufgefangen. Muß man mit Fremden ein öffentliches Verkehrsmittel oder einen Aufzug teilen, so wird der Blickkontakt meist vermieden. Die Fremden, die uns im Alltag umgeben, werden ungewollt zu Streßfaktoren. Wir sind gezwungen, uns dauernd zu beherrschen, keine Gefühle zu verraten, „das Gesicht zu wahren", um uns keine Blöße zu geben. Ein nicht freundlich gesinnter Zeitgenosse könnte diese Blöße schließlich seinen Zwecken dienlich machen. In vielen großen Organisationen wird nicht mehr automatisch gegrüßt wie noch auf dem Dorf, weil die Menschen in den Gängen einander nicht kennen! Weil der Gruß den Menschen ja eigentlich „verletzbar" macht, indem dieser sich anbietet, läßt eine anonyme Gesellschaft das Grüßen fallen. Insofern kann man leicht – wenn auch mißbilligend – die Menschheitsgeißel des Fremdenhasses verstehen. Je größer die vermeintliche Bedrohung durch „Überfremdung", desto stärker wirken die Urinstinkte des Clandenkens.

Die Gruppe hat einen gemeinsamen Wertkodex und eine gemeinsame Sprache. Das Verhalten in der Gruppe wird dadurch vorhersagbar. Außerhalb der Gruppe aber kann so ziemlich alles passieren. Auch Organisationen entwickeln diesen Code von Bildern, Sprache, Folklore und Verhaltensmustern, nach denen entschieden wird, ob jemand „dazugehört". Daher verteidigt jede Gruppe ihre eigenen Normen, ihren Standard, ihre Besitztümer und ihre Macht anderen gegenüber. Sie verteidigt diesen Standard aber auch nach innen. Auch gegen Gruppenmitglieder wird aggressiv vorgegangen, wenn sie wider den Stachel der Gruppe löcken. Zurechtweisungen reichen vom Hänseln oder Auslachen in der Schule bis zu Tätlichkeiten, ja sogar zum Ausschluß aus der Gruppe, im Extrem bis zum Töten der Außenseiter.

Wissenschaftler haben einen sogenannten *Sozialisierungsindex* aufgestellt, der den Zusammenhalt in der Gruppe mißt. So ist beispielsweise die Sozialisierung bei Tieren insbesondere durch ökonomische Futternutzung und effektive Verteidigung bestimmt. Die stabile Verteilung einer Tierpopulation hängt wesentlich mit der Gruppengröße zusammen. Die Nähe der Tiere zueinander wiederum ist ein wichtiger Standard des sozialen Verhaltens an sich: Sie verbessert nicht nur die Verteidigungsbereitschaft und den Zugang zu Nahrung, sondern schafft Verbundenheit in der Gruppe durch dichtere Kommunikation. Die höheren Modelle des Zusammenlebens kommen schon bei Tieren nicht ohne stärkere Untergliederungen aus, die häufig erst bei Gefahr als solche hervortreten. Wird zum Beispiel eine Zebraherde angegriffen, so zerfällt sie in einzelne Familiengruppen, in denen jeder dominierende Hengst versucht, sich selbst zwischen den Beutejäger und seine Stuten zu stellen, um sie zu verteidigen. Erst wenn die Gefahr vorbei ist, bilden die einzelnen Zebrafamilien wieder eine einzige verhältnismäßig durchmischte Herde. Die Gliederung in Untergruppen wirft die Frage auf, wie durchlässig ein solches Gebilde von mehreren Untergruppen eigentlich ist, wie weit also der Übertritt von einer Gruppe zur anderen ohne aggressive Begegnungen und Territorialkämpfe möglich ist. Stärkere Durchlässigkeit bedeutet verminderte Stabilität der Beziehungen untereinander, hat aber den Vorteil, daß die genetische Verwandtschaft in der Population der Tiere zum Vorteil der Art verringert wird. Je durchlässiger eine solche Population, desto stärker nimmt der Genfluß zu, desto bessere Chancen auf Entfaltung gibt es für die jeweils besten Gene. Familienbande, Koalitionen und hierarchische Stabilität leiden allerdings unter dieser größeren Mobilität. Für Organisationen gelten analoge Regeln: Je durchlässiger Teile einer Organisation zum Beispiel für eine effektive *Job rotation* sind, desto größere Chancen haben Besserqualifizierte, allerdings zu Lasten von „wohlerworbenen Anwartschaften“ der langjährigen Stellvertreter. G. Höhler hat zur Beförderung Außenstehender in eine leitende Position skeptisch angemerkt, daß man doch in jedem Stamm den Häuptling aus den Stammesangehörigen wähle. Vor allem in der Politik spielt

„Stammeszugehörigkeit" eine ungeheure Rolle, für bestimmte Positionen ist sie eine unbedingte Voraussetzung – zumindest aber wird sie zum Gegenstand politischen (Kuh-)Handels. Als Jacques Attali als erster Präsident der Europäischen Entwicklungsbank in London wegen allzu großer Spesen- und Ausgabenfreudigkeit gehen mußte, wurden sehr qualifizierte und der Aufgabe gewachsene Kandidaten wie zum Beispiel der ehemalige polnische Finanzminister Balcerowics diesem politischen Tribalismus geopfert. Die Bank ist in London, der Chef muß ein Franzose bleiben. Jacques de Larosière – übrigens selbst ausgezeichnet ausgewiesen – wurde zum Nachfolger bestimmt. Bestimmte Karrieremuster in alteingesessenen Organisationen folgen ebenfalls ungeschriebenen Regeln des Stammesdenkens. Manchmal sind es Träger großer Namen, dann die Repräsentanten eines bestimmten Standes oder die Absolventen einer gewissen Studienrichtung, welche die besten Startchancen für Spitzenfunktionen besitzen. Auch die Zugehörigkeit zu Parteien, Clubs, den Freimaurern usw. wächst sich gern tribalistisch aus.

DIE JAGDMEUTE ALS MODELL DES TEAMWORKS

Die menschliche Gruppe hat sich – wie schon erwähnt – als erste wichtige Aufgabe die der gemeinsamen Jagd gestellt. Nur in der Gruppe war der Mensch fähig, Beutetiere, die größer und stärker als er selbst waren, zu erlegen. Das Verhalten fleischfressender Raubtiere kann uns als gut erforschtes Beispiel dafür dienen, wie der frühe Mensch an die Jagd herangegangen sein mag. Das Beuteverhalten der Löwen und der Wölfe gibt uns wahrscheinlich die besten Einblicke in dieses Modell des Teamworks.

Die soziale Zelle der Löwenmeute ist meist eine kleine Gruppe erwachsener Löwinnen, die miteinander verwandt sind und praktisch ihr ganzes Leben gemeinsam in einem bestimmten Territorium verbringen. Die erwachsenen Löwen fristen wenigstens teilweise ihr Dasein als Parasiten zu Lasten der Weibchen. Die jungen männlichen Löwen verlassen fast immer die Meute, in der sie geboren sind, und gehen entweder allein oder in kleinen Gruppen auf Wanderschaft. Die Männchen der Meute lassen sich von den Weibchen führen und sind von ihnen abhängig, wenn es um Jagd und Tötung der Beute geht. Wenn ein Tier niedergebracht ist, greifen die männlichen Löwen aber ein und verschaffen sich durch ihre überlegene Körperkraft Vorteile. Wenn sie sich sattgefressen haben, können Löwinnen und Jungtiere zulangen. So könnte es auch bei den Menschen noch in der frühen Steinzeit zugegangen sein. In einer Löwenmeute scheint jeder die Kraft des anderen richtig einschätzen zu können. Es herrscht ein prekärer Friede, der nur wenig durch entsprechende Drohgebärden, meist aber nicht durch gefährliche Kämpfe, unterbrochen wird. Bei der Jagd jedoch wird die Meute einig und gemeinsam tätig, um große und gefährliche Beutetiere wie etwa einen Büffel zu erlegen. Offensichtlich hat die Natur dafür gesorgt, daß dadurch wiederum Energie eingespart wird: Es ist effizienter, *gemeinsam* ein großes Beutetier zur Strecke zu bringen, als einzeln auf Hasenjagd zu gehen.

Ähnlich wie die Löwen haben auch die Wölfe und die ihnen verwandten wilden afrikanischen Hunde die Zusammenarbeit bei der Jagd gut organisiert. Wölfe ziehen in zufällig entstehenden Bewegungsmustern über ein weites Territorium von bis zu 10.000 Quadratkilometern und suchen praktisch ohne Pause nach Beute. Wenn ein Wolfsrudel ein Beutetier erspäht, so folgt es ihm als eine wohlkoordinierte Einheit. Selbst bei diesen konzertierten Aktionen zeigt sich, daß die Erfolgsrate der Gruppe nicht unbedingt hoch sein muß. (Aber es ist genauso klar, daß ein einzelner Wolf überhaupt keine Chance hätte.) Bei auf der *Isle Royal* in Kanada beobachteten Attacken auf 131 Elche wurden letzten Endes nur sechs Stück getötet und gefressen. Wölfe und wilde Hunde zeigen auch die am besten bekannten Rituale, die sehr nuanciert den Rang und die feindlichen oder freundlichen Absichten gegeneinander zum Ausdruck bringen. Wir wissen aus der Verhaltensbiologie und aus Analysen der Körpersprache der Menschen (Samy Molcho), daß sich diese Verhaltensmuster aus uralten genetischen Prägungen bis heute erhalten haben und schwer zu steuern und zu verbergen sind.

Die Größe und Differenzierung einer Gruppe ist bei allen Lebewesen vom Ziel der Spezialisierung und Verringerung des Energieverbrauchs bestimmt. Die *Rollendifferenzierung* scheint ein besonders wichtiger Meilenstein der sozialen Entwicklung zu sein. Schon in der Tierwelt zeigt sich deutlich, was es mit dieser Arbeitsteilung und Zusammenarbeit eigentlich auf sich hat: Sehr komplexe Aufgaben können offensichtlich nur von stark unterschiedlich ausgerichteten Spezialisten, nicht aber von einander ähnlichen Generalisten gelöst werden. Die optimale Mischung von koordinierten Spezialisten funktioniert besser als eine gleich große Gruppe von Generalisten. Bei Arbeitern und Soldaten einer tropischen Ameisenart beruht diese Arbeitsteilung zum Beispiel auf der Fähigkeit der Arbeiter, große Nahrungsstücke mit einer Duftmarke kenntlich zu machen, und der Fähigkeit der Soldaten, zum Zerkleinern und Transportieren eine Giftdrüse einsetzen zu können, die wiederum den Arbeitern fehlt.

Die Größe einer Gruppe ist nach Meinung von Biologen in erster Linie eine Funktion des Energiebudgets. Die Bevölkerungsdichte einer Antilopenherde wird zum Beispiel vor allem durch den Nährwert der Vegetation bestimmt. Wenngleich der Energieverbrauch der Gruppenmitglieder nur linear mit der Größe der Gruppe zunimmt, wird es bei zunehmender Gruppengröße sehr schwierig, das proportional an Größe zunehmende Territorium zu verteidigen. Auch an diesem Beispiel können wir erkennen, wie die Natur zwischen konstanten Voraussetzungen – Nahrungserwerb und Verteidigung gegen äußere Feinde – durch Homöostasis das richtige Gleichgewicht herbeiführt. Die Größe einer Gruppe richtet sich aber auch nach der Fähigkeit, miteinander zu kommunizieren, nach der Aufgabe und nach den Umständen, unter denen verschiedene Aufgaben zu erfüllen sind. Wie bei den Menschen gibt es auch schon bei Tieren eine bestimmte „kritische Größe" für eine erfolgreiche Gruppe. Forschungen über das Verhalten von Hühnern haben gezeigt, daß die kritische Größe einer Hühnerschar bei zehn liegt. Unterhalb dieser Anzahl bleibt die *Hackordnung* für eine lange Zeit stabil. Wächst die Schar über diese Zahl hinaus, sorgen Verschlingungen und Querbeziehungen immer wieder für eine instabile Hierarchie. Bei Hühnern jedenfalls scheint Stabilität leistungsfördernd zu sein. Setzt man sie dauernden Rangkämpfen durch Veränderung der Gruppe aus, so nehmen sie weniger Nahrung zu sich, verlieren Gewicht und legen weniger Eier. Auch bei noch so großer Labilität innerhalb der Gruppe tritt aber die ganze Schar sofort „wie *ein* Huhn" gegen jeden Neuankömmling an, der ja den Status *jeden* Tieres in der Gruppe bedrohen könnte! Neuankömmlinge sind in jeder sozialen Gemeinschaft eine Quelle der Spannung. Jeder Neue wird zunächst beobachtet und eingestuft. Er wird dann meist von jenen akzeptiert, deren Status er nicht zu bedrohen scheint. Andere wiederum greifen zu den schärfsten Waffen, um seinen Eintritt in die Gruppe entweder unmöglich zu machen oder ihn (sie) so bald wie möglich wieder „hinauszubeißen". Wir werden auf diese Kämpfe um Rang und Namen im nächsten Kapitel eingehen.

NATÜRLICHE HIERARCHIEN

Unter *Hierarchie* versteht man die Beherrschung eines Mitglieds der Gruppe durch ein anderes, wie sie durch Überlegenheit bei aggressiven Begegnungen und der Reihenfolge des Zugangs zu Futter, Geschlechtspartnern und Rastplätzen dargelegt wird. Bei Tiergesellschaften gibt es im allgemeinen höchstens eine oder zwei hierarchische Ebenen. Individuen werden nur durch wenige Typen sozialer Bande und kommunikativer Signale, jedoch ziemlich fest miteinander verbunden. Im Gegensatz dazu sind menschliche Gemeinschaften meist auf ziemlich vielen hierarchischen Ebenen organisiert. Sie bestehen aus zahlreichen Individuen, die durch vielfältige soziale Bande und eine reiche Sprache, aber viel loser miteinander verbunden sind. Menschliche Gesellschaften zerfallen in eine große Zahl von hochorganisierten Untergruppen wie Familien, Clubs, Religionsgemeinschaften, Komitees und schließlich wirtschaftliche Unternehmungen, deren Mitgliedschaften einander stark überlappen und daher eine Vielfalt von *Rollen* für jeden einzelnen anbieten. Mit diesem zentralen Problem der Rollen werden wir uns später noch ausführlich beschäftigen. Wenn unsere Beziehungen in Organisationen nur einen kleinen und noch dazu verhältnismäßig lose geknüpften Teil eines Beziehungsnetzes umfassen, dann wird es umso wichtiger sein, die Gruppenmitglieder für das gemeinsame Ziel zu motivieren. Erleichtert wird diese Aufgabe allerdings dadurch, daß die Menschen arbeiten wollen und arbeiten müssen, um ihren Lebensunterhalt zu verdienen. Daher spielt für die meisten Menschen der Arbeitsplatz selbstverständlich eine ganz wichtige Rolle.

Familien, Clans oder Kleingruppen sind aufgrund von stammesgeschichtlichen Bedingungen also seit Urzeiten *die* angestammte Form des sozialen Lebens. Doch schon bei primitiv organisierten menschlichen Gesellschaften lassen sich verschiedene Ebenen der organisatorischen Hierarchie feststellen. Bei afrikanischen Buschleuten zeigen sich beispielsweise *drei Ebenen* der sozialen Organisation, die sich deutlich – vor allem in der Beziehung zum jeweils bewohnten Territorium – unterscheiden lassen: die Familie, die Lokalgruppe oder Horde und der Verband einzelner Horden. Diese drei Ebenen zeichnen sich durch klar definierte Muster aus: Wenn ein Jäger allein auf die Jagd geht, so wird zum Beispiel erwartet, daß er nur auf der Seite des Hordengebietes jagt, an welches seine Hütte grenzt. Das gleiche erwartet man von den Frauen, die Holz und Feldfrüchte einsammeln. Bei gemeinsamen Tätigkeiten wird diese Regel aufgehoben. Zum Sammeln in der Trockenzeit teilt sich die Horde in Familiengruppen auf, die dann zu bestimmten von den anderen respektierten Familienplätzen wandern. Das gemeinsame Hordenrevier ist allerdings eindeutiger begrenzt und wird stärker nach außen verteidigt als die Familienplätze, für die es offenbar keinen unmittelbaren territorialen Anspruch gibt. Mehrere Horden sind in einem *Allianzsystem* verbunden, das verschiedene spezifische und wesentliche Funktionen besitzt: den Austausch von Heiratspartnern, die Ausübung bestimmter Rituale und die gegenseitige Unterstützung in Zeiten der Not. Das Territorium eines solchen Verbandes ist übrigens von anderen durch einen Streifen Niemandsland getrennt, was bei den Revieren der Lokalgruppen nicht der Fall ist. Territorialität ist sowohl bei Tieren als auch beim Menschen eine Konstante, die hohen Erklärungswert für das Verhalten besitzt. Irenäus Eibl-Eibesfeldt berichtet in seinem Standardwerk „Die Biologie des menschlichen Verhaltens“ von Untersuchungen, nach denen Lokalgruppen bei primitiven Völkern fast immer etwa 50 Personen umfassen, Gruppenverbände bis zu 500 Personen. Man könnte aus diesen Untersuchungen den Schluß ziehen, daß es eine *natürliche Hierarchie* von Gruppen und Verbänden gibt, die Kommunikation und Koordination, Zusammenarbeit und Rangordnung sowie die Einheit und gleichzeitig Vielheit der Gruppen in ein bestmögliches Verhältnis bringt. Wir wissen aus der Erfahrung in Unternehmungen, daß sich diese Größenschichtung auch recht gut mit den Möglichkeiten der Kommunikation und Kontakthaltung deckt. Eine Abteilung, die mehr als 50 Personen umfaßt, ist kaum mehr ohne effektive Untergliederungen führbar. Ein Unternehmen mit mehr als 500 Mitarbeitern erfordert ein abstraktes, „künstliches“ Führungsdenken, das auf die mangelnde enge persönliche Beziehung zwischen allen Mitgliedern des Gruppenverbandes zurückzuführen ist. Organisationen mit mehr als 500 Mitgliedern können die Kommunikation zwischen den einzelnen Menschen nicht auf natürliche Weise herstellen. Um ein Wir-Gefühl zu begründen, müssen bewußt organisatorische Hilfsmittel eingesetzt werden, für die dann die Gesetze der Massenpsychologie gelten.

Gleichzeitig mit dem wichtigen Grundsatz, daß es in einer Gruppe Vertrauen und Nähe geben muß, gilt für den Menschen auch der Wunsch, von anderen Abstand zu halten und die eigene Persönlichkeit entfalten zu können. Wir haben bereits gesehen, daß in unserer modernen anonymen städtischen Gesellschaft der Mißtrauenspegel eher steigt. Gerade in Zeiten von Veränderungen ist ja auch die Angst vor Kriminellen, Ausländern, aber auch die Angst vor dem Alleinsein und vor der Zukunft ein Symptom der menschlichen Entwurzelung. Über diese Doppelbeziehung von Nähe und Abstand hat der Anthropologe E. T. Hall Untersuchungen in verschiedenen Kulturen angestellt. Er fand heraus, daß es „Kontaktkulturen“ und „Distanzkulturen“ gibt. Nordeuropäer halten zum Beispiel offensichtlich mehr Abstand voneinander als Mittelmeervölker. Engländer reichen kaum die Hand zum Gruß, was manchmal fälschlich als kühle Distanz ausgelegt wird. Die Kommunikation ist gestört, wenn die Distanzerwartungen der Partner nicht zusammenpassen. Das gilt natürlich auch für die Kultur einer Organisation. Das soziale Gleichgewicht wird dann am besten gewahrt, wenn nicht zu viele Gegensätze in den Erwartungen von Nähe oder Distanz bestehen. Beispielsweise ist es problematisch, wenn innerhalb einer Organisation das Duzen oder Siezen nach unterschiedlichen Regeln angewendet wird. Zur Ordnung kann es gehören, wenn der ehemals „Neue“ nach einer bestimmten Zugehörigkeitsdauer zu einer Organisation durch das Angebot des Du-Wortes seitens älterer Kollegen endgültig in die Gemeinschaft integriert wird. Wir können dieses feine Gefüge von Angebot, Akzeptanz, Zurückhaltung und Zurückweisung in jeder Gemeinschaft erleben. Probleme gibt es immer dann, wenn sehr unterschiedliche Erwartungen von Nähe und Distanz zu lange bestehen bleiben.

Wir können die wichtigsten Aussagen dieses Kapitels nochmals zusammenfassen:

- Das Aufeinandertreffen von natürlichen Prägungen und kulturell bedingtem, erlerntem Verhalten hält das Denken und Fühlen der Menschen in einem Spannungszustand zwischen Natur und Kultur, den wir auch in unseren Unternehmungen und Institutionen wiederfinden.
- Die hinter den Erfordernissen unserer Zeit einherhinkenden linearen Denkmodelle dienen als Sicherheitsventil vor geistiger und seelischer Überforderung. Sie versperren aber gleichzeitig den (emotionalen) Zugang zu größerer Komplexität, wie sie der Mensch selbst in Wissenschaft und Technik aufgebaut hat.
- Die biologischen Grundgesetze des Nahrungserwerbes und der Erhaltung der eigenen Art haben auch das Zusammenleben des Menschen von alters her geprägt. Insbesondere das Zusammenwirken in der Jagd ist die stammesgeschichtliche Basis und das Modell des Teamworks und des Teilens von Erfolgen.
- Der Mensch braucht die ihm vertraute kleine Gruppe, um sich in einer Rollen- und Arbeitsteilung voll entfalten zu können. Je nach dem Umfeld können Gruppen größer oder kleiner sein. Eine natürliche Hierarchie sichert Kommunikation, Rollenteilung und Koordination.
- Vertrauen zu Nahestehenden und Distanz gegenüber Fremden nähren Tribalismus. Die Kunst des Managements besteht darin, die notwendige Balance zwischen Clanbildung und „Blutauffrischung“ zu erhalten und dadurch die soziale Fitneß der Organisation zu erhöhen.

*„The king's a beggar
now the play is done."*

William Shakespeare

VI.

RANG UND NAMEN

Es gibt im Grunde nur zwei Strategierichtungen zur Sicherung des langfristigen Überlebens: die Verteidigung und allenfalls Vergrößerung des Einzugsbereiches, um das eigene Wachstum unterzubringen, und die Innovation in neue Märkte hinein. Wir erinnern uns an die K-Strategen, die sich an einen gegebenen Markt anpassen, und die R-Strategen, die sich neue Märkte suchen. Beide Strategien kommen aber ohne Energieeffizienz nicht aus. Die Verteidigung und Behauptung des Territoriums ist aus einem fundamentalen biologischen Grund sowohl bei Tieren als auch bei Menschen eine Konstante des Verhaltens. Wenn Katzen ihr Revier mit Duftmarken umschließen, wenn Vögel durch ihren Gesang den eigenen Luftraum abgrenzen, so braucht auch der Mensch eine Zone der Sicherheit und Versorgung. Das Revier sichert die Energiezufuhr, dient dem gemeinsamen Schutz gegen Beutejäger und erleichtert den notwendigen sozialen Kontakt. Im Territorium selbst kommt es zu einem ausgewogenen *Rang- und Rollenspiel.* Soziale Hierarchie besteht sowohl bei Tieren als auch beim Menschen im wesentlichen aus einem Muster von Beherrschung und Unterwerfung. Nur allmählich und bis heute äußerst unvollkommen haben sich diese angestammten Verhaltensformen durch viel jüngere ethische Forderungen wie zum Beispiel die der Gleichheit und der Menschenrechte beeinflussen lassen. Rang und Rolle sind entscheidend für das Ausmaß, in dem in einer Gruppe Stabilität, Dynamik, Konflikt oder Zerstörung Platz greift. Die Ausgewogenheit der sozialen Struktur sorgt auch für das Gleichgewicht zwischen Wettbewerb und Zusammenarbeit, Kampf und Konsens. Wie wichtig der *Platz* im buchstäblichen Sinn ist, kann man aus der häufig gestellten Frage schließen, wenn sich eine Gruppe zu einem gemeinsamen Essen mit freier Sitzwahl trifft: Wo ist mein Platz? Wo darf ich sitzen? Gibt es eine Sitzordnung? Der Platz wird auch oft über das Leben hinaus wenigstens eine Zeitlang gewahrt: Wir messen zum Beispiel jemandem einen „ehrenvollen Platz“ in der Geschichte zu. Auf den üblichen Sitzplatz eines Verstorbenen in einer wichtigen Institution wird bei der Trauerfeier ein Blumenstrauß gelegt. In manchen Ländern ist es heute noch gebräuchlich, daß für verstorbene Vorfahren bei einer Familienfeier ein Platz freigelassen wird.

Formelle und informelle Regeln geben an, welchen Rang jemand einnimmt oder beansprucht und wie seine Umgebung dazu steht. Ein wichtiges Indiz für Rang und Rolle kann sein, wer als erster in welcher Länge und in welchem Ritual bei einer Besprechung das Wort ergreift. Oft spricht der Ranghöchste als erster. Weil das so von den anderen erwartet wird, kommt vielleicht sogar Unbehagen auf, wenn sich ein rangniedriger Neuer als „Herausforderer“ vordrängt. Gleichzeitig ist die erste Wortmeldung in einer Gruppe häufig auch die schwierigste. Von irgendeinem „Eisbrecher“

wird oft eine erste „technische“ Frage vorgeschoben, wie zum Beispiel: Ich habe nur eine Verständnisfrage ... Sind Wortmeldungen aber einmal in Fluß gekommen, so tritt der *„me-too-Effekt“* ein: Weil andere gesprochen haben, muß nun *auch ich* sprechen, damit ich meinen Einfluß in der Gruppe ent*sprechend* klarstelle. Wenngleich die Gewichtigkeit von Wortmeldungen nicht unbedingt ihrer Reihenfolge entspricht, so können wir doch in Sitzungen häufig aus der Reihenfolge der Redner ableiten, welchen Rang sie formell oder informell einnehmen. Dabei zählt nicht nur das erste, sondern vor allem auch das letzte Wort doppelt mit.

Rang und Rolle sind in einer Gemeinschaft notwendig, weil die Ordnung der Beziehungen untereinander im Grunde der Konfliktvermeidung und damit der Kanalisierung des Wettbewerbes zwischen den einzelnen Mitgliedern dient. Es bedarf auch einer gewissen Zeit, bis sich in einer Gruppe eine solche stabile Ordnung etabliert hat. Bei Hühnern stellte man – wie wir gesehen haben – fest, daß die Hackordnung durch neu hinzukommende Tiere immer wieder längere Positionskämpfe auslöst. Wenn sich eine neue Kükenschar bildet, beginnt der Positionskampf durch Kampf mit dem Schnabel. Die jungen Hühner versuchen, sich den *Vortritt* bei der Nahrungsaufnahme, der Sicherung des Nistplatzes, aber auch der freien Bewegung innerhalb eines kleinen umgrenzten privaten Territoriums zu sichern. Die besseren Kämpfer und die kühleren Pecker werden schon (oder zumindest) bei den Hühnern entsprechend belohnt. Bei Menschen ist die Sache ziemlich ähnlich. Auch bei Kindern zeigt sich dieses Verhalten in typischen Mustern höherer und niedrigerer Rangordnung schon früh: Kinder mit entsprechendem Ansehen zeigen freiere Bewegung im Raum, organisieren die anderen Kinder, wechseln ihre Spielpartner und beschützen die Schwächeren. Sie sind meist auch aggressiver und prahlen mehr. Kinder, die in der „Peckordnung" tiefer stehen, fragen mehr, suchen den Kontakt mit den Ranghöheren, zeigen ihnen verschiedene Dinge und geben ihnen Informationen. Im Verhalten Erwachsener zueinander ist es ähnlich, wenn man den Firnis der oberflächlichen Höflichkeit wegkratzt und den „Spielen der Erwachsenen" aus der Vogelperspektive zusieht.

VERTEILTE ROLLEN

Das Bedürfnis der Menschen, Ansehen zu gewinnen, ist außergewöhnlich stark. Wenn sie dies in einer bestimmten Rolle nicht zustande bringen, so bauen sie sich häufig eine Ersatzpyramide, um wenigstens auf deren Spitze zu thronen. Denn auch der Obmann des Kaninchenzüchterverbandes, des Trachtenvereins oder der beste Turner im Turnverein zu sein, verleiht ein befriedigendes Gefühl der Anerkennung auf *irgendeinem* exklusiven Gebiet. Eine arbeitsteilige Wirtschaft und Gesellschaft kann nur funktionieren, wenn Menschen das Rollenspiel in diesem kleinen Welttheater des persönlichen Lebens halbwegs beherrschen und eine gute Aufführung anstreben. Können sie das nicht, so ist das Stück „geschmissen". Jeder, der eine Rolle spielt, muß sich auf die vereinbarte Arbeitsteilung in einem hohen Ausmaß verlassen können. Jeder, der eine Rolle spielt, will davon auch einen bestimmten Nutzen haben, genauso wie er anderen dadurch einen Nutzen vermittelt. Das Rollenspiel ist also auch ein Tauschgeschäft *(Trade-off)* zwischen einzelnen Mitgliedern einer Gemeinschaft. Wer seine Rolle nicht aktiv spielt, wer sich zum ausschließlichen „Trittbrettfahrer" entwickelt, der gerät unter sozialen Druck. Das Rollenspiel hängt mit der Nischentheorie des Energieerwerbs und mit dem Austausch von Nutzen zwischen einzelnen Rollenträgern zusammen – ähnlich dem Zusammenspiel der Artenvielfalt in der Natur. Im Grunde hat sich seit der Zusammenarbeit einer Gruppe bei der Jagd an der Abeitsteiligkeit nicht sehr viel geändert. Schon bei der Jagd kam es darauf an, erfolgreiche Zusammenarbeit durch gerechtes Verteilen der Beute zu belohnen. Als Kulturwesen ist der Mensch aber imstande, diesen Austausch über längere Zeit zu erstrecken und durch einen komplexen Bewertungsvorgang zu differenzieren. Die abstrakte Ausdrucksform dieser gegenseitigen Nutzenbeziehung ist das Geld, das Leistungen bemißt, ihnen einen Tauschwert verleiht und sie auch bis zu einem bestimmten Grad (jedenfalls bei halbwegs stabilem Geldwert) lagerfähig und verschiebbar macht.

Manchmal drängt sich die Frage auf, ob diese Philosophie des Teilens wirklich naturgegeben ist oder ob nicht der blanke Egoismus überall dort, wo er sich durchsetzen kann, auch wirklich zum Durchbruch kommt. Meine Erfahrung ist, daß offensichtlich schon kleine Kinder eine klare Bereitschaft zeigen, mit anderen zu teilen. Sie spielen Dialoge des Überreichens und Übernehmens durch und bieten vor allem Nahrung als freundliche Kontaktnahme an. Mein einjähriger Bub streckte mir mit großen offenen Augen eine Orange entgegen – erwartete aber auch, daß ich ihm einen Teil wieder zurückgab. Geben und Nehmen gerade beim Essen ist ein uraltes Ritual, das vor allem Aggressionen abblockt. Man bietet jemandem etwas zu trinken an, man ißt und trinkt gemeinsam. In manchen Ländern wie in China oder Arabien ist noch das gegenseitige Vorlegen, ja echtes Füttern, üblich. Teilen und Gastfreundschaft sind ermutigende alte Signale der Fähigkeit des Menschen zur positiven Haltung gegenüber seinesgleichen. Durch den Akt des Teilens entsteht Gemeinsamkeit. Das „letzte Abendmahl“ ebenso wie die großen Staatsdiners oder das Essen mit Freunden sind ein Symbol dafür, gemeinsam das Brot zu brechen. Hier liegt eine stammesgeschichtlich und kulturell gestützte Grundtatsache des menschlichen Zusammenlebens vor, die auch für das Management enorm wichtig ist. Das Teilen des gemeinsamen Erfolges ist Voraussetzung für weitere Erfolge, weil es den bisherigen Erfolg bestätigt und absegnet. (Die Probleme der Zurechenbarkeit und der Erfolgsbeteiligung in Unternehmungen werden uns später noch ausführlich beschäftigen.) Nun hängt aber Teilen auch damit zusammen, ob man mit dem Ergebnis der Zusammenarbeit wirklich zufrieden ist. Zufriedenheit kann es nur geben, wo zumindest für eine bestimmte Zeit stabile Beziehungen zwischen den Mitgliedern der Gruppe herrschen. Ich habe die Erfahrung gemacht, daß eine dem Team als Ganzem zur Verfügung gestellte Erfolgsprämie gerne von den Teammitgliedern selbst aufgeteilt wird. Oft genug ist dann nach *Köpfen* (nicht nach Einkommen) verteilt worden. Auf der anderen Seite habe ich auch Fälle erlebt, wo nur die nach den unterschiedlichen Gehaltsanteilen vorgenommene Aufteilung als gerecht empfunden wurde. In beiden Fällen wurde das Zurechnungsproblem durch *einfache* Regeln gelöst: entweder nach Köpfen oder nach Einkommensrängen.

DER KAMPF UMS REVIER

Wettbewerb bedeutet, daß mehrere das gleiche Ziel oder die gleiche Ressource innerhalb begrenzter Möglichkeiten erreichen wollen. Biologisch betrachtet spielt sich der Wettbewerb praktisch um zwei Ressourcen ab: um die Nahrung und um die Fortpflanzung. Wir könnten unter Bezug auf frühere Analogien auch sagen: Wettbewerb ist auf den Erwerb von möglichst viel Energie aus dem Umfeld gerichtet, die für den Erhalt der individuellen und der sozialen Fitneß gebraucht wird. Wettbewerb um Nahrung, Schutz oder Nachkommenschaft muß nicht unbedingt die individuelle Fitneß vergrößern: Es zeigt sich oft genug, daß die Biologie klug auf das jeweilige Optimum des Wettbewerbs zusteuert. In der Tierwelt tritt weiters der *Bluff* häufig an die Stelle des eigentlichen Kampfes. Zwischen Tieren ist die Auseinandersetzung auf Leben und Tod tatsächlich äußerst selten. Allerdings nimmt die echte Aggression zwischen Lebewesen zu, je enger der ihnen zur Verfügung stehende Lebensraum geworden ist. (Die gleichen Reaktionen kennen wir aus dem Straßenverkehr, der heute bei manchen aufgeladenen Typen die Aggression bis zum Totschlag steigert.) Wettbewerb hat immer mit Aggression zu tun, weil er als agonales Verhalten, als kämpferische Haltung konzipiert ist. Der als Rivale auftretende Artgenosse soll vertrieben oder unterworfen werden, um den ungestörten Zugang zu den begehrten Ressourcen Futter und Frau/Mann zu sichern. Die Evolution hat Programme entwickelt, die auch Reaktionen auf *potentielle* Rivalen auslösen. Dies ist die eigentliche Grundlage für das Verständnis des Rollenverhaltens und des Rangstrebens. Vor allem die Grenzenlosigkeit des Machttriebs ist nur damit erklärbar, daß schon auf die *reine Möglichkeit,* nicht auf die *Tatsache* einer Herausforderung reagiert wird.

Ob Aggression wirklich ein Trieb ist, wie Konrad Lorenz dies behauptet (1984), oder ob sie nur anderen Trieben *dient,* ist bis heute nicht geklärt. Die moderne

Hirnforschung hat festgestellt, daß sehr komplexe neurochemische Prozesse im Gehirn eine direkte Belohnung oder Bestrafung des Verhaltens durch Wohlbefinden oder Unmut auslösen. Daraus leiten manche Forscher ab, daß Aggression, agonales Verhalten oder eben der „Wettbewerbstrieb“ in der Natur des Menschen lägen, weil der Kampf um Ressourcen stammesgeschichtlich grundgelegt ist und neurochemisch gesteuert wird. Dem Angriff oder der Drohung entgegengesetzt ist das Verhalten der Defensive, der Unterwerfung oder der Flucht. Man kann von einem „Feindsystem“ sprechen, das den Kampf und die Flucht zu voneinander abhängigen Polaritäten macht. Im täglichen Sprachgebrauch hält sich diese Vorstellung von Angriff und Verteidigung noch sehr stark. Horst-E. Richter hat in „Flüchten oder Standhalten“ (1988) eine ganze Psychologie des aktiven oder passiven Verhaltens entwickelt. Ein Feind- oder Kampfsystem bedeutet sowohl für den Angreifer als auch für den Verteidiger Kampf – oder zumindest Drohung und ständige Kampfbereitschaft. Die Flucht ist Verlassen der Walstatt und Unterwerfung unter Stärkere. Oft auch aus Klugheit: Nur der geflüchtete Krieger kann wieder kämpfen! Oder aus Überzeugung, daß sich ein Kampf nicht lohnt. Wettbewerb ist auf Kampf und Unterwerfung ausgerichtet. Aber er grenzt auch das Territorium ab, erlaubt Arbeitsteilung und Koexistenz. In einem extremen Kampfklima wollen Menschen den Widerstand anderer überwinden, wenn diese sich ihren Interessen widersetzen. Sie sind auf Dominanz und Unterwerfung, ja Vernichtung programmiert. Die stammesgeschichtlich begründete Aggression gegen (potentielle) Rivalen überlagert oft genug vernünftige und ethische Grundsätze des Verhaltens. In dieser extremen Form kommt Wettbewerb im Wirtschaftsleben durchaus auch vor; die Regel ist er nicht. Meist findet die

Austragung des Wettbewerbs zwischen Firmen so statt wie die Aggression zwischen Artgenossen. Mitunter kann die Gangart aber härter werden. Die Auseinandersetzung zwischen VW und General Motors im Sommer 1993 trug Züge dieser atavistischen Rivalität. Klassische Fehden zwischen „Platzhirschen“ haben oft ein solches theatralisches Flair. In der Politik finden wir schon häufiger den Versuch, Rivalen öffentlich verbal niederzumachen. Splittergranaten wie „Nieten in Nadelstreifen“ gegen die Managerriegen sind damit vergleichbar.

Die innerartliche Aggression unterscheidet sich, wie Konrad Lorenz berichtet, wesentlich von der zwischenartlichen Aggression. Ein Spießbock kämpft gegen einen Löwen ganz anders als gegen einen anderen Spießbock. Den Freßfeind wird er zu spießen trachten, den Artgenossen dagegen bekämpft er nach genauen Regeln, die vitale Beschädigungen eher ausschließen. Auch ein Raubtier verhält sich beim Kampf mit seiner Beute anders als beim Kampf gegen Artgenossen. Die Beute wird bei vielen Arten still beschlichen, der Angriff richtet sich mit einem Tötungsbiß gegen den Nacken des Opfers. Beim Kampf zum Beispiel zwischen Raubkatzen stoßen die Rivalen Drohlaute aus, greifen einander vielleicht an, belassen es aber meist beim Imponieren. Eine Katze stellt eben die Nackenhaare auf, um sich größer und furchterregender zu machen (und das genügt oft auch, wenn dies von entsprechend glaubhaftem Knurren begleitet ist). Beim Menschen sind diese Spielarten der Aggression zwischen Imponiergehabe und Tötungsabsicht meiner Meinung nach stark vermischt. Säbelrasseln und Kriegführen liegen nahe beieinander. Auch bei Rangkämpfen in einem Unternehmen wird meist ein Ritual eingehalten, werden Kürzeln und Formeln, Andeutungen und Querschläge der direkten Attacke vorgezogen. Die Konkurrenten versuchen es mit einer besseren Selbstdarstellung, einer höheren Leistung – oder wollen wenigstens einen solchen Anschein erwecken, pflegen den Kontakt mit Ranghöheren, tragen ihnen manchmal mit deutlich intriganter Absicht Informationen zu usw. Kommt es zu akuten Konkurrenzkämpfen zwischen einzelnen Unternehmen, so ist die Verdrängung des Konkurrenten aus dem Markt durchaus das beabsichtigte Ziel. Dies geschieht nicht unbedingt durch „Tötung", sondern meist durch Unterwerfung, beispielweise also durch die Übernahme eines Mitbewerbers. Daß es zu heftigen Auseinandersetzungen kommen kann, die über den Schaukampf weit hinausgehen, zeigte der erwähnte Rechts- und Medienstreit zwischen VW und General Motors, der zustande kam, weil der von General Motors zu VW abgewanderte Kosten- und Einkaufsguru López angeblich Industriespionage betrieben hätte. Wäre zwischen diesen beiden Firmen nicht ein lebenswichtiger Konkurrenzkampf in einem enger gewordenen Territorium aufgebrandet, hätte die Auseinandersetzung sicher nicht solche gigantischen Ausmaße angenommen.

Ich habe weiter oben erwähnt, daß das Wettbewerbsverhalten möglicherweise ein Trieb ist, der gehirnphysiologisch nachvollziehbar ist. Vielleicht ist ein kurzer Blick in die neurochemische Werkstatt für das bessere Verständnis wertvoll. Wir wissen heute aus der Hirnforschung ziemlich genau über die Physiologie des agonalen Verhaltens, des kämpferischen Wettbewerbs, Bescheid: Die Substanz Epinephrin verursacht eine allgemeine Mobilisierung des Körpers. Sie schickt Blut und Glykogen in die Muskeln. Eine andere Substanz, Norepinephrin, hält den Blutdruck niedrig, während sie den Herzschlag erhöht und die Gefäße ausweitet. In gegenseitiger Abhängigkeit regulieren diese beiden chemischen Substanzen die Körperfunktion. Man hat beobachtet, daß beim Menschen durch gedankliches Vorwegnehmen von Aggression nur Epinephrin in die Blutbahn gelangt, während die *tatsächliche* Teilnahme an Gewalt wiederum auch hohe Mengen von Norepinephrin freisetzt, aber geringere Mengen von Epinephrin. Ein Fußballer auf der Reservebank scheidet praktisch nur Epinephrin aus, wenn er nicht ins Kampfgetümmel eingreifen kann, obwohl es ihn mit allen Fasern danach drängt. Der Spieler auf dem Platz scheidet dagegen hauptsächlich Norepinephrin aus. Wir kennen alle das Gefühl, nichts tun zu können, wenn wir gerne etwas tun möchten. Wir sind frustriert, wenn wir eine Entscheidung längst getroffen hätten, wo die zur Entscheidung Berufenen unserer Meinung nach gezögert oder versagt haben. Unsere Gefühle werden dabei von jenen Substanzen „erzeugt", die laut Meinung der Hirnforscher eben die ursprüngliche Bedeutung des Wettbewerbs für unsere Existenz beweisen.

Die Biologen ziehen aus den genetisch bedingten Grundlagen des Verhaltens die Konsequenz, daß Aggression nicht einfach zu beseitigen ist. Vor allem wenn Platz und Möglichkeiten zur Entfaltung fehlen, wenn die Besiedelung eines Territoriums zu dicht ist, wenn die Führung in einem Unternehmen die Mitarbeiter zu sehr einengt, wenn unerfüllte Wünsche die Organisation frustrieren – dann entsteht eine Art Aggressivität, die gesunde Dynamik in negative Verhinderung umschlagen läßt. Vielleicht läßt sich auch mutmaßen, daß bei fehlenden Möglichkeiten zum Ausleben gesunder „zwischenartlicher" Aggression – also für einen „gesunden" Wettbewerb im Markt – die kämpferischen Neigungen sich zwangsläufig nach innen drehen müssen.

RANGKONFLIKTE

Wir haben weiter oben davon gesprochen, daß sich der Rang von Personen in mancherlei Symbolik und insgesamt durch den leichteren Zugang zu Ressourcen, günstigen Ausgangspositionen und damit besseren Lebenschancen ausdrückt. Wer sich in einer dominierenden Position befindet, nimmt die begehrten Plätze ein, steht im Zentrum der Aufmerksamkeit (genießt „Ansehen") und wird dadurch wiederum in seiner Selbsteinschätzung bestätigt. Der Rang macht alles schöner, sagt Bulwer-Lytton. Je stabiler die Ränge sind, desto weniger merkbar wird der *Status*, desto selbstverständlicher ist die soziale Ordnung. In Tiergesellschaften führen immer die Tüchtigen. Auch in primitiven menschlichen Gemeinschaften gibt es einfache Zusammenhänge zwischen einer führenden Position und den notwendigen Voraussetzungen dafür. Normalerweise ist eine gut abgesicherte Top-Position mit weniger Streß verbunden, daher sind auch weniger Energien notwendig, um sie im Konflikt zu behaupten. Wie schon im Tierreich, so ist auch bei den Menschen der Wettbewerb dort am größten, wo in den mittleren Rängen um die Erreichung einer Top-Position gekämpft wird. Oft schützt ein höherer Rang deshalb vor Streß, weil dann wenigstens die Möglichkeit zur Gegenmaßnahme existiert. Das Fehlen von Macht vermittelt hingegen ein Gefühl der Hilflosigkeit und erhöht die Frustration und den Streß der Betroffenen. Daher fühlen sich Menschen umso stärker von Streß geplagt, je weniger sie bestimmte Situationen verändern können. Im Tierreich wird die Auslese zur Förderung der genetischen Fitneß betrieben. Das stärkste Männchen muß oder darf in diesem Sinne für die Verbesserung der Erbanlagen der gesamten Art sorgen. Ein „Platzhirsch" nimmt seinen Harem für sich in Anspruch, und die unterlegenen Hirsche müssen auf ihre nächste Chance warten. Die Gelegenheit dazu erhalten sie tatsächlich immer wieder. In den künstlicheren Gemeinschaften des Menschen ist die Auslese der „Tüchtigsten“ von vornherein viel schwieriger. Man kann allerdings auch schon bei den höher entwickelten Tieren feststellen, daß nicht nur die Größe, Kraft oder Aggressivität eines Leitwolfes oder Platzhirschen seine Top-Position erringen und erhalten helfen. Offensichtlich spielen genauso Erfahrung (also Kontinuität), aber auch schieres Glück bei der Besetzung hierarchischer Positionen selbst in der Natur eine bestimmte Rolle. Ivan Chase hat die Bildung von Hierarchien als einen Prozeß beschrieben, bei dem sich verschiedene Fähigkeiten selbst verstärken und zu einem Wechselspiel verbinden. Dazu kommt dann noch die Chance des günstigen Augenblicks. Aufstieg und Fall sind meist das Produkt von Fähigkeit und Zufälligkeit. Chase hat in seinen Feldstudien ermittelt, daß aggressiv veranlagte Exemplare einer bestimmten Art sich zusammenfinden und im Wettbewerb gegeneinander ihre Fähigkeiten üben, während scheuere Tiere der Konfrontation aus dem Weg gehen. Wiederholt erfolgreiche Begegnungen erhöhen aber die Wahrscheinlichkeit für den jeweiligen Sieger, auch bei späteren entscheidenden Auseinandersetzungen erfolgreich zu bleiben. Dann mag die schlechtere Tagesverfassung des einen Gegners oft den Ausschlag darüber geben, ob wirklich der „Allerbeste“ zu guter Letzt den Spitzenrang erringt. Je differenzierter und integrierter eine Gesellschaft ist, desto ausgeprägter sind auch die komplexen Rollen, die den Beitrag jedes einzelnen Mitgliedes definieren.

Wir haben vorher die Gruppenfunktion u. a. als die gemeinsame Erreichung eines Zieles definiert, das außerhalb der Reichweite jedes einzelnen Gruppenmitglieds liegt. Daher sind auch die Rollen in einer Gruppe unter diesem Blickwinkel zu sehen: Nur eine entsprechende Rollenverteilung macht auch die produktivitätserhöhende Arbeitsteilung möglich. Konflikte treten dort auf, wo Menschen eine sehr ähnliche Funktion zugewiesen bekommen und ein Rollenkonflikt das Resultat ist. Die Rolle, die jemand in einem Arbeitsprozeß spielt, ist die Quelle vieler Probleme. Die häufigste Ursache für Unklarheiten ist

- die Unsicherheit, wie die eigene Arbeit beurteilt wird,
- die Unsicherheit über das Ausmaß der Verantwortung und
- die Unsicherheit über die Erwartung, die andere in die eigene Leistung setzen.

In all jenen Fällen, in denen das Rollenverständnis einer Person und das Rollenverhalten sowie die Akzeptanz einer Rolle durch andere nicht klar und eindeutig sind, entwickelt sich *Rollenstreß*, der sich zum Streß in der gesamten Organisation auswachsen kann. Rollenstreß kann die verschiedensten Ursachen haben. Von der Unklarheit abgesehen, können die Unvereinbarkeit von Rollen, der Konflikt zwischen Rollenträgern oder auch die Unter- oder Überbelastung einer Rolle mit Funktionen zum Phänomen des Streß führen.

Wir wissen, daß Streß nicht unbedingt negativ sein muß, sondern durchaus auch viele positive Aspekte hat. Gesunder Termindruck, der Leistungsdruck bei positiver Einstellung und die bewältigbare Herausforderung, deren erfolgreiche Erledigung von der *peer group* mit Wohlwollen und nicht mit Mißgunst gesehen werden – diese positive Form von Streß beflügelt. Der schädliche Druck, den man nicht für bewältigbar hält – dieser Streß wird erst hier eine Faser und dort einen Faden des Gewebes zerreißen und schließlich die ganze komplexe Textur der Organisation verschleißen. Weil Streß in Organisationen ein normaler Faktor ist, muß man ihn ertragen und positiv umsetzen können. Eine wichtige Voraussetzung dazu ist meiner Erfahrung nach, daß es eine ständige Möglichkeit der geistigen und seelischen Regeneration gibt. Schwierig wird es für jene, die private Probleme zusätzlich belasten. Wir übersehen oder übergehen ja überhaupt viel zu oft die Tatsache, daß die Menschen im Betrieb auch ihr Privatleben haben, das ihnen nicht immer nur Glück und Harmonie bringt, sondern sehr häufig einen sehr großen Rucksack von persönlichen Sorgen umhängt.

In jedem sozialen Organismus müssen entgegenstrebende persönliche und sachliche Kraftfelder existieren, damit es soziale Entwicklung gibt. Konflikte wegen verschiedener Interessenslagen und Meinungen kommen prinzipiell und nicht etwa ausnahmsweise vor. Allerdings kommt es auf die Art und Weise an, wie man solche Spannungen löst. Schon der Spannungsaufbau muß richtig kanalisiert werden. Da und dort braucht es ein „Überdruckventil“, um kleinere Spannungen auch gleich am Ort des Entstehens abzubauen. Zum Beispiel: Für die „kleine Beleidigung“ sollte eine unmittelbare Entschuldigung möglich sein. Wesentlich ist, daß Konflikte und Spannungen nicht zu einem übermäßigen Verzehr an innerbetrieblicher Energie führen. Der Kampf um Rang und Rolle darf nicht mehr kosten, als die Rollenträger an Energie für die gemeinsame Aufgabe benötigen. Der Organismus Unternehmen soll ja aus dem Markt insgesamt mehr Energie (= Erlös) entnehmen können, als er selbst im Inneren (= Kosten) benötigt. Fast genauso schlimm wie die Destruktion durch gegeneinander gerichtete Spannungen sind Patt-Stellungen zwischen einzelnen Interessen und ihren Trägern, die nicht positiv aufgelöst werden. Prinzipiell hängt die Fähigkeit zur Lösung solcher Rangkonflikte sehr stark von den gemeinsamen Überzeugungen im Unternehmen ab. Je breiter die Basis der gemeinsamen Wertvorstellungen, desto eher können Einzelinteressen dem gemeinsamen Ganzen untergeordnet werden. Wir wissen, daß Wertvorstellungen mit der Wertschätzung von Menschen zusammenhängen. Angst und Schuldgefühle verhindern den Aufbau von Vertrauen. Vertrauensbeziehungen müssen ständig gestärkt werden, um die ganz normalen Rückschläge des alltäglichen Interessens- und Kommunikationsausgleichs zu ertragen. Konkrete Vertrauensbeweise müssen immer wieder die Stabilität der Gruppe unterstützen. Jeder Partner muß auch im Konflikt Stärke, aber auch Verwundbarkeit und Abhängigkeit zeigen, um Vertrauen zu schaffen und zu erhalten.

Wenn es Wettbewerb gibt, so muß *über die Regeln* dieses Kampfes *Konsens* bestehen. Angeblich hält dann jede Gemeinschaft den Konflikt über Sachentscheidungen aus. Leider ändern Sieger aber oft die Spielregeln, die ihnen zum Sieg verholfen haben, sobald sie andere Regeln für besser geeignet halten, ihnen die Früchte des Sieges zu erhalten. Wir wissen das spätestens seit Machiavelli. Verrat gehört seit jeher zu den Weichenstellungen der Geschichte. Die amerikanischen Wissenschaftler James Buchanan und Gordon Tullock haben in empirischen Untersuchungen auch festgestellt, daß sich jene mit großer Wahrscheinlichkeit dem Konsens über Regeln von vornherein entziehen, die sich für Verlierer halten. Niemand wird ein Spiel akzeptieren wollen, in dem er selbst nur einen Würfel ohne die Sechs benutzen darf. Ein ehemaliger österreichischer

Finanzminister und Bankchef, der seine großen Leistungen für das Land mit bis heute umstrittenen persönlichen Interessen verknüpfte, rechtfertigt seine Niederlage mit dem Sieg der Mediokrität. Jeder von uns kennt Fälle, in denen die Mittelmäßigkeit tatsächlich den Sieg davongetragen hat. Viele Hunde sind des Hasen Tod. Der Außergewöhnliche ragt häufig so weit über den „Gruppenstandard" hervor, daß er geköpft wird. Die mittelmäßigen Gegner entledigen sich der bedrohlichen und herausfordernden Menschen mit Format nicht durch Leistungswettbewerb, sondern über Intrige, Zermürbungstaktik, Ausgrenzung und heutzutage vor allem über die mediale Verleumdung des „Madigmachens".

DIE FÜHRUNGSROLLE

Die wichtigste Rolle in einer Gruppe ist die *Führungsrolle.* In Tiergruppen wird diese Rolle oft gar nicht ausgeübt, wenn es keine besondere Aufgabe zu erledigen gilt. Durchstreift ein Wolfsrudel sein Territorium, so kann beim normalen Pirschgang nach Beute praktisch jedes Tier die erste Position einnehmen. Wird aber Beute erspäht und kommt es zu einer Jagd, so wird das dominante männliche Tier das Kommando übernehmen. Es koordiniert die Attacke auf die Beute und wird die Verfolgung auch dann noch fortsetzen, wenn viele andere schon aufgegeben haben. Eine führende Rolle, die diesen Begriff auch inhaltlich verdient, wird sich zwar bei entsprechendem Erfolg lohnen, setzt aber Einsatzbereitschaft und Kampfeswillen voraus. Führende Personen benötigen von vornherein mehr Neigung zum Wettbewerb, mehr Ambition und Durchsetzungskraft. Eine Rangordnung kann aber nur zustande kommen, wenn es neben dem Streben der einen nach einem höheren Rang auch die Bereitschaft anderer zur Unterordnung, zur Gefolgschaft und zum Gehorsam gibt. Die menschliche Gesellschaft akzeptiert grundsätzlich beides als Tugenden. Sowohl Autorität als auch Gefolgschaft sind einander bedingende gesellschaftliche Werte. Die moderne Werteskala mißt den sogenannten Pflicht- und Akzeptanzwerten immer weniger Gewicht bei, während dem Ziel der Selbstverwirklichung und individuellen Ansprüchen an die Gemeinschaft immer mehr abgewonnen wird. Das ist auch eine Erklärung für den Abbau formaler Autoritätsstrukturen.

Schon Max Weber hat festgestellt, daß es verschiedene Grundlagen der Autorität gibt. Autorität kann aus Tradition entstehen, aufgrund rechtlicher Gegebenheiten existieren oder durch charismatische Wirkung erworben werden, meinte er. Vielleicht ist die wesentlichste Fähigkeit von charismatischen Führern, die Wertvorstellungen der Menschen zu verändern, statt sie einfach zu akzeptieren. Vielleicht zeichnet charismatische Führer auch aus, daß sie ihre eigenen Werte ständig der Überprüfung an der Realität aussetzen. Erst dann können sie auch die Werte anderer verändern. Charismatische Menschen brauchen daher die Fähigkeit, in ihr Inneres zu schauen, aber auch jene, sich ständigen Optimismus zu erhalten, ohne den Veränderung ausgeschlossen ist. In den meisten Kulturen werden ranghohen Personen ziemlich ähnliche Eigenschaften zugesprochen. Nach einer klassischen Beschreibung ist eine charismatische und überzeugende Persönlichkeit durch fünf Merkmale ausgezeichnet:

- Das *Mirum* drückt das Besondere, Fremdartige, nicht ganz Begreifliche aus. Es läßt bewundern.
- Das *Tremendum* vermittelt Ehrfurcht (worin ja auch das Wort Furcht steckt). Es läßt zittern.

- Das *Faszinans* drückt das Liebenswürdige aus und hat sicherlich viel mit Erotik zu tun (man sagt ja auch, daß Erotik und Macht eng zusammenhängen). Es läßt lieben.
- Die *Majestas* drückt Großartigkeit aus; eine solche Person ist präsenter als andere und steht im Mittelpunkt der Aufmerksamkeit. Sie läßt staunen.
- Das *Energicum* ist die kraftvolle Lebendigkeit, die Leidenschaft und der Ausdruck eines starken Willens. Es läßt folgen.

Führende Persönlichkeiten brauchen sicherlich ein bestimmtes Maß aller dieser Eigenschaften, aber eine schier unerschöpfliche Energie ist wahrscheinlich die allerwichtigste davon.

Wir haben gesehen, daß es beim Menschen wie beim Tier eine angeborene Tendenz gibt, eine Rangordnung zu suchen und sie in einem wenn auch labilen Gleichgewicht zu halten. Rangordnung zugunsten der Führenden ist nie starr, weil die Ranghöheren ihre Position gegenüber den Rangtieferen ununterbrochen verteidigen und rechtfertigen (müssen). Bei Tiergruppen kommt dies durch ständiges Imponiergehabe zum Ausdruck. Fehlt es, so hat der Anführer seinen Führungsanspruch eigentlich schon aufgegeben. Denn die Funktion des Imponiergehabes ist es, die tägliche Fitneß, die Vitalität und die Entscheidungskraft unter Beweis zu stellen. Wahrscheinlich ist dies beim Menschen gar nicht anders. Immer wieder müssen die Führenden präsent sein (zum Beispiel in den Medien), ihre Meinung äußern (auch wenn sie nicht unbedingt einen zusätzlichen Beitrag leistet) und Entscheidungskraft beweisen (auch wenn das von den Mitarbeitern als „Dreinreden“ interpretiert wird). Das Imponiergehabe ist also von hoher Bedeutung für das Erwerben und auch Behalten einer Rolle. Es stellt gewissermaßen den Testlauf und die Bestätigung der Führung oder auch den Probegalopp für die Herausforderung im Turnier dar. Der bekannte Naturschützer und Umweltforscher Bernd Lötsch erzählte mir eine recht amüsante Geschichte, die er beim Drehen eines Films über Wildgänse in Grünau im Altmtal (Oberösterreich) erlebte. Während des Filmens attackierte ihn der führende Ganter ständig. Als aber die Dreharbeit vorbei war und er den gleichen Gänserich bei anderer Gelegenheit allein traf und sich schon auf seine Aggressivität einstellte, war nichts dergleichen zu bemerken. Warum? Es stellte sich heraus, daß der Gänserich sein Verhalten danach richtete, ob er *Zuschauer* hatte oder nicht! Ohne Publikum war das Imponiergehabe unnötig. Seine Gefolgschaft mußte von nichts überzeugt werden. Warum sollte er dann unökonomisch vorgehen? Ein Beispiel auch für den sparsamen Umgang der Natur mit individueller Energie!

Wir kennen ähnliches Verhalten aber auch bei Menschen. Unter vier Augen oder im kleinsten Kreis sprechen zum Beispiel auch Rivalen miteinander offen und weitgehend „normal". Imponiergehabe wäre unökonomisch. Kaum gibt es aber Publikum, muß man beeindrucken, rasselt mit dem Säbel und läßt den Kamm schwellen. Man kann die Erwartung der Gruppenmitglieder eben nicht allzu sehr enttäuschen, wenn Stärke und Härte erwartet werden. Im kleinen Kreis einigt man sich natürlich umso leichter, je besser die persönliche Kommunikationsbasis funktioniert. Die Erhaltung einer persönlichen Vertrauensbasis mit wichtigen Kommunikationspartnern macht sich dann bezahlt, wenn es um einen vitalen Interessensausgleich geht. Aus diesem gleichen Grund ist es auch äußerst schädlich, wenn Konflikte aus „Imponiergehabe" an die Öffentlichkeit gebracht werden. Die biologische Mechanik erzwingt eine Reaktion: Revier und die eigene Gefolgschaft dürfen nicht im Stich gelassen werden. Die Führungsposition muß gegen Drohgebärden verteidigt werden. Die Eskalation des Konflikts ist vorprogrammiert.

Zum Unterschied von Rangordnungen bei Tieren, die einander immer wieder – wenigstens zur Brunftzeit – in gegenseitigen Herausforderungen um die führenden Rollen einen Stärketest abverlangen, scheint beim Menschen eine einmal erlangte Rangstellung wesentlich stärker zementiert zu sein. Der Mensch nützt die Vorteile einer führenden Funktion aufgrund seiner Intelligenz und seiner Möglichkeiten dazu, um sich – manchmal mit den brutalsten Methoden – eben diese Position zu erhalten und sogar eine noch höhere zu erlangen. Wenn es keine Rituale der Rangveränderung durch geregelte Abgabe von Führungsanspruch gibt, dann ist dies meist mit viel Energieverschleiß für die Institution verbunden. In den weniger differenzierten und noch naturnäheren Gesellschaftsformen der Vergangenheit ist die Herausforderung der Führenden viel augenscheinlicher zum Ausdruck gekommen. Im Altertum, auch noch im Mittelalter, traten vielfach die militärischen Führer zum Zweikampf an, um – auch vermischt mit dem mythischen Glauben an ein allfälliges Gottesurteil – eine Schlacht ohne allzuviel Blutvergießen zu entscheiden. In der „Ilias“ des Homer wird der berühmte Zweikampf zwischen Hektor und Achilles besungen. Im Mittelalter kämpfte der Herzog tatsächlich vor dem Heer. Alexander der Große stürmte den Persern an der Spitze seiner Reiter entgegen und erlitt zahlreiche schwere Verwundungen. Prinz Eugen stürzte sich immer wieder in wildeste Schlachtgetümmel und bewies dadurch „Heldenführertum“. Wellington schlug Napoleon in Waterloo in unmittelbarer

Reichweite französischer Geschütze. Mit der zunehmenden Zivilisierung des Menschen hat sich (nicht nur beim Militär) die *direkte* Verbindung zwischen Führenden und Geführten – vor allem in großen Organisationen – stark gelockert. Wir stellen fest, daß „die Basis" oft das Gefühl hat, sehr weit von den Leitenden entfernt zu sein. Beispielsweise warf man dem ehemaligen Chef von IBM John F. Akers nach seiner Abberufung vor, in einem elfenbeinernen Turm gelebt zu haben und sich viel zu wenig um die *eigentlichen* Probleme des Unternehmens gekümmert zu haben. Solange alles gut geht, sind die *eigentlichen* Probleme eigentlich keine. Wenn aber Mißerfolg eintritt, so spielt sich auch hier ab, was in der Tierwelt gang und gäbe ist: Wer das Unternehmen nicht mehr vor großen Herausforderungen, vor den „Beutejägern", zu schützen vermag, der verliert seine Autorität.

Wir haben bereits darüber gesprochen, daß eine Gruppe ihren eigenen Standard finden muß und wahren will. Andererseits müssen sich diese Standards aber rechtzeitig an eine veränderte Umwelt anpassen. Natürlich wirkt sich diese Forderung auch auf die Rolle aus, die jeder einzelne, vor allem die führende Persönlichkeit, in einer Gruppe zu spielen hat. Innovationskraft und Widerstand gegen die Beharrungstendenz der Gruppeninteressen sind Voraussetzung für eine erfolgreiche Anpassung, für unternehmerische Fitneß. Oft ist der Pfad zwischen Verändern und Bewahren sehr schmal. Weder der reine Anpasser noch der weltfremde Exzentriker können die Lebenschancen eines Unternehmens, schon gar nicht die Welt, verändern. Jeder braucht den Rückhalt seiner Mannschaft, muß den Boden unter den Füßen spüren, um seinen *Standpunkt* wahren zu können. Gleichzeitig ist aber das Haupt doch auch so weit zu erheben, daß man vom engen Kreis des eigenen

Standorts aufblickt und den Horizont nach neuen Zeichen der Zeit absucht. Die Führungsideologie zeigt in vielen großen Hierarchien Beharrungstendenz. In der katholischen Kirche zum Beispiel scheint es eine Ausnahme gewesen zu sein, daß ein unkonventioneller Papst wie Johannes XXIII. gewählt wurde, der sich dann als so unentbehrlich für die Schaffung eines Ankerplatzes der Zukunft erwiesen hat. Ähnlich ist es in anderen traditionellen Organisationen.

HELDEN IM FEUER

Der Fall des ehemaligen Chefs von British Petroleum H. Horton ist ein interessantes Lehrbeispiel dafür, wie die betriebliche Revolution ihre eigenen Kinder fressen kann. Horton gehörte BP seit 1957 an und übte eine Anzahl von wichtigen Funktionen in diesem internationalen Ölkonzern erfolgreich aus. Im Jahr 1990 wurde er zum *Chief Executive* bestellt. Er trat mit einem „Projekt 1990“ an, um das bürokratisierte System des Unternehmens zu reformieren und unternehmerische Energien freizusetzen. Ein Fragebogen, den 150 Topmanager und 4000 andere Mitarbeiter beantworteten, diente als Input für das Projekt. Die Antworten enthüllten eine weitverbreitete Unwissenheit über die Strategien von BP und heftige Kritik an den vielschichtigen und unüberschaubaren Komitees, Analysesystemen und Kontrollen, welche nach Meinung der Befragten Initiative und Kreativität abtöteten. Allein im Hauptquartier von BP gab es 86 Komitees! Horton sagte daher folgerichtig bei seinem Amtsantritt: „Wenn ihr im Zweifel seid, schafft sie ab!“ Ein kostspieliges Ausbildungs- und Informationsprogramm wurde eingeführt. Die Werte im Unternehmen sollten verändert, die Humanressourcen danach neu ausgerichtet werden.

Information sollte freier fließen, Manager sollten sich verantwortlich fühlen können. Warum wurde der vielfach gar nicht unbeliebte und respektierte Mann dann schon zwei Jahre später abgelöst? Während er selbst für Reformen eintrete, hieß es, huldige er in Wirklichkeit einem Persönlichkeitskult und wolle offensichtlich alles überstrahlen. Man sprach von „napoleonischem Verhalten“ und Besserwisserei gegenüber Kollegen. Offenbar entschied *man* (solche Entscheidungen bleiben oft „anonym“), daß Horton ein Teil des Problems und nicht ein Teil der Problemlösung war. Ironischerweise läuft das „Projekt 1990“ weiter. Ob Horton nun wirklich das Problem oder vielleicht doch auch die Lösung dafür war – wer wird es je wissen?

Offensichtlich hat die medienwirksame Ablöse verschiedener bekannter Topmanager großer internationaler Konzerne das Bewußtsein einer Konzern-Götterdämmerung geschaffen. Der Wettbewerb an der Spitze wird härter. Aber um welche Werte geht es, mit welchen Maßstäben wird gemessen, nach welchen Regeln läuft der Kampf ab? Die Demontage von Robert C. Stempel, ehemaliger Chef von General Motors, ist symptomatisch für diese Fragen. Bereits im April 1992 mußte Stempel einen Teil seiner Verantwortung an einen der „Rebellen“ (vielleicht sollte man doch Rivalen sagen?) im *Board*, John G. Smale, früherer Chef von Procter & Gamble, abgeben. Smale übernahm die Führung des Exekutivausschusses von Stempel. Anfang November 1992 wurde Smale dann auch zum Vorsitzenden des Board ernannt. *Chief Executive* wurde John F. Smith jr., der im April bereits zum Präsidenten avanciert war. Durch die getrennte Besetzung der zuvor in Personalunion ausgeübten Ämter wollte der Board von General Motors offensichtlich eine klarere Trennung der Aufsichts- und Führungsverantwortung herbeiführen. Smith sollte freie Hand und volle Verantwortung bei der Führung der Geschäfte haben; Smale sollte sich auf die Vorsitzführung des Kontrollorgans beschränken. Die Krise bei General Motors hatte bereits Jahre gedauert, bevor es zu diesen Maßnahmen kam. Die Produktivität lag mit Kosten von 2400 Dollar pro Fahrzeug im Vergleich zu 1900 bei Chrysler und 1600 bei Ford weit zurück. Die Produktentwicklung hinkte hinter den in- und ausländischen Konkurrenten her; Technik, Training und Marketing ließen zu wünschen übrig. Wie bei IBM durch den Außenseiter Lou Gerstner, so soll bei General Motors durch den Insider Smith ein „fundamentaler Kulturwandel" eingepflanzt werden. Er soll wie Gerstner ein *agent of change* sein. Ob die Sicherung der Stabilität einer so verwobenen Bürokratie mit der notwendigen Veränderung rasch genug zu einem neuen Erfolg gemacht werden kann, steht noch zu beurteilen aus. Natürlich haben die Medien sich bereits des Falles angenommen. „Business Week" schrieb im Herbst 1993 über Smith, er habe einen guten Start gehabt – aber der Erfolg sei keineswegs sicher.

Wir können nur mutmaßen, daß der von Führenden dauernd geforderte „Doppelverrat", wie Gerhard Schwarz (1987) die Balance zwischen Interessen der Gruppe und Notwendigkeiten des Systems nennt, auch viel Energieverschleiß nach sich zieht. Wer nicht das Vertrauen der Gruppe behält, obwohl er es durch Veränderungen erschüttern muß, hat an solchen Wendepunkten der Unternehmensführung große Probleme. Der forsche Bruch Gerstners mit der alten Unternehmenskultur bei IBM zeigt dieses Risiko deutlich auf. Es geht auf Biegen oder Brechen, wenn eine Organisation und ihr Reformer im Ring der Veränderung aufeinandertreffen.

Allen antihierarchischen Strömungen zum Trotz lassen sich Führung und Hierarchie nicht trennen. Sie sind ein natürliches Paar, müssen jedoch vom Menschen in einem moralischen Sinn und in kultureller Verantwortung weiterentwickelt werden. Die „Knappheit" der Führungsressource führe ich persönlich auf die Schwierigkeit des Führens *an sich* zurück. Führung ist knapp, weil gute Führung eine seltene Kombination verschiedener Umstände sachlicher und personeller Art ist. Führung und Geführte sind eine Ganzheit, aber auch das Unternehmen, seine Eigentümer, Kunden und Rahmenbedingungen sind es. Es gibt wahrscheinlich einige Eigenschaften, die führende Persönlichkeiten auszeichnen. Trotzdem braucht eine persönliche Veranlagung Rang und Rolle, um diese Eigenschaften überhaupt zur Geltung zu bringen. Spiel, Spieler, Bühne und das Publikum gehören zusammen.

Die großen Führungspersönlichkeiten zeichnen sich, wie bereits erwähnt, durch eine innere Kraft aus, die ihnen der eigene geistige Anspruch verleiht. Zu ihrer Durchsetzung gebrauchen sie vor allem das wichtigste Kommunikationsmittel des Menschen, die Sprache. Schon in der Bibel steht: „Er sprach wie einer, der Macht hat." Die großen, vor allem die politischen Führer, haben die Menschen immer durch ihre Rede begeistert, oft genug auch in die Irre geleitet. Darum warnte uns auch Karl Popper vor den großen Männern, die große Irrtümer begehen können. Wir alle kennen aus der politischen Geschichte die mannigfachen negativen Beispiele jener, die imstande waren, Macht zu erwerben und sie dann zum Schaden der Menschheit mißbrauchten. Aber immerhin haben alle politischen Führer, die Demagogen nicht ausgenommen, die Menschen als jemanden angesprochen, „der den Weg kannte", wohin er auch geführt haben mag. Sie haben nicht viele Wenn und Aber, nicht die abwägende Zwiespältigkeit des Intellekts an den Tag gelegt, sondern immer die Skrupellosigkeit bewiesen, die den notwendigen Grad der Vereinfachung liefert. Wer seine inneren Kämpfe und die Für und Wider seiner Entscheidung öffentlich ausbreitet, signalisiert Schwäche und nicht Macht, die ja eine Botschaft des Handelns überbringen soll. Die Klarheit des Redens und des Handelns werden dann eins. Jakob Burckhardt hat in seine „Weltgeschichtlichen Betrachtungen“ ein Kapitel über die historische Größe von Persönlichkeiten aufgenommen. Er schreibt: „Wenn es sich um das Wesen der Größe handelt, so müssen wir uns vor allem dagegen verwahren, daß im folgenden sittliche Ideale der Menschheit ... geschildert werden; denn das große Individuum ist ja nicht zum Vorbild, sondern als Ausnahme in die Weltgeschichte gestellt.“ Nach Burckhardts Meinung durchdringt und übersieht die große Persönlichkeit jede Situation sowohl im Detail wie im ganzen nach Ursachen und Wirkungen. Klar müssen ihr immer zwei Hauptsachen sein: die wirkliche *Lage* der Dinge und die möglichen *Macht*verhältnisse. Ein wirklich Großer läßt sich „durch keinen Lärm des Augenblicks betäuben“. Von allem Anfang an weiß er, welches die Grundlagen seiner künftigen Macht sein können. Ernüchternd ist die Aussage, daß große Persönlichkeiten der Weltgeschichte kaum Seelengröße gezeigt hätten. Auf Vorteile zugunsten des Sittlichen zu verzichten, sei mit dem Egoismus politischer Größe nicht vereinbar. Denn historische Größe betrachte es von vornherein als erste Aufgabe, sich zu behaupten und zu steigern, und Macht bessert den Menschen überhaupt nicht. Trotzdem folgert Burckhardt, daß dieser Egoismus des Individuums letztlich doch dem Nutzen der Gesamtheit zugute kommen wird. Und dann ein Gedanke, der meine oben gemachte Aussage unterstützt: Nicht jede Zeit findet ihren großen Mann, wenn sie ihn bräuchte, und nicht jeder findet seine Zeit, ohne die er bedeutungslos bleibt. So ist Größe etwas Relatives. Manche Menschen brauchen eine bestimmte Situation, um sich zu bewähren, die große Herausforderung, die große Chance. Andere finden günstige Umstände vor, aus denen sie nichts machen können.

Die Führungsfunktion muß ein dynamisches Gleichgewicht zwischen Bewahren und Verändern schaffen. Verändern zwingt uns zu beschleunigtem Lernen. Wir wissen aus Erfahrungen mit Tieren, daß die Dressur des jeweils ranghöchsten Tieres einer Gruppe am schnellsten dazu führt, daß die ganze Gruppe ein neues Verhalten erlernt. Das ranghöchste Tier genießt die größte Akzeptanz und wird am meisten nachgeahmt. Dabei könnten rangniedrigere Tiere viel besser und schneller lernen, weil sie noch wesentlich formbarer sind. Aber sie sind als Kulturträger weniger effizient. Die führenden Manager einer Unternehmung sollten sich vor Augen halten, daß ihr Vorbild vor allem für das lebenslange Lernen aller Mitglieder der Organisation unentbehrlich ist. Die Existenz von Autorität läßt eine Mischung von Gefühlen entstehen, die von Respekt bis Furcht reicht, jedoch nicht unbedingt Wärme und Zuneigung einschließt. „Untergebene“ müssen bei ihrer Arbeit für eine Autoritätsperson oft eine erträgliche Distanz in der Beziehung herstellen. Eine zu große Distanz vermindert den Nutzen des Lernens. Kennt man andererseits jemanden zu gut, dann entwickeln sich Gefühle, die die Beziehung beeinträchtigen. Das Verhältnis zwischen Autorität und Untergebenen erweckt starke und ambivalente Gefühle bei beiden. Wenn führende Mitarbeiter den Eindruck erwecken, sie seien ständig auf dem neuesten Stand der Erkenntnis und bräuchten eigentlich nichts mehr dazuzulernen, wenn neue Experimente des Umgangs miteinander abgelehnt werden (teilweise wohl aus Angst des Versagens in der echten Konfrontation mit der Gruppe), dann wird sich im Unternehmen nicht viel ändern. Denn das Beispiel der Ranghohen gibt den Rhythmus der Veränderung an.

RANGABZEICHEN UND PRESTIGE

Seit eh und je tritt der Rang durch verschiedene äußere Anzeichen in Erscheinung. Alle Versuche – zum Beispiel in der Volksrepublik China zur Zeit der Kulturrevolution –, Titel und Rangzeichen abzuschaffen, schlugen fehl. Jedwede Nivellierung des zur Verfügung stehenden Raumes, der Büromöbel oder der Dienstwagen stoßen auf allergrößte Schwierigkeiten bei den Betroffenen, welche sich um die Möglichkeit betrogen sehen, unterschiedliche Statussymbole zur Hervorhebung ihres persönlichen Ranges zu verwenden. Auch die Abschaffung der Beamtentitel, wie sie kürzlich wieder einmal in Österreich unter lauthals vorgebrachtem Protest der Beamtengewerkschaft vorgeschlagen wurde, läßt sich wohl kaum verwirklichen. Die Firma Henkel schaffte offiziell alle Titel ab, doch mangels anderer Haltepunkte orientierten sich alle auch weiterhin an der alten Instanzenhierarchie.

Auch Orden und Ehrenzeichen sind, fein abgestuft, dazu da, um Rang und Namen zu vermitteln. In Monarchien gibt es zusätzlich die Möglichkeit, vom Monarchen geadelt zu werden. Die *honours list* der Königin von England findet viel Beachtung und gibt in allen Ländern des Commonwealth der örtlichen Gesellschaft Grund zu Aufgeregtheit und Tratsch. Ehrenzeichen werden nach einem System verliehen, das vor allem Lebensalter und Funktion berücksichtigt. Auch jene, die nicht gerne zugeben, daß sie sich über eine derartige Ehrung freuen, sehen sich im Augenblick der Auszeichnung durch einen hohen Würdenträger doch hervorgehoben, bestätigt und geehrt. Ob nun das Große Silberne Ehrenzeichen oder gar das Große Goldene Ehrenzeichen, ob eines der beiden mit dem Stern oder gar am Bande – dies sind die feinen Differenzierungen des Protokolls, die dem gewöhnlichen Sterblichen nicht ganz zugänglich sind, den Kennern aber die „Einordnung" von Persönlichkeiten erleichtern. Aber auch in kleineren Gemeinschaften, etwa in Gemeinden, Berufsgruppen usw., werden vielfältige Ehrungen vergeben, die von Hauptlöschmeister zum Oberbrandmeister oder vom Medizinalrat zum Obersanitätsmeister reichen. Wir sollten über diese Zugeständnisse an die „Eitelkeit" nicht lächeln und ihre Bedeutung für die Menschen nicht abschätzig beurteilen. Auszeichnungen und Titel vermitteln Identität, Zusammenhalt und Motivation. Es ist eine Schimäre, zu glauben, daß man auf Rangabzeichen und Anerkennung verzichten kann, wenn man die Leistung nur ordentlich mit Geld bezahlt.

PRÄSENZ ÜBER ALLES

In der heutigen Zeit ist wahrscheinlich die Präsenz, vor allem via Medien (und hier wiederum im Fernsehen), das wichtigste Zeichen für Rang und Ansehen – letzteres im buchstäblichen Sinn des Wortes. Der österreichische Schriftsteller Adolf Holl hat darüber unter dem Titel reflektiert: „Nur wer im TV ist, der existiert wirklich". Darum drängen sich auch viele ins Fernsehen und in die Zeitung, und sei es nur in die Klatschkolumnen, um „jemand" zu sein. Die Medien revanchieren sich auf ihre Art mit Spalten, in denen sie Auf- und Absteiger oder die „500 wichtigsten Persönlichkeiten“ küren. Die Persönlichkeitsfeatures der Magazine reflektieren die bereitwillig zugestandene Macht über Sein oder Nichtsein – auch eine Versuchung für Journalisten, Sympathie oder Antipathie mit den Waffen der Feder oder der Kamera abzugelten. Auf- und Abstieg in der Liste der Prominenz ist auch dem für unsere Zeit typischen raschen Abnützungsprozeß unterworfen. Da es nicht unbedingt auf den Inhalt, sondern nur auf den Anschein ankommt, ist die Erwählung und Verdammung oft nur eine Frage des sich drehenden Windes. Vor ein paar hundert Jahren war jemand prominent, wenn er prominent geboren wurde. Dies blieb er auch bis zu seinem Tod. In unserer Zeit der sozialen Mobilität ist der Kampf um Prominenz logischerweise härter und schneller geworden. Der Wettbewerb um den Platz an der Sonne – oder besser gesagt vor den Scheinwerfern der Fernsehkamera – nimmt bisweilen groteske Züge an. Aber das Resultat gibt jenen recht, die sich diese Präsenz erkämpfen und erhalten können. Die Macht der Nachrichtenchefs des Fernsehens läßt sich gar nicht hoch genug einschätzen, vor allem bei der Steuerung politischer Fortüne. In unserer Gesellschaft gibt es ein Wechselspiel zwischen dem allgemeinen Wunsch nach Stars und großen Persönlichkeiten, Helden, ja starken Männern – und dem Wunsch der Gleichmacherei, ja des Niedermachens, weil Größe und die „Promis“ suspekt sind. Das Establishment wird öffentlich präsentiert und hinterfragt – und auch öffentlich filetiert.

Bei der Bestimmung des effektiven Ranges und der Rolle, die jemand wirklich spielt, ist die Akzeptanz einer Person durch die *peer group* von großer Wichtigkeit. Wer von seinesgleichen nicht als gleich(rangig) akzeptiert wird, hat es schwerer, an Informationen und Kontakte heranzukommen. Sich von gleich zu gleich unterhalten und verständigen zu können, ist eine wichtige Voraussetzung für die Funktionstüchtigkeit in einer Rolle. Gleichzeitig überträgt diese Zugehörigkeit auch das Ansehen der *peer group* als solcher auf ein Mitglied. Die Rotarier, die Bilderberger, die Freimaurer, die Mitglieder des Harvard Club: Sie sind Teil eines *network,* das Kontakte durch Vertrauensvorschuß erleichtert und Informationen über das Normalmaß hinaus zugänglich macht. Ein solches Beispiel für eine Informationsveranstaltung mit entsprechenden Prestigekontakten ist das traditionelle Bankentreffen der Siemens AG in München. Die Spitzenvertreter der wichtigsten Bankpartner werden eingeladen, aus erster Hand einen Bericht über die Situation des Unternehmens noch vor Veröffentlichung der Bilanz zu erhalten. Eigentlich ist dieser sicherlich interessante Bericht aber nebensächlich. Dabeisein ist alles. Die Möglichkeit des Gedankenaustauschs und der Kontaktpflege mit „seinesgleichen" ist wichtiger. Wie auch bei anderen ähnlichen Veranstaltungen studieren die Teilnehmer daher zuerst die Teilnehmerliste: Wer ist heuer neu dabei, wer nicht mehr? Wer auf der Liste steht, hat eine Art höhere Weihe empfangen. Aber innerhalb der Teilnehmer gibt es immer noch Rangunterschiede. Zu wirklich wichtigen und vertraulichen Gesprächen ziehen sich die ganz großen Bankenchefs in eine stille Ecke zurück und weisen den jüngeren Hirschen indigniert die kalte Schulter, falls sie es wagen, die großen Geheimnisse der Hohepriester teilen zu wollen.

Es sind also nicht die Dinge, die man mit Geld kaufen kann, welche den höchsten Prestigewert besitzen. Fred Hirsch hat für diese wirklich knappen Güter den Ausdruck *position goods* geprägt, welche gleichzeitig die „sozialen Grenzen des Wachstums" (so der Titel seines Buches) ziehen. Die Einladung zur Eröffnung der Bayreuther Festspiele, die Teilnahme an der Chelsea Garden Show oder gar an der Tea Party der Königin von England, das *„Mixing with the right people"*, wie es die prestigebewußten Engländer nennen, der Empfang des Pirelli-Kalenders oder die Karten zum Philharmonischen Abonnement in Wien geben den Ausschlag dafür, ob jemand wirklich etwas zählt ... Die *Prestigezeit* halte ich für ein weiteres wesentliches Positionsgut, weil sie tatsächlich besonders knapp verfügbar und schwer für sich zu buchen ist. Wie oft haben wir nicht schon gehört, wenn jemand voll Stolz berichtete, der Generaldirektor oder der Präsident oder der Minister habe sich eine ganze Stunde für ihn Zeit genommen, um mit ihm zu diskutieren? Überhaupt einen Termin bei so jemandem zu bekommen, gilt schon als „Auszeichnung". Wer schnell zu jedermann auch in den höchsten Rängen zumindest telefonischen Zutritt hat, gilt (mit Recht) als einflußreich. Die wahre Prestigeökonomie besteht also nicht aus Hermès, Louis Vuitton oder Dom Perignon, sondern aus diesen immateriellen Attributen, die den Rang erhöhen und bestimmen und die Rolle des einzelnen in der Gesellschaft mit den zum Spiel erforderlichen Bühnen versorgen.

Wer das dringende Bedürfnis nicht verbergen kann, mehr Akzeptanz zu genießen, als er seiner Meinung nach erhält, greift zu leicht durchschaubaren und oft lächerlichen Hilfsmitteln. Ich habe beobachtet, daß ein Topmanager es in der penetranten Kunst des *name dropping* zu einer Spitzenleistung brachte, indem er im Laufe einer kurzen Zeit folgendes in ein Gespräch einfließen ließ: „Neulich war ich bei einem Abendessen im privaten Kreis der Nachbar des Finanzministers, der mir sagte ..." Dann etwas später: „Vor kurzem war ich Luncheon speaker bei einem Mittagessen mit drei (!) EG-Kommissaren und konnte ..." Und schließlich:

„Mir hat bei einem Gespräch der Nationalratspräsident bestätigt, daß ...“ Die eigene Unsicherheit läßt solche Personen nach mehr Bedeutung suchen, als sie besitzen!

EGOISMUS UND ALTRUISMUS

Zum Ausklang dieses Kapitels möchte ich noch die grundlegende Frage von Egoismus und Altruismus anschneiden, die bei Auseinandersetzungen über Rolle und Rang stets aus dem Hintergrund mitspielt und für das Verständnis von Kampf und Konsens zwischen den Menschen große Wichtigkeit hat. Wieviel ist die Bereitschaft eines einzelnen wert, sich zugunsten der Gemeinschaft einzusetzen und dabei persönlich allenfalls Einbußen zu erleiden? Wieviel an Zurückstehen hinter der Gemeinschaft ist wirklich notwendig und sinnvoll? Wie egoistisch darf man sein? Altruismus bedeutet, die Interessen anderer in den Vordergrund zu stellen. Die ersten Ansätze dazu können wir entwicklungsgeschichtlich in der Nahrungsgemeinschaft an gemeinsamen Wohnstätten sehen. Damit erinnern wir uns wieder an den Zusammenschluß der Jäger, die gemeinsam Nahrung erbeuten, und an das Problem der gerechten Verteilung. Die moderne biologische Theorie über Altruismus und Eigennutz ist verhältnismäßig jung. William E. Hamilton hat dafür den Ausdruck *inclusive fitness* geprägt. Darunter versteht er die Summe aus der Fitneß oder Anpassungsfähigkeit eines Individuums zuzüglich all jener Wirkungen, die sie für die Fitneß seiner Blutsverwandten ausübt. Die Biologie definiert Altruismus daher gewissermaßen als Methode des Überlebens der Art. Wenn zum Beispiel ein Lebewesen einen altruistischen Akt gegenüber einem Bruder setzt, so wird die eigenen Fitneß reduziert, aber die Fitneß des Bruders (seine Überlebenschancen und Fortpflanzungsmöglichkeiten) erhöht. Die Soziobiologen meinen, daß solche Akte gesetzt werden, wenn im Durchschnitt die inklusive Fitneß von Individuen innerhalb von Gruppen durch solche Akte des Altruismus größer wird. Jeder, der sich in Gefahr begibt oder zum Beispiel auf Nahrung zugunsten Schwächerer verzichtet, reduziert ja nach dieser Hypothese seine eigene genetische Fitneß (seine eigene Lebenserwartung und Reproduktionschance), wodurch diese altruistisch geprägten genetischen Anlagen in der nächsten Generation marginal reduziert würden. Im übertragenen Sinn heißt dies, durch Hilfe für das Team den gemeinsamen Erfolg steigern, auch zu Lasten der eigenen Glorie.

Altruismus sollte aber nicht nur als totaler Gegensatz von Egoismus verstanden werden. Es gibt auch so etwas wie Zweckaltruismus. Wenn es für jede einzelne Person innerhalb einer Gruppe von Vorteil ist, sich altruistisch zu verhalten, so würde die gemeinsame Überlebenschance erhöht. Der Gehirnforscher John C. Eccles (1989) hat nachzuweisen versucht, daß die genetischen Veranlagungen für Altruismus durch die Evolution des menschlichen Gehirns klar gefördert worden seien. Jene Gehirnpartien, die angenehmes und sanftes Verhalten steuern, hätten sich im Lauf der hominiden Entwicklung vermehrt, nicht aber jene des aggressiven Gehirnapparats. Vielleicht kann man dieser Theorie, die uns Hoffnung gibt, auch noch den Trend der kulturellen Verfeinerung hinzufügen. Zumindest für den normalen Umgang der Menschen miteinander wurden allmählich Rechts- und Verhaltensformen entwickelt, die ein immer feineres und weitläufigeres Regelgeflecht an die Stelle von Selbstjustiz und Clanfehden setzten (diese aber bis heute keineswegs ausrotten konnten). Altruismus ist auch in Epen und Mythen immer wieder gefeiert worden, hat also für die Menschen eine hohe ethische

Attraktivität bewiesen. Wer zugunsten der Gemeinschaft seine Pflicht tut, wird als Held gefeiert. Dies galt für den Sparta-König Leonidas, der ausharrte, „wie das Gesetz es befahl", dies gilt für die Gefallenen der Weltkriege, denen auf beinahe jedem europäischen Dorfplatz ein Heldendenkmal errichtet wurde. Dies gilt natürlich auch für jene Helden der Menschheit, die im Frieden und in großer Opferbereitschaft heimat- oder elternlose Kinder aufziehen, unheilbar Kranke pflegen oder andere Tätigkeiten entfalten, bei denen die uneigennützige Hilfe für den Nächsten im Vordergrund steht.

Im Jahr 1951 entwickelte Merrill Flood von der RAND Corporation eines der wichtigsten Konzepte strategischer Entscheidungen, das später den Namen „Gefangenendilemma" erhielt. Die Kernfrage dieser Situation war: Wie kann es zu einem Ausgleich egoistischen und kollektiven Nutzens durch rationale Entscheidung kommen? Wie kann es in einer Welt von Egoisten zur Zusammenarbeit kommen? Können eher kooperative oder egoistische Typen überleben? Welche Strategien (des Kampfes oder Konsenses) versprechen den größten Erfolg? In einer Versuchsreihe mit zahlreichen Experten wurden die verschiedensten strategischen Ansätze formuliert und ausprobiert. Anatol Rapaport bot in wenigen Zeilen eine Strategie an, die sich als die beste herausstellte: *Tit for Tat,* in der Rechtsgeschichte als *lex taleonis* bekannt. Dieses „Gleiches mit Gleichem" bestand aus zwei Regeln:

- Biete bei der ersten Begegnung Zusammenarbeit an,
- folge danach der Strategie, die dein Partner in der jeweils vorhergehenden Runde einschlägt.

Zusammenarbeit führt zu Zusammenarbeit; Vergeltung zu Vergeltung. Übrigens verhalten sich Kinder beim Spielen sehr oft nach diesem Prinzip. Der Leiter der Experimente, Robert Axelrod, faßte den Erfolg dieser spieltheoretischen Strategie so zusammen: Der Erfolg des anderen ist die Voraussetzung für deinen eigenen Erfolg. ... In diesem Nullsummenspiel (und was ist der Wettbewerb um Energie anderes?) muß bzw. kann man nicht auf Kosten anderer Mitspieler besser fahren. ... Wir können hinzufügen: Wo Kampf angebracht ist, muß gekämpft werden, doch ist der Kampf um den Konsens die am besten investierte Energie!

Ich fasse nochmals die wesentlichen Aussagen dieses Kapitels zusammen:

- Rang und Rolle stabilisieren die Beziehungen einer Gemeinschaft und kontrollieren Aggression und Wettbewerb. Die bewußte Rollenverteilung und das Teilen des Erfolgs stellen Grundgesetze des Zusammenlebens dar.
- Beherrschung und Unterwerfung sind natürliche Konsequenzen des Wettbewerbs um Rang, Rolle und Erfolg. Aggression und Bluff sind angestammte Techniken des Rollenspiels.
- Anerkennung und Sicherheit in der eigenen Rolle sind wichtige Bedingungen für die dynamische Stabilität einer Gruppe. Rangzeichen und Prestige dienen ihrer Bestätigung.
- Die Führungsrolle verlangt, sich ständig als „fit“ zu beweisen, vor allem bei Gefahr präsent zu sein und dadurch das Vertrauen der Gruppe zu erhalten.
- Egoismus und Altruismus spiegeln die zwei Seiten des menschlichen Wesens wider, die eine Gemeinschaft bewegen: Die Grundregel „Gleiches mit Gleichem“ ist die bewährteste Theorie zur Einleitung positiver Zusammenarbeit.

„Auch wer schon allzu
mächtig ist,
sucht Macht dort,
wo er sie noch nicht besitzt.“

Seneca

VII.

MACHT UND RECHT

Das Studium von Macht und Einfluß ist für die Sozialwissenschaften ein Sumpf ohne Boden. Macht ist so alt wie Lebewesen, die miteinander um Ressourcen und Erhaltung ihrer Art ringen. Im Lauf der Entwicklung unserer Zivilisation und Kultur hat der Kampf um die Macht zwar subtilere Formen angenommen, aber an den Wurzeln des Strebens nach Macht und seines jüngeren Bruders, des Ehrgeizes, hat sich nichts geändert. Sie liegen tief im Ur-Menschlichen.

Die gesellschaftliche Entwicklung der Macht beginnt mit der Ausübung physischer Gewalt. Dann wird sie zur rechtlich fundierten Macht über Land, das der seßhafte Mensch zu erwerben begann. Später noch wird Macht mit immer abstrakteren Rechten verknüpft, die bis zur delegierten Macht durch eine Anzahl Gleicher in der Demokratie unserer Tage reicht. Wir können unsere Führer selbst wählen, und jeder hat theoretisch die gleichen Chancen, an die Spitze zu kommen.

Die wichtigste Quelle der Macht ist seit eh und je die Verfügung über Mittel. Aber es kommt auf mehr an als auf die Entscheidungsgewalt über Budgets und Positionen. Unsichtbare Aktiven sind es, die die eigentliche Bedeutung und den Einfluß einer Person umgrenzen: *Information,* mit welchen Mitteln sie immer erhalten wird; das Recht zur *Teilnahme* an den Entscheidungen bestimmter Gremien kraft der Position; das Recht, die Organisation zu verändern und damit die Kanäle des Einflusses zu verlegen usw.

Am klarsten kommt Macht zum Ausdruck, wenn man sie an der verfassungsrechtlichen „Kompetenz-Kompetenz" mißt, der Möglichkeit, selbst *Kompetenz* zu vergeben. In einer demokratischen Ordnung wird dies in der Regel keiner einzelnen Person zukommen, sondern in einem ausgefeilten System von *checks and balances* stattfinden. Macht ist von so großer Bedeutung in einer Gesellschaft der Gleichen (sprich, mit dem Anspruch der Gleichheit) geworden, daß ihr Gebrauch oder auch Mißbrauch vor allem von den *Medien* sehr genau beobachtet wird. Das wiederum hat diesen eine ungeahnte Machtfülle eingebracht. Fernsehnachrichten mit einer hohen Seherfrequenz üben ungeheuren Einfluß aus. Ihre Redakteure und Chefs vom Dienst besitzen die Macht der Wahl, Placierung und Präsentation von Nachrichten, die sie zu den wahren Königsmachern werden läßt. Entsprechend werden sie von all denen hofiert, die „König" sind oder es gerne wären.

Wird die Realverfassung einer Institution durch veränderte Machtansprüche einer bestimmten Person oder eines Funktionsträgers verändert, so geht es fast immer zunächst um Kompetenzen, die man aus der Rechtsordnung abzuleiten vermeint. Der österreichische Bundespräsident befaßte sich mit der Frage, welcher

Art seine außenpolitische Vertretungsbefugnis eigentlich sei. Allein schon die Tatsache, *daß* der Bundespräsident sich Klarheit über seine Kompetenzen verschaffen wollte, löste Unruhe aus. Ein Verfassungsrechtler von Graden schrieb nämlich in einem Fachartikel, daß der Bundespräsident eine Art Monopol in der Außenpolitik habe und damit auch – wenngleich beschränkt – das Recht, materiell an der Willensbildung in außenpolitischen Fragen mitzuwirken. Daraus leitete der Autor ab, daß der Bundespräsident seiner Meinung nach befugt sei, an den sogenannten Treffen der EU-Staats- und Regierungschefs teilzunehmen, soferne es dabei um die „Repräsentation Österreichs in seiner Gesamtheit" gehe.

Wir sehen, daß formale Macht vor allem die Kompetenz umfaßt, in bestimmter Weise an Entscheidungen mitzuwirken. Das Zusammenleben und die Zusammenarbeit zwischen Menschen in der Gesellschaft besteht darin, zu beeinflussen und beeinflußt zu werden, ganz gleich, ob wir es als Strategie des Kampfes oder des Konsenses erleben. Nicht immer ist uns dies bewußt, selten geht es in der heutigen Zeit unter normalen Umständen um reine Gewalt. Aber immer geht es um Macht, welche die gesellschaftliche Dynamik aufrechterhält (und Dynamik bedeutet ja so viel wie Kraft oder Macht). Macht will bewegen, Macht will wachsen, und Macht will vor allem *überleben.* Vielleicht könnte man Macht daher am einfachsten als die Fähigkeit bezeichnen, die eigenen Interessen sowie die von anvertrauten Personen oder Institutionen möglichst überlebensfähig zu machen. Zu dieser Theorie, daß Macht Überleben sei, erzählt Elias Canetti in „Masse und Macht" (1960) eine blutige Geschichte: „Der Kalif von Ägypten, Hakim, der um das 1. Jahrtausend regierte, liebte es, nachts unter allerhand Verkleidungen herumzustreifen. Bei einer seiner nächtlichen Wanderungen traf er auf einem Berg in der Nähe von Kairo zehn wohlbewaffnete Männer, die ihn erkannten und um Geld ansprachen. Er sagte zu ihnen: Trennt euch in zwei Abteilungen und kämpft gegeneinander. Wer den Sieg davonträgt, dem werde ich Geld geben. Sie gehorchten und fochten so heftig, daß neun ums Leben kamen. Dem zehnten, der übrig war, warf nun Hakim aus seinem Ärmel eine große Menge Goldstücke hin. Aber während er sich niederbeugte, um sie aufzulesen, ließ ihn Hakim von seinem Fußbedienten in Stücke hauen.“ Canetti folgert daraus, daß Hakim dadurch eine „klare Einsicht in den Vorgang des Überlebens“ gezeigt habe.

Jedes organische System entwickelt Eigendynamik. Wenn es gesund und stark ist, gewinnt es Energie und damit Macht. Das gilt vor allem für die von Menschen geschaffenen Organisationen. Hinter ihnen stehen ja Individuen, die zielstrebig sind und im Wettbewerb nach Machtgewinn suchen. Bis zu einem bestimmten Grad ist dieser Wettbewerb, der zu individueller Macht führt, notwendig und auch für die Gemeinschaft günstig. Auf der anderen Seite sorgen alle biologischen Systeme dafür, daß aus dem Guten nicht ein Zuviel des Guten wird. Beim Menschen nur liegt es anders, wie wir noch sehen werden. Das biologische Uranliegen, das jeden Menschen ein Leben lang begleitet, ist offensichtlich: Er möchte überleben. Als einzelner Mensch, aber auch als seinesgleichen in seinen Kindern und Enkeln. Wer kennt nicht die Aussage mancher Eltern, die eine harte Kindheit hatten: Meinen Kindern soll es einmal besser gehen als mir! Aber nur ein Dichter kann das Empfinden in Worte kleiden, das wir beim Anschauen eines Kindes, in dem wir überleben, haben können:

„In deinem Lächeln lächeln wir dereinst,
und unser sind die Tränen, die du weinst.
Auf deinen Füßen gehen wir einst im Wind,
der unsere Gräber liebkost – schlaf mein Kind!“

(Anton Wildgans, Im Anschauen meines Kindes)

Des Menschen Kinder, seine Werke, sein Besitz – all das soll über Generationen hin von Dauer sein. Überleben stiftet *Sinn.* In adeligen und traditionsreichen Familien spürt man das Überleben der Jahrhunderte am stärksten, wenn von den Vorfahren erzählt wird und der Raum erfüllt ist von *Geschichte.* Das *Über*leben, das gedankliche Leben über den Tod hinaus, verleiht unserem Erkennen auch eine in die Zukunft gerichtete geschichtliche Dimension. Machtgewinn und Machterhaltung sind also auf biologisches und gesellschaftliches Leben und Überleben hin ausgerichtet. In einem nüchternen Sinn definiert, muß Macht als Grundtatsache des Lebens akzeptiert werden.

Die Regeln, wie man Macht erwirbt, ausübt und bewahrt, hat Niccoló Machiavelli in seinem Buch „Il Principe“ (1513) weitverbreitet dargestellt. Im Umfeld der veränderlichen und zerbrechlichen Machtverhältnisse der italienischen Stadtstaaten des 16. Jahrhunderts mußte ein Fürst ständig darauf bedacht sein, sich gegen mögliche Bedrohungen zu verteidigen. Sein Verhalten ist daher weniger einem schlechten Charakter zuzuschreiben als dieser absoluten Notwendigkeit des Überlebens. Weil sich offensichtlich ähnliche Situationen in jeder Epoche finden, sind die Ratschläge an den Fürsten in vielfacher Weise interpretiert und an zahllose Generationen von politischen oder wirtschaftlichen Führern als ein probates Rezept weitergegeben worden – oder intuitiv von diesen selbst als das richtige Mittel erkannt worden, das von jedem Zweck geheiligt wird. „*Machiavellismus*" wurde zum politischen Schlagwort für einen Stil der Treulosigkeit und Rücksichtslosigkeit. Menschen reagieren auf Opportunisten und Wendehälse nicht positiv, weil man sich auf sie nicht verlassen kann, aber sie werden oft selbst dazu! Die Dankbarkeit ist stammesgeschichtlich gesehen aus der Verpflichtung zur Gegengabe für das, was man erhalten hat, entstanden. Wenn jemand sich für eine Begünstigung nicht als dankbar oder loyal erweist, dann nehmen wir ihm dies übel. Leider schließt das nicht aus, daß Undankbarkeit ein ständiger Begleiter unseres Lebens ist. Die Dankbarkeit altert schnell, sagten schon die alten Griechen. Gleichzeitig hat aber jeder Mensch das unmittelbare Interesse, seine jeweilige Situation zu verbessern. Ganz im Sinne von Machiavelli würde zum Beispiel jeder schlecht beraten sein, sich mit den jeweils Mächtigen anzulegen. Die sollte er besser für sich gewinnen und ihnen kräftig schmeicheln. Und was nützt es, den Mächtigen von *gestern* dankbar zu sein? Dieses Problem der wandernden Moral erleben wir heute allzu oft. Anhänger und Parteigänger erwarten sich als Preis für ihre Loyalität auf der anderen Seite Schutz und Förderung. Sie werden sich daher im allgemeinen jenen zuwenden, die ihnen das Fortkommen am ehesten garantieren. Auch in unserer modernen Leistungsgesellschaft ist es im übrigen gar nicht so einfach, Beförderungen strikt nach der „Leistung" vorzunehmen und auf schlichte Loyalität und dafür erwartete Belohnung zu vergessen.

Man kann Macht über Ressourcen auch mit den besseren Chancen gleichsetzen, die ihr Besitz und ihre Verfügbarkeit eröffnen. Die Kontrolle der Ressourcen ermöglicht es den Mächtigen und Reichen, ihren Clan durch zahlreiche Nachkommen zu vergrößern. Bei den

Chinesen hatten Reiche nicht nur Nebenfrauen und Konkubinen, sondern auch Zugang zu den Frauen ihrer Untergebenen. In der Chou-Dynastie (1100 – 222 v. Chr.) machte es ihnen die herrschende Ansicht sogar zur Pflicht, von diesem Privileg so ausführlich wie möglich Gebrauch zu machen. Man war der Ansicht, die herrschende Klasse verfüge über bestimmte magische Kräfte, die sie zum Wohle aller durch Fortpflanzung weitergeben solle. Damals sollen auch die Untergebenen diese Meinung akzeptiert haben. Über allfällige Rebellen und ihre Behandlung ist mir nichts bekannt. Friedrich Nietzsche meint, daß erst das Christentum mit einer „Ideologie der Einebnung" versucht habe, die Verteilung zu ändern und gegen jene aufzutreten, die die Ressourcen kontrollierten. Die Ethik des Teilens, des Ausgleichs und der strengeren Einhaltung der Monogamie hingen eng mit diesem Anspruch zusammen, der Macht als Gegengewicht die *Ethik* entgegenzusetzen. Nach und nach wurde den gehobenen Klassen – vor allem auch dem Klerus – das Fortpflanzungsprivileg genommen.

Die stammesgeschichtliche und kulturelle Entwicklung des einzelnen und der frühen menschlichen Gesellschaft – vor allem der Familie oder des Clans – mußte sich nach und nach in ein Netz kultureller Normen und Regeln einordnen lassen. Der natürliche Impuls war einzutauschen gegen für alle gültige Regeln. Wir haben es hier wahrscheinlich, wie ich schon weiter oben anmerkte, mit einer kaskadenartigen Entwicklung unserer Kultur zu tun. Zuerst war es die Familie, dann die natürliche Wohn- und Lebensgemeinschaft einer Gruppe und schließlich erst später die künstlich geformte Interessensgemeinschaft einer Organisation, welche der Mensch kulturell „in Angriff nahm". Wie eine Kaskade ergießt sich die „Domestizierung" von dem stammesgeschichtlich gar nicht so weit entfernten Zeitpunkt der Seßhaftwerdung (etwa 8000 v. Chr.) bis in die heutige Zeit der Bürokratien und Multis, in denen Menschen eigentlich überterritorial agieren sollten, offenbar aber noch keineswegs alle notwendigen Voraussetzungen dafür besitzen.

Wenn Macht mit dem Zugang zu materiellen und immateriellen Ressourcen verknüpft ist, so deckt dieser Blickwinkel nur eine ihrer Seiten auf. Es ist beispielsweise gerade in sehr diffizilen sozialen Gefügen *ohne* hierarchische Stellung leicht möglich, die Macht der Verhinderung auszuüben. Stolz verkündete einst die Gewerkschaftsbewegung: Alle Räder stehen still, wenn dein starker Arm es will! Heute sind gar nicht mehr starke Arme, sondern oft nur mehr ein kleiner Finger notwendig, um ein lebenswichtiges Teilstück eines Prozesses zu blockieren. Wir sehen diese Differenzierung auch an den modernen Streiktechniken: Flächenstreiks werden höchstens als politische Demonstration verwendet, wogegen als probates Machtmittel ein Punktstreik (zum Beispiel in der EDV) vollkommen genügt, um einen ganzen Betrieb lahmzulegen. Oft wirkt negative Macht noch viel subtiler und fast unbemerkt. Es ist die Macht des Dienstes nach Vorschrift, es ist die Macht der Interesselosigkeit und die Macht der Gleichgültigkeit, welche die gefährlichsten Feinde eines Unternehmens sind. Macht entspringt definitionsgemäß dem Wettbewerb um Ressourcen und der damit notwendigerweise verbundenen Aggression. Machtkämpfe sind Auseinandersetzungen, bei denen nach biologischen Prinzipien jeweils der Stärkste erfolgreich besteht, während andere aus dem Wettbewerb um Ressourcen und Positionen ausscheiden müssen. Die Möglichkeit von Managern, Entscheidendes zu bewegen und damit Macht auszuüben, hängt weniger von ihrem Rangplatz in der Hierarchie als vielmehr von ihrer Einbindung in Netzwerke an wichtiger Stelle ab. In jeder Organisation ist Macht mit dem bestehenden Beziehungsnetz verknüpft. Manager treffen Vereinbarungen mit anderen, schließen Allianzen und sichern und vergrößern so die ihnen zur Verfügung stehende Macht. Früher waren Rang und übliche Formalstrukturen weit einengender. Heute ist der Zugang zu Informationen leichter und die Notwendigkeit hierarchiefreier Kontakte größer. Fitneß bedeutet daher auch, ein solches Beziehungsnetz zu weben und sich in die Mitte hineinzusetzen wie die Spinne.

Der Dirigent Carlos Kleiber, den die Wiener Philharmoniker überaus verehren, weiß bestimmt, was er musikalisch will. Gleichzeitig fragt er aber das Orchester gelegentlich während der Probe: „Glauben Sie, war dies so richtig?“ Seine Frage zeigt den Musikern die Einbindung und das Interesse, sie gibt ihnen das Gefühl, Teil jener Macht zu sein, die Kleiber über sie besitzt. Das große Erfolgserlebnis ist es dann, wenn die Antwort auf seine Frage sich mit dem deckt, was das Orchester selbst meint. So hat Elias Canetti in „Masse und Macht“ auch den Rhythmus der Übereinstimmung als wesentlich dafür bezeichnet, daß Macht zustande kommt. So ist auch der Gleichschritt der Soldaten ebenso wie das Stampfen der Stammeskrieger offensichtlich dazu da, das Leben zu jener geballten Kraft aufzuschaukeln, die die kritische Masse der Macht als Medium der Autorität erfordert.

NEUROSE UND MACHTMISSBRAUCH

Das unterschiedliche Streben einzelner Menschen nach Macht ist sicher mit frühen Erlebnissen genauso verknüpft, wie es auf Veranlagung zurückgeht. Es wird häufig aus dem Defizit einer Persönlichkeit heraus genährt, die sich immer wieder selbst bestätigen muß. Daher entstehen Probleme mit dem Besitz und dem Gebrauch von Macht meist aus psychischen Konflikten der Persönlichkeit heraus. Der Mißbrauch von Macht und die nahe Verwandtschaft von Machtstreben und Neurose lassen oft zerstörte Freundschaften und Bindungen zurück und führen zu Handlungen, die nichts sind als eine Häufung von Episoden der Rache. Enttäuschte Karrierehoffnungen und verletzte Eitelkeiten verbünden sich, Neid und Geltungsstreben treiben ihr intrigantes Spiel – oft bis zum endgültigen Sieg, auch zum Sieg der Mediokrität der Mächtigen ohne Moral. Die Ausübung von Macht wäre nicht möglich, wenn es nicht Unterordnung und Angst als Gegenposition zur Autorität gäbe. Die Ambivalenz des Menschen macht ihn sowohl zum Machtmißbrauch als auch zum Kadavergehorsam durchaus geeignet.

In einer berühmten Versuchsreihe wies St. Milgram nach, daß der unreflektierte Gehorsam leider durchaus typisch ist. Studenten wurden unter dem Vorwand, die Wirkung von leichten Stromstößen auf das Lernen zu erforschen, veranlaßt, mangelnden Lernerfolg zu tadeln. Dazu sollten sie den Versuchspersonen Stromstöße als leichte Strafreize versetzen. Von einer bestimmten Stromstärke an wurde nach einem genauen Programm über Tonband ein Stöhnen abgespielt. Bei stärkeren Strafreizen ertönten Schmerzlaute. Zuletzt spielte das Tonband die eindringlichen Aufforderungen ab, doch endlich aufzuhören. Bei den höchsten Reizstufen hörte man gequältestes Schreien – und zuletzt tödliche Stille. Das furchtbare Ergebnis der Versuche war, daß trotz dieses Feedbacks fast zwei Drittel (!) der Versuchspersonen das Experiment bis zum Ende durchführten. Sie taten dies zwar nicht ohne Skrupel, folgten aber letzten Endes den Argumenten des Versuchsleiters, doch im Interesse der Wissenschaft weiterzumachen. Milgram wollte u. a. zeigen, daß Menschen die Anweisungen einer Autorität auch dann ernst nehmen, wenn sie sich freiwillig einer Aufgabe verschreiben. Interessant ist auch, daß eine Kontrollgruppe auf Befragen angab, ihrer Meinung nach würde höchstens ein Prozent der Versuchspersonen das Experiment bis zum Ende durchziehen. Die Wirklichkeit wich in erschreckender Weise von dieser Erwartung ab. Wir haben es hier mit einer Psychologie der Vernichtung zu tun, die der geheimnisvollen und grauenerregenden Ambivalenz der menschlichen Existenz entspringt. (Erich Fromm hat ein erschütterndes Buch, „On human Destructiveness", über Fakten der menschlichen Destruktivität geschrieben, das uns einen schaurigen Blick in die Abgründe der menschlichen Seele eröffnet.) Wie in den Versuchen von Milgram bewiesen wird, kann der Mensch unendlich unmenschlich werden. Warum ist dies so? Ich fürchte, daß eine Antwort nicht leicht zu finden ist.

Macht ist grundsätzlich unersättlich. Der Trieb zur Macht ist, wenn er einmal fußgefaßt hat, im Gegensatz zu allen anderen Trieben nicht durch ein triebbefriedigendes abschaltendes Ergebnis geregelt. Machtstreben kennt keine eigenen Grenzen, nur solche, die die Umwelt setzt. In der heutigen Zeit ist Macht ohne Verantwortung besonders gefährlich, weil Machtmittel immer furchtbarer und auch immer leichter zugänglich werden. Schon das praktisch jedem Menschen zur Verfügung stehende Auto gibt eine ungeheure, auch zerstörerische Macht. Wir erleben dieses Dominanzstreben, den Machtkampf auf vier Rädern, oft genug im Straßenverkehr. Viel dramatischer stellt sich die Frage der

Macht aber, wenn man an die Verbreitung von Atomwaffen, Raketen, die Drogenmafia und die Vermittlung von Gewalt und Brutalität durch Wirklichkeit und TV-Fantasie denkt.

Alan Bullocks Buch „Hitler, eine Studie über Tyrannei“ (1953) versucht zu ergründen, welche Gaben es waren, die den Tyrannen Hitler befähigten, sich so große Macht zu sichern und sie dann auch aufrechtzuerhalten. Wahrscheinlich war Hitler eine Mischung aus Berechnung und Fanatismus, ein Mann, der an die Macht des gesprochenen Wortes glaubte, obwohl er als Redner Mängel hatte. Die Unmittelbarkeit der Leidenschaft, die Intensität des Hassens, des Drohens und der Wut waren das eigentliche Geheimnis seiner Gewalt über eine große Zuhörerschaft. Offensichtlich konnte er sich instinktiv in die Stimmung der Masse einfühlen und verborgene Leidenschaften, Ressentiments und Sehnsüchte wecken. In „Mein Kampf“ sagt Hitler vom Redner: „Er wird sich von der breiten Masse immer so tragen lassen, daß ihm daraus gefühlsmäßig gerade die Worte flüssig werden, die er braucht, um seinen jeweiligen Zuhörern zu Herzen zu sprechen.“ (In diesem Zusammenhang möchte ich auch eine amerikanische Untersuchung aus dem Jahr 1979 über wirkungsvolle *Political Actors* erwähnen. Fast ein Drittel aller Befragten verknüpften den Effekt einer Person mit der Fähigkeit, sich gut zu artikulieren und auf Stimmungen der Zuhörer einzugehen.) Der damalige britische Botschafter, Sir Neville Henderson, meinte, Hitler habe auch eine außergewöhnliche Fähigkeit der Selbstdramatisierung besessen, ein sogenanntes Wahnsystem, das ihm auch zur Selbstverblendung dienlich war. Am Ende bleibt die Vermutung, daß es die Leidenschaftlichkeit war, in die er sich selbst hineinsteigerte, welche ihn zur Überwindung jeden Widerstands befähigte und ihm die Kraft gab, anderen seinen Willen aufzuzwingen. Ich habe dieses extreme Beispiel von Hitler gewählt, weil der Gebrauch von Macht durch eine dazu befähigte Person unendlich weit in die Irre führen kann. Die im vorigen Kapitel angeführten klassischen Qualitäten charismatischer Personen besitzen die gleiche Ambivalenz wie der Mensch als ganzer. Wenn wir einer solchen negativen Macht nicht rechtzeitig Widerstand entgegensetzen, kann sie die ganze Welt ins Verderben stürzen.

Rolf Bert von der Kienbaum Unternehmensberatungs GesmbH hat die neurotischen Potentiale aus dem normalen Rollenverständnis und den normalen Neigungen von Mitgliedern eines Teams abgeleitet und einige typische Neurotisierungen beschrieben:

- Der Kreative steigert seine Kreativität zur Innovationsshow und Effekthascherei – er wird zum Theatraliker;
- der vorsichtige Entdecker wird isoliert, igelt sich ängstlich ein und resigniert schließlich;
- der Prüfer macht eine Entwicklung zum zwanghaften Ordnungsfanatiker durch;
- aus dem Bewahrer wird der mutlose, depressive Anpasser;
- der Organisator wird zum stets Bedrohten, im Extremfall auch zum paranoiden Mißtrauischen;
- aus dem Macher entwickelt sich der autoritäre Egozentriker.

In einer Befragung wurde ein gutes Drittel (!) von über 400 getesteten Führungskräften als mittlere Neurotiker eingestuft, die bereits einen merklichen *Realitätsverlust* erlitten hatten (bekanntlich das Merkmal der Neurose). Um die Einsamkeit an der Spitze schadlos zu überstehen, müsse der Mensch einen gesunden Verarbeitungsmechanismus mitbringen, meint Bert. Tatsächlich ist Streßstabilität eine der wichtigsten Führungseigenschaften. Darüber hinaus muß man auch im härtesten Kampf immer den Willen zum Konsens behalten können. Wer nur mehr auf Sieg oder Niederlage programmiert ist, kommt dem Teufelskreis des Streß nicht aus.

Cherie Carter-Scott hat sich mit der, wie sie sagte, „ganz normalen“ Neurose in Unternehmungen und bei Führungskräften auseinandergesetzt. Sie hat den Typus des *Negaholikers* bekanntgemacht, den typischen Miesmacher, den „Giftzwerg“, der Ideen killt, ewig nörgelt, sich ständig überlastet vorkommt, weil andere wenig, er aber viel arbeite usw. Seine negative Haltung steht nicht nur anderen, sondern auch ihm selbst im Weg. Der Negaholiker blockiert sich, weil er die Ansprüche an sich selbst unerfüllbar hoch schraubt. Er ist ein Perfektionist, der doch die Vollkommenheit nie erreichen kann. Ein Antreiber, der sich selbst und anderen nur Arbeit gönnt. Eine zweite Geige, die die erste Melodie spielen möchte, aber nie die Chance dazu erhält. Ein ständiger Rivale, der mit allen im Wettbewerb liegt und sich bedroht fühlt. Ein Weltuntergangsprophet, der sich und andere immer auf das Allerschlimmste vorbereitet, der Angst und Pessimismus verbreitet. Der österreichische Sozialforscher Rudolf Bretschneider hat einen ähnlichen Wesenszug bei manchen Mitteleuropäern entdeckt (ich glaube allerdings, daß er auch anderswo anzutreffen ist) und von der wunderbaren Eigenschaft einer *„Stegreifkritik des Raunzens“* gesprochen: Man weiß immer und sofort etwas auszusetzen, findet das Haar in der Suppe, hört den einzigen falschen Ton in der Symphonie, sieht nicht das schöne Bild, sondern den schadhaften Rahmen.

In der Politik und in der Wirtschaft sollten die Prinzipien von Macht und Gegenmacht, *checks and balances*, Gewaltenteilung und das Motto „Macht braucht Kontrolle“ gelten. Die erste Art von Kontrolle muß immer jene der Persönlichkeiten sein, die Macht besitzen. Sind sie verantwortungsbewußt, charakterlich gefestigt, unbestechlich, wohlgesinnt? Oder tragen sie jene Keime der Destruktivität in sich, welche sich oft bis zu einer Pandemie, einer Erfassung eines ganzen Volkes durch den Bazillus der Unmenschlichkeit, steigern kann?

Macht hat viel mit Kampf, Gewalt und Krieg zu tun. Trotz Krieg sollte man aber immer auch an die Möglichkeit zum Friedensschluß und zum Zusammenleben denken. Immanuel Kant sagt in seiner Schrift „Zum ewigen Frieden“: „Irgendein Vertrauen auf die Denkensart des Feindes muß mitten im Krieg übrigbleiben, weil sonst kein Frieden möglich ist.“ Im Grunde ist der Mensch am Frieden genauso interessiert, wie er zum Kampf bereit ist. Die Humanisierung der Konfliktaustragung ist ein wichtiges Element der menschlichen Kultur, das insbesondere durch die Ausbildung verschiedenster Konventionen zum Ausdruck kommt. Der Friede setzt aber immer voraus, daß man den notwendigen Interessensausgleich, insbesondere die Sicherung der eigenen Ressourcen oder eines bestimmten Bewegungsspielraumes, auch anders als auf kriegerische Art bewältigen kann. Genauso kann und muß man Konflikte in, aber auch zwischen Organisationen sehen. Ob eine Psychologie des Krieges oder eine Psychologie des Friedens verfolgt wird, ist meiner Meinung nach eine ethische Frage der Verantwortungsträger. Eine Organisation wird nur dann Konventionen zur friedlichen Konfliktlösung beachten und weiterentwickeln können, wenn ihre Führungskräfte die

Werte der Zusammenarbeit und Toleranz hochhalten. Führungspersönlichkeiten, die soziale Defizite aufweisen, werden innerhalb und außerhalb der Organisation stets in „kriegerische“ Verwicklungen abgleiten, bis die Umwelt der Ausdehnung ihres krankhaften Machttriebes ein Ende setzt.

Wenn wir (krankhaftes) Machtstreben mit charakterlichen Mängeln so eng verknüpfen – begeben wir uns da nicht auf zu gefährliches Gebiet? Ist Machtstreben nicht eine ganz natürliche Voraussetzung des Erfolgs? Gibt Macht nicht die Möglichkeit, Visionen zu verwirklichen und große Taten zu setzen? Kann man den Gedanken aufrechterhalten, daß Macht gewissermaßen von charakterlich defekten Menschen ausgeübt wird? Nein. Macht ist an sich weder gut noch böse. Unsere Absicht macht sie erst dazu, könnte man frei nach Shakespeare sagen. Aber Macht ist umso gefährlicher, je gefährlicher ihre Träger sind. Daher ist die Verknüpfung von Macht und Neurose eine so hochexplosive Mischung! Jemand, der mit einem Gefühl der Selbstüberschätzung tätig ist, wird wenig Rücksichtnahme auf andere Menschen zeigen. Für solche Personen ist Machthunger jedenfalls die Überwindung von Mängeln der eigenen Persönlichkeit, auch wenn dies unbewußt bleiben sollte. Manche Menschen sind gegenüber ihrem eigenen Machttrieb deshalb besonders anfällig, weil ihr innerer Dialog mit früheren Vorbildern ein Ringen zwischen Liebe und Haß, zwischen Akzeptanz und Zurückweisung enthält. Solche Menschen haben das zwanghafte Bedürfnis, ihre persönliche Lebensgeschichte immer wieder neu zu schreiben. Sie leiden auch besonders darunter, wenn sie ihre Macht verlieren. Der Verlust der Macht bedeutet einen Verlust an Selbstgefühl. Ihre frühere „Profilierungsneurose“ verliert die Chance der Scheinheilung durch Machtgefühl.

Was ein Mensch einmal gewesen ist, welche Rolle er gespielt hat, das hat er zur Selbstachtung und Selbstverwirklichung gebraucht. Das Fehlen der Manifestation und der Symbole der Macht tut weh, ist dann fast nicht auszuhalten. Wenn solche Menschen aus einer Machtposition ausscheiden, dann treten sie in eine Welt ein, in der sie plötzlich ein *Niemand* sind. Oft sind daher auch große alte Männer und verhältnismäßig starke Persönlichkeiten kaum in der Lage, ihre Position für verloren zu geben, wenn sie es längst schon ist. Manchmal wird dann auch die eigene Stärke überschätzt, weil der drohende Verlust der Machtposition verdrängt wird, obwohl er eigentlich längst passiert ist.

Bevor Lee Iacocca die Ford Motor Company endgültig verließ, als sein Konflikt mit Henry Ford auf die Spitze getrieben war, gab er sich noch der Illusion hin, den tobenden Machtkampf für sich entscheiden zu können. In seiner Phantasie nährte er den Gedanken, er verfüge über solche herausragenden unternehmerischen Fähigkeiten und sei für die Firma so wertvoll, daß der Board of Directors eher für ihn als für Henry Ford stimmen würde. Später erkannte er, wie naiv diese Auffassung gewesen war. Er hatte sich etwas vorgemacht, weil er sich ein Ausscheiden aus dem kleinen Kreis der großen Spieler in der Automobilproduktion nicht vorstellen konnte. Das eigentliche Problem des Machtverzichts war, daß er fortan außerhalb des Geschehens stehen und das Spiel auch ohne ihn weitergehen würde. Tatsächlich hat Iacocca dann nochmals eine große Chance bekommen und auch genützt. Daß bei ihm das Pendel vielleicht zu sehr in die Richtung des Personenkults ausschlug, mag er mit persönlichem Engagement zum Beispiel in der Chrysler-Werbung gerechtfertigt haben. Wahrscheinlich lagen die seelischen Ursachen tiefer – bei Henry Ford vielleicht?

DAS TANDEM VON KONFLIKT UND MACHT

Jede Kraft erzeugt Gegenkraft. Jede Macht wird irgendwann von einer Gegenmacht in Schach gehalten. Da Macht immer mit dem Anspruch von Personen zu tun hat, ihren Willen durchzusetzen, handelt es sich dabei um einen Prozeß der Entwicklung und Lösung von Konflikten. Macht und Machtkampf als natürlicher Bestandteil des menschlichen Zusammenlebens führen zu Konflikt. Der Kampf um Interessen soll daher gar nicht verdammt werden. Es kommt nur darauf an, *wie* Konflikte gelöst werden. Macht spielt auch bei der Erzielung von Konsens eine Rolle. Aber Machtmißbrauch, gar Gewalt, sollte nicht zu den Instrumenten der Konfliktlösung gehören. Analysiert man Konflikte, so findet man kaum eine allgemein anwendbare Logik, mit der man ihre *Ganzheit* verstehen und erklären kann. Wir haben früher schon davon gesprochen, daß Macht eigentlich Überleben bedeutet. Wir können auch den Schluß ziehen, daß in einer Gruppe von Menschen die Frage des Überlebens tatsächlich und oft genug „körperlich" gestellt war. Erfolg und Mißerfolg hatten recht unmittelbar mit Sieg oder Niederlage im Kampf und häufig genug mit dem Verlust des Lebens zu tun. In unserer Zivilisation sind diese Voraussetzungen nach und nach geändert worden. Es geht nun nicht mehr um das Überleben im eigentlichen Sinn des Wortes, sondern um die Frage, wer recht hat. Wer recht hat, wer *das* Recht auf seiner Seite hat, der kann gegenüber anderen Macht ausüben, soferne das Recht auch durchsetzbar ist. Von Pascal stammt der Ausdruck: Macht ohne Recht ist Tyrannei, Recht ohne Macht ist lächerlich. Auch im Rechtsstaat und in der mit formalen Rechtsvorschriften geordneten Organisation spielt Macht daher eine dem Recht zugeordnete Rolle. Und, so sagt Bertold Brecht im „Kaukasischen

Kreidekreis“, „das Recht ist weg wie nichts, wenn nicht aufgepaßt wird“.

Territoriumskonflikte und Rangkonflikte gehören zu den biologisch bedingten Mustern des Verhaltens. Rangpositionen werden nach der Wertigkeit festgelegt, die eine bestimmte Fähigkeit oder Funktion für die Gruppe besitzt. Ist beispielsweise Intelligenz und Lösung eines kniffligen Problems angesagt, steigt die Wertigkeit der dazu befähigten Personen; ist es schlicht die physische Verteidigung, so wird das Recht des Stärkeren Priorität erlangen. Ein Gebiet ständigen Machtkampfes in Organisationen ist das immer gespannte Verhältnis zwischen Zentrale und Außenstellen. Gerhard Schwarz (1990) beschreibt diesen Konflikt aus der Entstehung von Schutzbedürfnis ansonsten autarker Gruppen. Kooperation zwischen Gruppen könne – wegen dieser Annahme ihrer Autarkie – nur durch einen übergeordneten Zwang erreicht werden. Daraus wieder ergibt sich, daß bis heute ein Großteil aller Organisationskonflikte auf das einfache Muster der Spannung zwischen einzelnen Teilen einer Organisation sowie zwischen der Peripherie und dem Zentrum der Organisation zurückzuführen sei. Die Entstehungsgeschichte dieses Konflikts läßt sich auf das Einführen der Tauschorganisation und der Arbeitsteilung zurückführen. Ein Zentrum mußte einen größeren Beitrag vom Tausch einbehalten, um überleben zu können; dafür stellte es ein „Sicherheitssystem“ zur Verfügung. Umgekehrt bedeutete die Zahlung dieses *overhead* einen Tribut der Peripherie an das Zentrum gegen einen zusätzlichen Schutz. Mit eben diesem Sicherheitssystem war aber das Zentrum auch in der Lage, allenfalls Zwang auf die Peripherie auszuüben und die Bereitschaft zum Tribut und zur Zusammenarbeit vorzuschreiben.

Jeder Abteilungs- oder Gruppenegoismus hat durchaus seine logische Begründung. Andernfalls könnte schließlich keine Arbeitsteilung wirksam werden, die eine Spezialisierung auf einzelne Aufgaben mit sich bringt. Genauso notwendig ist aber die Kooperation zwischen diesen spezialisierten Funktionen. Die Gruppenegoismen müssen in irgendeiner Form überwunden werden. Dazu dient eine Hierarchie, welche eben zu diesem Zweck der Koordination Macht benötigt. Aus diesem Problemkreis wiederum entsteht die typische Konfliktsituation zwischen Zentrale und Außenstellen, die jeder aus der Erfahrung von Wirtschaftsunternehmungen kennt. Unter Außenstellen ist dabei nicht etwa nur eine tatsächlich örtlich getrennte Funktionseinheit zu verstehen. Ähnlich geht es zwischen Front und Stab oder sonstigen Aufgabenträgern zu, die aufeinander angewiesen sind und jeweils davon ausgehen, daß der Beitrag der anderen Gruppe eigentlich *größer sein sollte.* Daraus können wir – neben der Aufteilung der „Beute" – die zweite Seite der Arbeits*teilung* verstehen: Man erwartet auch einen gerechten *Beitrag* zum gemeinsamen Erfolg! In der allgemeinen Erfahrung aus der wirtschaftlichen Tätigkeit ist auch noch zu berücksichtigen, daß notgedrungen eine zentrale Funktion auf direkte Detailinformationen verzichten muß (das liegt schon in der Definition der Aufgabenstellung). Die direkt am Kunden arbeitenden Mitarbeiter bringen naturgemäß einen höheren Informationsstand und wohl auch einen höheren Grad der Identifizierung mit den Kundenwünschen ein, der durch die Filterung auf dem Weg in die Zentrale oft sehr stark reduziert wird, häufig genug auch versandet. Auf der anderen Seite ist in den Außenbezirken einer Organisation der Überblick nicht gegeben, der vor allem die Steuerung der Ressourcen nach anerkannten Erfolgskriterien möglich macht. Für den Ausgleich dieses grundsätzlichen Konflikts, der logisch nicht zu lösen ist, wird eben Macht benötigt. Konflikte und Macht sind daher ein *Tandem* der Organisation, das nicht in seine zwei Polaritäten aufgelöst werden kann, sondern nur als Gesamtheit zu verstehen ist.

Was tun nun Herrschende und Mächtige, wenn sie doch auch auf die Zustimmung der Beherrschten angewiesen sind, um ihren Willen tatsächlich durchsetzen zu können? Man kann sagen, daß Machtverhältnisse in einer Organisation auf Dauer nicht asymmetrisch sein können. Vor allem wird sich dann sehr rasch Widerstand bilden, wenn ungerechtfertigte Entscheidungen getroffen werden, die insgesamt den Erfolg der Organisation nicht fördern. Allerdings muß es die Möglichkeit geben, solche Konflikte auch tatsächlich auszutragen. Ist es in einer Organisation nicht möglich, diesen Machtkampf zu führen – hoffentlich mit fairen Mitteln und guten Argumenten – so leidet sie bald an „Energieblockaden“, die ihre Funktionstüchtigkeit beeinträchtigen, vielleicht sogar völlig lahmlegen können. Meister des Machiavellismus verstehen sich trefflich darauf, solche Konflikte für sich arbeiten zu lassen. Mitarbeiter im gegenseitigen Konkurrenzkampf werden zusätzlich angestachelt, Intrigen schüren die Abneigung einzelner Kontrahenten gegeneinander. Der große Dritte bleibt als graue Eminenz der Überlebende. Stefan Zweig beschreibt in seiner Biographie des „politischen Menschen“ Joseph Fouché diese Kunst so: Letztlich brachte er es zuwege, immer auf der Seite der Sieger zu stehen.

DIE SUCHE NACH KONSENS

Wie ein Machtkampf tatsächlich ausgetragen wird, ist entscheidend dafür, ob ein Unternehmen sich durch den Leistungskonflikt stärkt oder ob sich die Energien des Organismus im inneren Machtkampf erschöpfen. Man kann verschiedene Muster der Konfliktlösung unterscheiden, die sich relativ typisch wiederholen. In der Natur taucht zuerst die Frage auf: fliehen oder kämpfen. Ein chinesisches Sprichtwort sagt dazu: Nur der Mann, der flieht, kann wieder kämpfen. Normalerweise werden Lebewesen dann kämpfen, wenn sie „in die Enge getrieben“ sind, wenn das, was Konrad Lorenz „Fluchtdistanz“ nennt, bereits überschritten ist und sich jemand praktisch ohne Ausweg zur Flucht, nur mit der Alternative des Kämpfens, mit dem bereits vor ihm stehenden Gegner konfrontiert sieht. Im zivileren Umgang miteinander steht anstelle des Fluchtmusters auch das Aufschieben von Entscheidungen, das Leben nach dem Sprichwort „Kommt Zeit, kommt Rat“, also das Vertagen einer Konfliktsituation. Oft genug sind solche Fluchthandlungen durchaus richtig. Manchmal ersetzen sie die Lösung des Problems, weil es später unerwartete Wendungen gibt. Aber Fliehen reicht bestimmt nicht aus, um ein Ziel zu erreichen. Der Machtkampf im Nadelstreif findet natürlich kaum je buchstäblich „bis aufs Messer“ statt. Dennoch ist die Logik klar: Siegen, um zu überleben – oder vernichtet werden. Mord findet kaum mehr statt, Rufmord schon häufiger. Die scheibchenweise Vernichtung durch geschickten Einsatz der Medien *(Management by media)* ist ein Strickmuster, das heute ziemlich häufig angewendet wird. Wer nicht siegen kann und wer nicht vernichtet werden will, der muß sich unterwerfen. An die Stelle der Unterwerfung kann auch Resignation treten, vor allem dann, wenn ein enges soziales Netz oder sogar rechtliche Schranken die existentielle Vernichtung aussparen. Die innere Kündigung oder das *„Burnout“*-Syndrom kann Ergebnis der Resignation im Leistungskampf sein und einem Unternehmen schwere Lasten aufbürden.

Die beiden wichtigsten Formen der Konfliktlösung, die wir in der Praxis am öftesten verwenden (müssen) und mit denen jeder von uns wohl vielerlei Erfahrungen gemacht hat, sind der Kompromiß und schließlich der Konsens. Von einem Kompromiß sprechen wir dann, wenn eine Vereinbarung in wichtigen Bereichen kontroverse Punkte beibehält, da man sich nicht wirklich einigen kann. Bei Kompromissen wird daher eine Konfliktzone ausgespart, wird teilweise auf die Austragung des Konfliktes verzichtet, wogegen auf vielen Gebieten durchaus Einigung zustande gekommen sein mag. Ein Kompromiß kann durchaus Vorteile haben, sogar „faule Kompromisse" können einen wichtigen Beitrag zur Beruhigung leisten. Logischerweise hat ein Kompromiß etwas mit einer Mischung von Flucht und Kampf zu tun. Beide Kämpfer sind nicht willens oder in der Lage, entweder zu fliehen oder zu kämpfen, sondern haben nach einem Kräftemessen ihre Position in einem Waffenstillstand stabilisiert. Auch im Wettbewerb der Natur gibt es diesen Kompromiß insofern häufig, als es nur um eine *temporäre* Verteidigung von Territorium oder Harem geht. Wie erwähnt, kommt es zwischen den Rivalen ja praktisch nur zu Kampf*ritualen,* nicht zum Kampf bis zur Vernichtung.

Die dauerhafte und zum Menschen als Kulturwesen passende Form der Konfliktlösung ist der Konsens. G. Schwarz meint, daß Konsens vor allem dann notwendig ist, wenn eine Kontroverse nicht gelöst werden kann, weil sie logisch „ausweglos" wäre. In der Philosophie spricht man in einem solchen Fall von *Aporie,* im Griechischen der Ausdruck für das „Fehlen eines Weges". Ein solcher Notstand der Argumentation liegt vor, wenn sich verschiedene Lösungen eines Problems gleich gut begründen lassen. Zum Unterschied von den diffizilen, aber lösbaren Problemen der Kommunikation über Konflikte, auf die ich im nächsten Kapitel ausführlich eingehen werde und die oft unlösbar *scheinen,* aber logisch lösbar *sind,* gibt es hier tatsächlich einen unlösbaren Widerspruch, den ich an einem von Pascal entlehnten Beispiel zeigen möchte: Wahr ist die Behauptung, Recht geht vor Macht. Denn eine Macht, die nicht durch Recht legitimiert wäre, könnte nicht Bestand haben. Wahr ist aber auch das Gegenteil: Macht geht vor Recht. Denn Recht, das nicht durch Macht unterstützt wird, kann ebenso nicht Bestand haben. *Macht und Recht* können nur als Ganzheit in ihrer Paarung verstanden werden. Etwas weniger abstrakt ist ein anderer Vergleich, der dem Verständnis dieses logischen schwarzen Lochs dienen soll: Man möchte nicht jedem Mitarbeiter jeden Handgriff erklären müssen, sie sollten Initiative und Selbständigkeit an den Tag legen. Sind Mitarbeiter aber *zu* selbständig und initiativ, so pflegen sie sich viel weniger an Vorschriften und Konventionen zu halten. Wir sehen hier einen speziellen Fall vor uns, der die Dialektik von *Freiheit und Ordnung* betrifft, ein anderer Dauerbrenner der Philosophie, aber auch der Organisationslehre. Auch in den Theoremen der Chaostheorie, die wir weiter oben diskutiert haben, spiegelt sich diese Polarität wider. Ordnung zerstört Freiheit, so die eine Seite der Medaille. Freiheit zerstört aber auch Ordnung, so die andere. Beide Behauptungen sind wahr, und beide bilden dialektisch eine Einheit, sind also voneinander abhängig. Denn nur wenn die Ordnung Freiheit *einschränkt,* kann sie Ordnung genannt werden. Nur wenn die Freiheit Ordnung *aufhebt,* können wir von Freiheit sprechen. Man könnte daher diese Formulierungen auch auf die Spitze treiben und sagen: Ordnung erhält *und* zerstört die Freiheit – und umgekehrt.

Hierarchien bleiben sehr häufig einem Denken verhaftet, das unserer eingefleischten und erlernten aristotelischen Logik entliehen ist. Wir denken linear und in Gegensatzpaaren. Deshalb fragen wir ja auch: *Wer* hat recht?, obwohl vielleicht die Antwort so überhaupt nicht möglich ist, denn *beide* haben recht! Daher ist Konsens die Kunst, recht zu haben und recht zu geben. Die Dialektik der Macht ist weiterzuentwickeln zu einer Dialektik des Rechts. Rechtgeben und Rechthaben sollten nicht zwei extreme Standpunkte von Sieg oder Niederlage sein, sondern sich zu einem Kreis schließen, der an jedem Punkt beginnen kann. Das Nullsummenspiel des Entweder/Oder muß überwunden werden. Nur dadurch kann auch die angeborene Haltung von Gewinnen oder Verlieren überwunden werden. Wie Hans Hass es so gut formuliert hat, sollte man stattdessen an den Vorteil des anderen denken, der auch zum eigenen Nutzen gereicht. Der Jesuit und Managementlehrer Rupert Lay (1992) hat in anspruchsvoller Form über dialektische Konfliktlösungen geschrieben. Er zeigt, wie schwer durchdringbar das rationale und logische Geflecht von Interessensgegensätzen ohne eigentlichen logischen Ausweg ist. Kommen dann noch Probleme auf der Beziehungsebene hinzu, so werden wir sehen, daß es zwar noch relativ einfach sein kann, Konfliktlösungen *rational* zu finden, aber sehr schwierig, sie auch *emotional* herbeizuführen.

DIE MACHT DER MEDIEN

Man sagt heute bestimmt nicht viel über Macht, ohne die Macht der Medien in die Betrachtung miteinzubeziehen. Was nicht in den Medien passiert, passiert eigentlich gar nicht. Die Berichterstattung eines CNN macht erst *live,* wovon wir sonst gar keine Kenntnis hätten. Die Medien machen heute die Wirklichkeit. Längst sind sie über Informationsträger hinausgewachsen, weil Information in dieser Fülle und Flüchtigkeit die Macht der Illusion erzwingt. Sie bauen eine Wirklichkeit auf, indem sie Fakten und Personen auswählen, die diese Wirklichkeit darstellen. Der Watergate-Skandal von 1972 war ein klassisches Lehrstück für Politiker und Presse, das einer der beiden Watergate-Enthüller, Carl Bernstein, später recht unglimpflich und selbstkritisch neu aufrollte. Er meint, daß es zumindest in den USA in den letzten 15 Jahren immer mehr „aufgetakeltes Infotainment" statt echten Journalismus gebe. Die mediale Idiotie sei zum kulturellen Ideal geworden. Er schreibt offenherzig, das größte Vergehen eines Journalisten von heute sei es, zu langsam zu sein oder eine große Geschichte zu verpassen. Schnelligkeit und Quantität ersetzen Gründlichkeit und Qualität, Genauigkeit und Zusammenhänge. Neil Postman hat überzeugend den Verfall der Information zum Amusement beschrieben und dargelegt, daß das TV *strukturell* unser Denken ruiniert. Der in Genf lebende Philosoph George Steiner überhöht dieses Problem der Medien noch. Die Krise der Religiösen und des Sinns habe die traditionelle Verbindung von Sprache und Ethik zerstört. Das Wort sei zu schwer geworden. Im Gerede verschwindet allmählich die Hoffnung auf einen „Händedruck zwischen Wort und Welt". Nicht umsonst hatte Søren Kierkegaard das Jahrhundert des Journalismus als Bedrohung vorausgesagt.

Auch hierzulande kann man bemerken, daß Hektik die Wahrheit ersetzt. Weil Information im Überfluß zur Verfügung steht, bleibt für ernsthafte Recherche keine Zeit. Der Wettbewerbsdruck zwischen den Medien fördert die Angst, ein anderer könnte die Sensation früher bringen. Daraus ergibt sich die häufige Tatsache, daß sich auch seriöse Journalisten und Herausgeber dazu getrieben fühlen, immer frühzeitiger Informationen zu bringen, Informationen, die eigentlich noch gar nicht existieren. Der Bericht über das Ergebnis wird ersetzt durch die Vorwegnahme eines *vermuteten* Ergebnisses. Daraus aber ergibt sich wiederum ein Feedback: Die Schlagzeile über das Ereignis von morgen beeinflußt eben dieses Ereignis. Politiker und Manager, die Ergebnisse erzielen wollen, machen sich immer häufiger diese Gier zunutze. *Management by media* dient dazu, die Wirklichkeit aus den Angeln zu heben. Daher wird die „wahre Wirklichkeit" von den Schlagzeilen abgezirkelt. Die (vor)veröffentlichten Meinungen haben sich zum Ritual und Mittel der Machtausübung gemausert.

In der heutigen Zeit der medialen Transparenz kommt auch das Management nicht ganz ohne einen Schuß „Heldenführertum" aus, wie es schon Alexander der Große vorgelebt hat. Er mußte sich vor den Augen seiner Unterführer ständig im Kampf, aber auch bei Wein, Weib und Gesang, bewähren. Und schon damals (noch ohne Fernsehen ...) wurde als Mittel der Beeinflussung bewußt Theater gespielt. Als Alexander in Indien schwer verwundet wurde, ließ er zunächst die Panik und Hoffnungslosigkeit seiner Soldaten bis zum äußersten steigen. Denn er wollte die Gelegenheit nutzen, um die nach langen Strapazen bis zur Meuterei angespannte Führungslage wieder unter Kontrolle zu bringen. Als die Gerüchte über seinen gefährlichen Zustand ihren Höhepunkt erreicht hatten, ließ er sich auf einer Barke den Fluß hinabführen, auf einer Bahre liegend wie tot, vorbei an den zehntausenden Soldaten an den Ufern. Als sie dachten, er sei nun *doch* tot, streckte er plötzlich seine Hand empor. Und da schrien sie laut vor Erleichterung darüber, daß sie nicht führungslos waren. Auch heute ist, vor allem wegen der erwähnten medialen Omnipräsenz, diese Art von persönlichem „Heldentum“ im Sinn des Risikos öffentlichen Versagens ein Mittel, um Kunden und Mitarbeiter zu beeinflussen. Lee Iaccoca trat persönlich in Werbespots auf und nahm durch „Personenkult“ das Risiko in augenfälliger Weise auf sich. Praktisch alle Unternehmensleiter sind gezwungen, die Herausforderung der Medien anzunehmen. Es ist mehr oder weniger unmöglich geworden, unter Ausschluß der Öffentlichkeit zu führen oder zu arbeiten.

C. Bernstein kritisiert diese Kultur journalistischer Erregung, die den Leser glauben machen will, daß das Triviale wichtiger, das Düstere und Absurde besser sei als die echte Nachricht. Die Medien stellen sich nicht in den Dienst des Lesers, wollen nicht mit der „Wahrheit“ dienen, sondern spielen mit ihm. Wir bilden uns ein, zu wissen, was den Leser interessiert, setzen es ihm gönnerhaft vor, schreibt Bernstein, kalkulieren, wie es sich am besten verkauft. Und der Leser läßt sich verführen. Das Spiel mit atavistischen Erwartungen von Sieg und Niederlage, Neid und Mitleid, Sex und Crime kommt an. So leisten die Medien einen maßgeblichen Beitrag zum Verfall des öffentlichen Diskurses, und das politische System wird letztlich durch das Ergebnis von Talkshows, Medienpräsenz und Klatschkolumnen mehr geprägt als durch den seriösen inhaltlichen Beitrag. Nur sehr wenige Journalisten und Medien können es sich leisten, diesem Trend der medialen Endzeit entgegenzutreten. Der Chefredakteur des Zweiten Deutschen Fernsehens, Klaus Bresser, vermeint, daß wir in einer „Dromokratur“, einer Schreckensherrschaft der Schnelligkeit, leben, die die Demokratie ersetzt. Am Beispiel des Golfkriegs und der Berichterstattung darüber führt er an, daß keiner mehr die Fülle des Materials überblicken konnte und als Konsequenz ein „Fastfood-Fernsehen" entstanden sei. Ohne Medien hätte es den Golfkrieg so nicht gegeben. Saddam wurde zum Hitler unserer Tage erklärt, der Krieg wurde zu einem Duell nach Wildwest-Manier aufgezogen: gute Welt gegen böse Welt. Die Bilder gaukelten einen aseptischen, klinisch sauberen Krieg vor. Alles geschah nach Mediengesetzen wie im Kino. Die Schlagzeilen, Nachrichten und Bilder folgten in drastisch kurzen Abständen aufeinander, so daß niemand mehr auf die Informationen eigentlich reagieren konnte. Hilflosigkeit und Teilnahmslosigkeit sind eine logische Konsequenz, wenn die Welt in Blöcken von 30 bis 120 Sekunden ins Zimmer geschleudert wird. Wir wissen dann nichts mehr von der *wahren* Wirklichkeit, gerade weil wir soviel Wirklichkeit vorgesetzt bekommen. Die Medien haben die Macht erhalten, für die Aldous Huxley in *„Brave New World"* ein schaurig-glücklich-ironisches Bild liefert.

Die Aggressivität der Medien ist eine Folge des steigenden Wettbewerbs, aber auch ein Symptom von Macht (mit oder ohne) Verantwortung. Journalisten werden zu Richtern über gut und böse, auch wenn sie dafür nicht die geringste Qualifikation besitzen. (In Nestroys „Talisman" sagt ein boshaftes Couplet: Wir haben keine Ahnung, aber eine Meinung!) Hinter dem Motto der Berichterstattung und Meinung verstecken sich ihre Kampfspiele. Eine seriöse Zeitschrift führt zum Beispiel eine Rubrik „aktuelle Duelle" ein, in der sie Gegensätze zwischen Personen in den Vordergrund stellt. Das deutsche „manager magazin" hat in seiner ständigen Feature „mismanagement" sicherlich einen großen Beitrag zur Enthüllung von Managementfehlern geleistet. Davon betroffene Personen durften sich als vernichtet betrachten. Gerecht oder ungerecht? Ein großes österreichisches Wochenmagazin gefällt sich dabei, in jeder Ausgabe Auf- oder Absteiger durch auf- oder abwärts gerichtete Pfeile zu bestimmen: wie der Daumen des Imperators in der Arena. Tatsächlich ist das Ermessen von Journalisten und Herausgebern sehr groß, wenn sie über eine Erwähnung, über eine Schlagzeile, über eine *caption line* und über ein (Meuchel-) Foto – man verzeihe – gekommen sind, „zu richten die Lebenden und die Toten". Wenn die Verantwortung der Herausgeber groß genug ist, wenn die Journalisten Qualität und Zeit für eine faire, reife Leistung aufbringen, dann ist die vierte Gewalt ein notwendiges Korrektiv. Sonst läßt sie sich in jene Mißbräuche der Macht einordnen, die aus Defiziten der Persönlichkeit entspringen und mangelnde ethische Dimension zeigen. Kleine Macht verursacht kleine Fehler. Große Macht kann eine Gesellschaft aus den Angeln heben.

Fassen wir die Ergebnisse dieses Kapitels zusammen:

- Der Anspruch auf Macht ist mit dem natürlichen Antrieb verbunden, durch den Zugriff zu Ressourcen das eigene Überleben zu sichern und die eigene Art besser zu erhalten. Macht ist Energiegewinn.
- Diese Kriterien sind für das Wettbewerbsverhalten aller Lebewesen maßgeblich und erklären auch ein Gutteil der Aggressivität im Verhalten gegen mögliche und tatsächliche Rivalen.
- Macht ist ambivalent, vor allem aber unersättlich. Gefährlich wird sie in den Händen von Personen, die ein psychisches Defizit in Zerstörung umpolen.
- Das Tandem von Konflikt und Macht ist ein natürlicher Teil des menschlichen Lebens. *Checks and balances* von Macht und Gegenmacht bieten die besten Chancen auf Konsens.
- Vor allem die Macht der Medien verlangt nach einer Ethik der Verantwortung, die viele Journalisten der sensationellen, oft voreiligen Schlagzeile opfern. *Management by media* ist als Bestandteil des Kampfes um Macht und Einfluß heute gang und gäbe. Die „wahre Wirklichkeit" der (elektronischen) Medien droht, unser eigenständiges Denken zu ruinieren.

„Das Wesentliche einer Kerze
ist nicht das Wachs,
das seine Spuren hinterläßt,
sondern das Licht."

Antoine de Saint-Exupéry

VIII.

KOMMUNIKATION ALS WERT- UND MACHTBEZIEHUNG

Auf zahlreichen wissenschaftlichen Kongressen wird über den Verlust der *Identität* des Menschen in unserer Gesellschaft nachgedacht. Die „neue Unübersichtlichkeit", Beliebigkeit und Führungslosigkeit in Politik und Kultur bringt einen Sozialtypus hervor, den Haiko Ernst den *entkernten Menschen* nennt. Die Seele dieses „Peer Gynt im Kleinformat" ist ein Kaleidoskop aus fremden Meinungen, Eindrücken, Bildern und Überzeugungen, die allesamt miteinander in ständigem Widerspruch liegen und das Selbst erdrücken. Vor allem die Medien versorgen die Gesellschaft mit einem reichlichen Angebot an Darstellungen, *wie wir eigentlich sind,* weil wir so dargestellt werden. Diese Bilder und Schlagworte werden zu einem Ausdrucksstandard, der uns allmählich die Unterscheidung zwischen echtem und künstlichem Leben abhanden kommen läßt. Unsere Wirklichkeit wird immer mehr eine solche aus zweiter Hand. Nicht mehr, was wahr *ist*, gilt, sondern was wahr *scheint*. Wie wir schon im vorigen Kapitel gesehen haben, hat der Wettbewerb um diese neue Schein-Wirklichkeit die Verantwortung der Medien ungeheuer erhöht. Da können kleine Ausrutscher noch angehen, die kaum Schaden anrichten, aber typisch für diese Erfindung der Wirklichkeit sind: In der Nacht vom 11. auf den 12. August 1993 wurde von Astronomen das Phänomen des Sternhagels vorausgesagt, weil der Schweif des Kometen Swift-Tuttle in der relativen Nähe von 145.000 Kilometern an der Erde vorbeiziehen würde. Obwohl die Wissenschaftler selbst ihre Aussage nur mit einer Wahrscheinlichkeit von 50:50 gewichteten, erhoffte man sich das seltene und wunderbare Naturschauspiel einer *star shower* zwischen Mitternacht und 02.00 Uhr morgens. Leider trat es nicht ein. Eine große österreichische Tageszeitung, offensichtlich um besondere Aktualität bemüht, veröffentlichte am nächsten Morgen einen Artikel, der dieses Naturschauspiel eindrücklich und in lebhaftester Weise beschrieb ...

Medien haben es uns möglich gemacht, mit einer ungeahnten Zahl von Menschen direkt und indirekt in Verbindung zu treten, unsere Beziehungen ins Gigantische zu multiplizieren – und das alles *hier* und *jetzt*. Raum und Zeit sind keine Hindernisse mehr für Kommunikation. Wir können mit einem Freund in Neuseeland telefonieren, ja sogar Schach spielen, ohne unsere Wohnung zu verlassen. Jeder von uns hat hunderte oder auch tausende Filme gesehen und ihre erfundenen Wirklichkeiten gespeichert. Moderne Verkehrsmittel erlauben uns, billig fremde Länder und Kulturen zu besuchen. Wozu ein Humboldt oder ein Goethe Monate und Jahre brauchten, um ein Land im wahrsten Sinn des Wortes zu „erfahren“, das geschieht heute im

Schnell*ver*fahren. Franz Liszt ließ seine *Jahre* der Pilgerschaft in wunderbarer Musikerinnerung zurück („Anées de Pélerinage"), während heute die Musiker von Konzerttermin zu Konzerttermin durch die Welt hasten. In dieser unserer Informations- und Kommunikationsgesellschaft, die immer mehr zu einer *erfundenen Sekundärgesellschaft* wird, sind wir unablässig den Augen und Ohren anderer ausgesetzt. Gleichzeitig absorbieren auch wir ständig Meinungen, Einstellungen, Moden und Vorurteile. Das globale Dorf Marshall McLuhans ist Wirklichkeit geworden. Der Psychologe Kenneth Gergen spricht wegen dieser rasanten psychologischen Entwicklung von einer Sättigung des Selbst, das die psychischen Kräfte der Menschen zu überfordern droht. Wieviel Kommunikation, wie viele Beziehungen können wir eigentlich ertragen? Gleichzeitig damit wächst die Angst, immer weniger von alldem zu verstehen, was wir da an Informationen vor uns haben. Wer liest den Stapel von Zeitungen und Zeitschriften, die vielen Sachbücher (allein die über Management!), die er eigentlich lesen sollte? Wer ist darüber hinaus imstande, seine Freundschaften wirklich zu pflegen, seiner Familie die notwendige Zeit zu widmen, alle geschäftlichen Termine, die man ihm zumutet, auch gut vorbereitet und ohne Hektik abzuwickeln? Kurz: Wer wird nicht in dieser Mühle der begrenzten Lebenszeit und des dynamisch zunehmenden Informations- und Kommunikationsdruckes zerrieben?

Kommunikation ist im eigentlichen Sinne des Wortes die Frage, wie weit man sein Selbst verlassen kann und sich auf ein fremdes Selbst einlassen möchte, mit ihm „Gemeinschaft pflegt". Es ist das Problem zwischen Ich und Du und hat wohl auch viel mit dem Urvertrauen zu tun, das ein Mensch in seiner frühesten Lebensphase vor allem durch die Mutter erhält – oder auch nicht. Das uralte Problem des Menschen mit seinem eigenen Selbst und dem Selbst-Bewußtsein, das sich vergeblich um die volle Durchdringung eines anderen Menschen bemüht, findet sich in der dünnen Atmosphäre der Beziehungen in Organisationen natürlich auch. Martin Buber schreibt, daß die Grundlage des menschlichen Zusammenlebens doch nur eine einzige sei: der Wunsch jedes Menschen, von den anderen als das bestätigt zu werden, was er ist, oder vielleicht als das, was er werden kann und sein möchte. Zwar habe der Mensch die angeborene Fähigkeit, seine Mitmenschen zu bestätigen, doch liege diese weitgehend brach. Das mache unsere wahre Schwäche und Fragwürdigkeit aus. Wirkliche Menschlichkeit besteht nur dort, wo sich diese Fähigkeit entfaltet. Martin Buber meint daher, daß eine Gesellschaft nur in dem Maß menschlich genannt werden könne, in dem ihre Mitglieder einander bestätigen. Wir sehen schon jetzt, daß Kommunikation nicht etwa mit Information im sachlichen Sinn beginnt, sondern ihren Urgrund auf der Beziehungsebene findet. Diese wiederum hat wichtige biologische Wurzeln, die uns schon in früheren Kapiteln begegnet sind. Vielleicht ist es daher nützlich, auch für die Kommunikation zunächst eine biologische Definition voranzustellen.

VOM RIECHEN ZUM REDEN

Biologen definieren die allgemeine Eigenschaft der Kommunikation als eine besondere *energetische Effizienz:* Ein Signal mit einem verhältnismäßig bescheidenen Input erzeugt oder erreicht fast immer eine energetisch wesentlich größere Reaktion. Verglichen mit der Kommunikation zwischen Menschen ist die der Tiere natürlich ziemlich rudimentär. Trotzdem existieren interessante Parallelen. Die nichtsprachlichen Zeichen von menschlichen Kulturen, wie zum Beispiel Gesten oder das Mienenspiel, sind mit denen von Tieren zahlenmäßig ungefähr vergleichbar. Im Durchschnitt verwendet eine Person 150 bis 200 typische nonverbale Gesten während einer Kommunikationsphase. Die Klangstruktur der menschlichen Sprache variiert zwischen 20 bis 60 Phonemen (die kleinste bedeutungsunterscheidende sprachliche Einheit). Auch das ist bei den Tieren kaum anders. Die menschliche Sprache verwendet jedoch darüber hinaus eine zusätzliche Ordnungsstufe, bei der diese Töne in Hierarchien von Silben, Wörtern und Sätzen gebracht werden, wodurch sie eine immer höhere Redundanz und damit eine leichtere Unterscheidbarkeit erhalten. Wenn Kommunikation als eine besondere Form energetischer Effizienz aufgefaßt wird, so kann man dieses Faktum auch als *Entropie* bezeichnen (das heißt als Maß für den Zustand thermodynamischer Systeme und die Unumkehrbarkeit in ihnen ablaufender Prozesse). Die Entropie eines Signals, zum Beispiel gemessen in bit, sollte im Idealfall genau der Entropie des Empfängers entsprechen. Im Klartext: Eine Botschaft sollte zu 100 Prozent so ankommen, wie sie gemeint ist. Solche idealen Systeme gibt es nicht. Störungen jeder Art sind möglich. Äußere Einschränkungen, wie Lärm, Irrtümer, Mißverständnisse und Mehrdeutigkeiten, reduzieren den Gehalt der Information für den Empfänger. In manchen Fällen wird, wie wir wissen, eine Information sogar mit umgekehrten Vorzeichen oder zumindest stark verzerrt (Gerüchtebörse, stille Post) ankommen. Die Energie des Signals oder des Senders und die des Empfängers kommen also nur teilweise zur Deckung, weil Kommunikationsstörungen sie vermindern. Die Kommunikation komplexer Systeme erfüllt viele Funktionen. Aus der Biologie können wir ableiten, daß diese Funktionen immer wieder auf die Optimierung der Überlebenschancen ausgerichtet sind. Beobachtung, Kontaktnahme, das Erkennen von Gruppenmitgliedern, das Markieren von Territorium, das Signalisieren von Nahrungsquellen, Alarm- und Notsignale, Zeichen zur gemeinsamen Jagd, Ranganmeldungen usw. sind das eigentliche Gerippe des Zusammenlebens.

Eine besondere Form der Übermittlung von Signalen ist die *Metakommunikation* (also das Senden von Botschaften *über* den unmittelbaren Inhalt hinaus). Es ist genügend bekannt, daß Lächeln, Lachen, Heben der Augenbrauen, Verziehen der Mundwinkel und viele andere Phänomene der Körpersprache so stark stammesgeschichtlich geprägt sind, daß sie ziemlich unkontrolliert neben sprachlichen und sozial gelernten Verhaltensweisen ablaufen. Samy Molcho hat in Seminaren und Büchern das Thema der Körpersprache popularisiert, vor allem in seinem gleichnamigen, mit vielen ausgezeichneten Fotos illustrierten Buch (1983). „Der Körper ist der Handschuh der Seele, seine Sprache ist das Wort des Herzens", sagt er. Solche Signale der Metakommunikation dienen vor allem der Kundgabe des eigenen Status. Wir wissen, daß Menschen sehr bald ihr Gegenüber direkt oder indirekt darüber informieren möchten oder daß der Partner erfragt, mit wem man es eigentlich zu tun habe. „Darf ich mich vorstellen?", „Woher stammen Sie?", „Was machen Sie beruflich?" usw. sind bekannte diesbezügliche Fragen. Sicher ist Ihnen auch noch im Ohr, daß jemand indigniert anmerkte: „Ja wissen Sie nicht, mit wem Sie es zu tun haben?", wenn er sich zu gering eingeschätzt erachtete. Ich habe einmal von einem bedeutenden deutschen Bankmanager gehört, daß ein ihm nicht weiter bekannter Kollege aus Österreich eine auch die Medien beschäftigende Frage anbringen wollte. Dabei beging der deutsche Gesprächspartner den „Fehler“, seinen österreichischen Kollegen für einen Journalisten zu halten. Worauf, so erzählte mir der deutsche Bankmann, der Österreicher einige Zeit dafür beanspruchte, um ihn „über seine Bedeutung aufzuklären“. Konrad Lorenz hat durch seine Verhaltensforschung das Interesse an der Metakommunikation stark erhöht. Meines Wissens fehlt aber eine durchgängige Theorie des menschlichen Sozialverhaltens, das ja sowohl stammesgeschichtliche Wurzeln als auch kulturelle Prägungen und die Steuerung durch den individuellen Willen verarbeiten muß. Auch das Standardwerk auf diesem Gebiet, „Die Biologie des menschlichen Verhaltens“ von Eibl-Eibesfeldt (1986), weist zwar auf viele interessante Grundlagen des menschlichen Verhaltens hin, verarbeitet aber nur teilweise die Einflüsse der modernen Wirtschaft und Gesellschaft und läßt die Frage der Ethik praktisch außer acht.

Die wichtigsten Formen der Kommunikation zwischen Menschen sind das *Sehen* und das *Hören.* Die visuelle Kommunikation spielt deshalb eine sehr große Rolle, weil der Mensch durch Körper, Verhalten, Mimik, Kleidung und Schmuck seine Zugehörigkeit zu einer bestimmten Gruppe, seinen Rang, vor allem aber auch seine Stimmungen und Gefühle zeigt. Er bringt dadurch auch eine spezifische Bereitschaft für verschiedene Handlungen zum Ausdruck, vor allem zum Beispiel für Freundschaft und Feindschaft, Nähe und Distanz und für all jene Aspekte des Zusammenlebens, die zwischen Partnern und in der Gruppe eine wesentliche Funktion besitzen. Die meisten der zahlreichen mimischen Ausdrucksbewegungen sind unbewußte Auslöser. Eibl-Eibesfeldt hat in vielen Fotos und Filmen, die er während seiner Expeditionen aufgenommen hat, nachgewiesen, daß sich die Grundzüge der Mimik und ihre jeweilige Bedeutung bei allen Völkern in gleicher Weise finden, daher nicht kulturell, sondern stammesgeschichtlich bedingt sind.

In den zwischenmenschlichen Beziehungen spielt auch der bei den Tieren wichtige *Geruch* eine gewisse Rolle, wenn auch häufig nicht mehr bewußt. Obwohl die Menschen meist den Geruch anderer Mitmenschen nicht besonders differenziert unterscheiden können, signalisiert er möglicherweise als eine Art Kurzformel sämtliche wichtigen Erbanlagen. Damit käme dem Ausspruch, daß wir jemanden gut oder auch nicht „riechen" können, Bedeutung für unbewußte „genetische Sympathie" zu. Besondere Pheromone (Androstenol) stimmen Mann und Frau kontaktbereit, andere (Androstenon) nur die Frauen. Bei Säuglingen spielt der Geruch der Mutter die wichtigste Rolle bei der Erkennung. Auch die *Berührung* ist ein wichtiges Mittel der Kommunikation, das in unserer Gesellschaft bereits weitgehend ritualisiert ist. Die bewußte Überwindung von Distanz durch den Handschlag, die immer populärer werdende Umarmung (auch zwischen Männern), aber auch das Handauflegen bei Weihen oder der Friedensgruß während der katholischen Messe sind Beispiele für die Dimension der körperlichen Berührung außerhalb der eigentlichen Intimsphäre. Ich habe aus einer eigenen Erfahrung in einem Seminar gesehen, daß Übungen mit körperlicher Berührung dazu beitragen können, andere emotional besser zu verstehen. So ist zum Beispiel das Gehen mit geschlossenen Augen, an den Schultern geführt von einer dahintergehenden Person, dazu geeignet, sich über den direkten Zusammenhang zwischen Führen und Folgen körpernahe zu informieren. Der Psychologe und Managementberater W. Pechtl hat daraus den Anspruch abgeleitet, man könne nicht durch Vorangehen, sondern nur durch Folgen richtig führen.

Gemäß den Forschungen von Eibl-Eibesfeldt kann man von einer *universalen Grammatik* menschlichen Sozialverhaltens sprechen. Kommunikation folgt überall gewissen Ritualen. Man fragt zuerst nach dem Befinden, spricht auch über das Wetter und über sonstige Belanglosigkeiten. Dieser sogenannte „*Grooming talk*“ oder „*Small talk*“ ist Voraussetzung dafür, daß man Übereinstimmung sucht. Man kann nicht so ohne weiteres mit der Tür ins Haus fallen. Erst die freundliche Atmosphäre, die durch ein Herantasten geschaffen wird, legt den Grundstein für den Willen zu Konsens bei sachlichen Auseinandersetzungen. Menschen, die „gleich zur Sache kommen“, finden meist viel weniger Vertrauen als solche, die sich damit mehr Zeit lassen. Rituale freundlicher Begegnung finden wir bei allen wichtigen Vorgängen des Lebens. Diese verschiedenen Formen der Höflichkeit haben allesamt den Zweck, allfällige Konflikte zu mindern oder auszuschließen. Wir sagen zum Beispiel, es sei unhöflich gewesen, einen bestimmten Wunsch zu äußern, und meinen damit, daß der Wunsch unter den gegebenen Umständen nicht angemessen war oder zur Unzeit vorgebracht wurde. Je größer der Wunsch und je erfolgreicher man seine Erfüllung betreiben möchte, desto mehr muß in die Höflichkeit der vorbereitenden Rituale investiert werden. Man gibt jemandem lieber (oder überhaupt) etwas, wenn er einem sympathisch ist.

Mit der Wortsprache verfügt der Mensch über ein System von überlieferten Zeichen, die er im Rahmen festgelegter Regeln schöpferisch zu vollkommen neuen und individuellen Aussagen kombinieren kann. Die Sprache gibt Erfahrungen und Wissen in besonderer und einzigartiger Form weiter. Sprechen kann auch sozialen Konflikt entschärfen, weil es, so die Biologen, von den einzelnen Trieben und zum Beispiel von der

Aggression weiter entfernt ist als das Handeln. Die menschliche Sprache ist in ihren Anfängen wahrscheinlich etwa 50.000 Jahre alt. Der *Homo sapiens* hat vermutlich in der frühen Steinzeit vor etwa 30.000 Jahren ein erstes System der Beobachtung und Dokumentation entwickelt. Eine bei Blanchard in Frankreich entdeckte Knochenplatte zeigt die wechselnden Phasen des Mondes über 2 1/4 Monate, eingraviert in einem komplizierten Symbolismus. Die frühen Menschen haben offenbar nach dem Vorbild des Himmelsgeschehens versucht, in ihrer Gesellschaft eine gewisse zeitliche Ordnung herbeizuführen. Die menschliche Schrift ist etwa 5.000 Jahre alt. Eine wahnsinnig kurze Zeit, verglichen mit der gesamten Entwicklung der Menschheit! Wenn wir überlegen, was sich allein in diesem Jahrhundert an einschneidenden wirtschaftlichen, technologischen und gesellschaftlichen Veränderungen ergeben hat, die wir noch einigermaßen überblicken, so können wir im Vergleich mit dem Entstehen der Sprache und den ersten Dokumentationen der Menschheit sehen, wie sich unsere Lernkurve laufend ungeheuer beschleunigt. Wenn wir eine Lebenszeit von 75 Jahren in Beziehung zu den 50.000 Jahren Spracherfahrung der Menschheit setzen, so hätten wir erst in den letzten zwei Monaten dieses Lebens die Erfindung des Automobils, des Rundfunks, des Telefons, des Fernsehens, des Flugzeugs, die Entwicklung der Raumfahrt, die Revolution der Biogenetik und vieles andere verarbeiten müssen. Das erklärt vermutlich auch, warum wir vor allem emotional hinter unserem eigenen Wissen einherhinken. Der erhöhte Bedarf an Kommunikation ist auch eine Folge dieses raschen Wandels. Im Spannungsfeld zwischen der Informationsflut und dem Verständigungsbedürfnis steigt die Notwendigkeit, in der Kommunikation Sicherheit und Sinn wiederzufinden. Wie nachgerade unmöglich und daher paradox dieser

Wunsch ist, sehen wir an den Spannungen der „wirklichen" und der medialen Wirklichkeit.

VERTRAUEN ZUERST

Jede Kommunikation hat einen Beziehungsaspekt und einen Inhaltsaspekt. Wir haben gesehen, daß die Metakommunikation den eigentlichen Inhalt der Botschaft wesentlich mitbestimmt. Während der Sachinhalt damit umschrieben werden kann, worüber ich informiere, ist die Beziehungsseite der Kommunikation durch die Aussage abgedeckt, was ich von jemandem halte oder wie ich zu ihm stehe. Schulz von Thun (1981) hat in seiner „Vier-Ohren-Theorie" noch zwei weitere Aspekte hinzugefügt: *Selbstoffenbarung* als das, was ich in der Nachricht von mir selbst kundgebe, welche Selbstdarstellung oder auch unfreiwillige Selbstenthüllung in ihr eingeschlossen ist, und *Appell* als Versuch, Einfluß zu nehmen und jemanden durch die Nachricht zu etwas zu veranlassen. Häufig ist im Appell auch der Wunsch eingeschlossen, anerkannt zu werden. Wenn wir an die Kombinationsvielfalt in der Kommunikation nach den erwähnten Beispielen denken, so lassen sich schon zwischen diesen vier Dimensionen in der *eigenen Person* gewaltige Spannungen feststellen. Wie groß sind erst die möglichen Mißverständnisse im Verkehr *miteinander!* Auch biologisch betrachtet ist klar, daß zunächst *Vertrauen* hergestellt werden muß. Im Wettbewerb um die Nahrung ist in der Natur die Täuschung wichtig, weil es zwischen dem Räuber und seiner Beute kein Pardon gibt. Wenn aber eine partnerschaftliche Beziehung entstehen soll, so muß es eine gewisse Vorhersagbarkeit des freundlichen Verhaltens geben. Der Bluff zahlt sich nur aus, wenn gekämpft werden soll. Wenn aber Menschen miteinander verbunden sind, so müssen sie weitgehend auf Lüge und Täuschung verzichten, um das Band des Vertrauens nicht zu zerschneiden. Wir sollten uns an dieser Stelle daher die grundsätzlichen Strategien ansehen, die für die Begründung der Beziehung wesentlich sind. In einem allgemeinen Sinn kann ja Kommunikation auch als *Machtbeziehung* verstanden werden, die Rolle und Rang definieren hilft, oder auch als *Wertbeziehung*, die die Abweichung oder Übereinstimmung der Ansichten und Werthaltungen klarlegt.

Eibl-Eibesfeldt (1986) unterscheidet folgende vier Strategien der Interaktion nach funktionellen Gesichtspunkten:

1. *Freundliche Kontakteröffnung:* Bandstiftung und Gruppenbindung etwa durch Grüßen, Werben, Spielen und den Aufbau von Gemeinsamkeiten („Das Wetter ist heute wunderbar, nicht?"), Bestärkung einer bestehenden Bindung durch die Pflege gemeinsamer Werte, gemeinsames Singen, Feiern oder auch gemeinsames Kampfritual (Turniere, Segelregatten und sonstige Wettbewerbe, zum Beispiel darum, wer die schönsten Blumen vor dem Fenster zieht), Erhaltung der Gruppenharmonie durch Kritik und Entschuldigung, Mahnen, Spotten, Schlichten, Helfen, Anerkennung, Lob; auch Drohung mit dem Kontaktabbruch gehört hier dazu.
2. *Soziales Lernen und Lehren:* Erkunden gesellschaftlicher Zusammenhänge durch Neugierde, Nachahmung, Ermunterung, erzieherische Rüffel, gemeinsames Spielen etc.
3. *Rangstreben:* Selbstdarstellung als mächtig, als Betreuer, Rangverteidigung durch die Schaffung materieller oder immaterieller Wettbewerbsvorteile, Rituale des Gehorsams und der Disziplinierung („Sie haben hier den Mund zu halten") usw.

4. *Bekämpfung von Feinden (agonale Strategien):* Imponieren, Bluffen, Machtdemonstration, Herausfordern durch Gesten oder Worte, Angreifen, ritualisierter Kampf, Rückzug, Unterwerfung usw.

Diese vier typischen Strategiebündel finden sich in jeder menschlichen Organisation, von der Familie über die Schule bis zum Unternehmen und zum Lions Club. Nur wer imstande ist, seine Strategien nach Bedarf erfolgreich für die Schaffung von funktionierenden Beziehungsebenen einzusetzen, wird den Inhalt der Kommunikation „rüberbringen". Erst nach der Klarstellung der Autoritätsverhältnisse wird ein wirksames Machtwort möglich; erst nach erfolgreicher Entflammung des Liebesbedürfnisses wird die Partnerin sich mit einem gehauchten Einverständnis hingeben.

Wollen wir aus diesen vier Strategien eine unmittelbare Nutzanwendung ziehen, so entdecken wir bei kritischer Würdigung große Defizite in unserem Umgang miteinander. Hier einige reflektierte Beispiele:

1. Wie sieht es mit dem Grüßen im Unternehmen aus? Ich kenne genügend Großbetriebe, in denen viele Menschen wortlos aneinander vorbeigehen. Grüßen ist die erste Geste, sich jemandem anderen zu öffnen, sich für ihn bereitzuhalten. Wird in einem Unternehmen nicht gegrüßt, so läßt dies keine sehr positiven Schlüsse zu. Auch mit dem spielenden Aufbau von Vertrauen ist es häufig nicht weit her. Darum ist es wichtig, immer wieder Gelegenheiten zu schaffen, um die Gemeinsamkeit zu bestärken, beispielsweise die längere Zugehörigkeit zum Unternehmen oder eine anerkannte Teamleistung. Die Rituale des gemeinsamen Feierns sind unverzichtbar. Für herausragende Leistungen ist ein gemeinsamer Restaurantbesuch mehr als sein Geld wert. Wichtig

ist aber vor allem persönliche Stellungnahme, sei es durch Anerkennung oder Kritik. Richtige Bindung entsteht durch einen Wertungskontakt, der die Einschätzung des Stellenwertes für alle erleichtert. Wenn Kritik richtig angebracht wird (nur wenige schaffen das!), kann sie positiver wirken, als man meint. Sie kann ein Zeichen der Förderung und der positiven Erwartung sein. Woran es aber am öftesten mangelt, ist spontane Anerkennung.

2. Das soziale Lernen und Lehren im Unternehmen ist meiner Erfahrung nach ein sehr großes Problem. Die Segmentierung unserer großen Unternehmungen führt dazu, daß vielfach nicht mehr verstanden wird, was in anderen Abteilungen wirklich geschieht. Wenn aber einmal gefragt wird, „was machen die eigentlich?", so ist dies ein ungünstiger Vorschlag zur Bildung eines gemeinsamen Lernfeldes. Das gemeinsame Spiel (zum Beispiel das gemeinsame Unternehmensspiel bei einem Seminarbesuch) trägt sicherlich viel dazu bei, die Neugierde und das Verständnis füreinander zu wecken, das Niveau der Vertrautheit zu heben und das der latenten Aggressivität zu senken. Das Interesse an den anderen muß höher werden, unsere Toleranz und Offenheit größer.
3. Es ist auch natürlich, daß sich im Unternehmen jeder eine Rolle suchen muß und sie auch behaupten möchte. Wir haben uns schon sehr ausführlich mit diesem Thema beschäftigt. Es ist auch klar, daß die Selbstdarstellung dabei nicht auszuschließen ist und der „gesunde Ehrgeiz" als Faktor des Wettbewerbs in jeder Strategie des organisatorischen Fortschritts seinen Platz hat. Wir sollten uns aber vor der Übertreibung der Einzelrolle und der Einzelleistung hüten!
4. Die Strategien des Kampfes sind natürlich nicht aus dem Geschehen im Unternehmen wegzudenken.

Wir haben uns auch in der Philosophie des Wildentenprinzips mit dem ganz natürlichen Kampf um Ressourcen, Rang und Macht abzufinden. Aber wie in einem früheren Kapitel erwähnt, sollten Sieg und Niederlage kein Nullsummenspiel sein. Ich bezweifle pragmatischerweise allerdings, ob dieses Spiel je aller jener Elemente zu entkleiden ist, die einem *Fair play* widersprechen. Wir sehen leider, daß so manches Foul ungeahndet zu einem Treffer führt. Und häufig vermissen wir in solchen Situationen den umsichtigen Schiedsrichter, der rechtzeitig abpfeift.

STERNE UND NETZE

Jeder Mensch wächst unter kräftigem Zutun seines eigenen Verhaltens in eine Gemeinschaft mehr oder weniger gut hinein. Er lernt, wie er zu anderen steht, wem man ungezwungen gegenübertreten darf und wem man formell begegnen muß. Er fügt sich in seine Rangposition und erwirbt Geschick im sozialen Umgang. Das alles erfordert ein hohes Maß an sozialer Anpassungsfähigkeit und damit eine hohe *soziale Intelligenz.* Es ist durch viele Versuche erwiesen, wie sehr die emotionale Zuwendung oder Abwendung, also die Ausrichtung der Beziehungsebene, auch den Inhalt der Kommunikation verändert oder die Kommunikation sogar ganz ausschaltet. Viele Menschen „überhören" tatsächlich die Botschaft derer, die sie nicht akzeptieren, oder verfälschen die Information durch ihre emotionale Einstellung oft ins Gegenteil. Diesen Teufelskreis zu durchbrechen, ist moralisch sehr anspruchsvoll. „An sich ist nichts weder gut noch schlecht, das Denken macht es erst dazu", heißt es im „Hamlet" von Shakespeare. Wie aber können wir unser Denken ändern? Wer will das Risiko auf sich nehmen, der „Gute" zu sein, welcher dem „Bösen“ seine Waffen hinstreckt, um dann erschlagen zu werden?

Wenn die Metakommunikation oder die Beziehungsebene für die tatsächliche Übermittlung von Informationen so wichtig ist, dann muß man die menschliche Kommunikation in erster Linie als Wert- und Machtbeziehung pflegen, von deren Spannungsfeld die Sachinformation wesentlich beeinflußt wird. Als wichtigste Vorausbedingung der inhaltlich funktionierenden Kommunikation sind daher auch in jeder Organisation die Beziehungen zu ordnen und zu ändern. Nur stabile und konstruktive Beziehungen zwischen den Menschen ermöglichen den sachlich richtigen Informationsfluß. Wir können Sachinformation gar nicht an die richtige Stelle bringen, wenn zu viele emotionale Filter, Blockaden oder auch Umleitungen und bewußte Fehlschaltungen emotionaler Art dazwischenkommen. Das Verhalten von Gruppenmitgliedern zueinander hängt wesentlich vom Muster ihrer Kommunikation ab. Die drei Grundmuster der Kommunikation sind:

- Das *Rad* oder der *Stern* – die auf eine Person zentrierte Information. Es gibt eine Radnabe, um die sich alles dreht, eine Person, die im Mittelpunkt dieser Kommunikation steht. Die Radspeichen symbolisieren den bilateralen Kommunikationsfluß. Ähnlich wird auch von sternförmiger Kommunikation gesprochen.
- Der *Kreis* – die Information der einzelnen Mitglieder einer Gruppe nach einem linearen System. Es fehlt hier der zentrale Spielmeister, die Kommunikation erfolgt nach einem gewissen regulären Schema, das manche Gruppenmitglieder aus bestimmten Informationsflüssen grundsätzlich ausschaltet.
- Das *Netz* – die Kommunikation aller Mitglieder untereinander. Diese Kommunikationsform bedeutet

den laufenden und relativ hierarchiefreien Austausch von Informationen, wie er in kleineren Gruppen möglich ist. (Eine netzförmige Kommunikation in großen Organisationen findet immer nur lückenhaft und weitgehend informell statt. Allerdings ist es erstaunlich, wie schnell sich Gerüchte verbreiten!)

Das Rad oder der Stern entspricht dem autoritären Modell der Entscheidung und verhilft auch zu verhältnismäßig raschen Entscheidungen. Der Kreis verursacht den längsten Entscheidungsprozeß und vermittelt in der Regel das niedrigste Niveau von Motivation. Für komplexere Aufgaben ist erwartungsgemäß das Netz am besten geeignet, weil es einer partnerschaftlichen Entscheidungsstruktur entspricht. Für einfache Alltagsentscheidungen können wir in unseren Organisationen durchaus nach dem Modell der Radspeiche vorgehen. Es ist nichts dagegen einzuwenden, wenn einfache und klare Anweisungen direkt weitergegeben werden. Für die großen strategischen Weichenstellungen brauchen wir allerdings die Kommunikationsform des Netzes. Hier ist ausreichend Zeit zur Verfügung zu stellen, damit alle Partner auf jeden Einwand und Gedanken des jeweils anderen auch wieder antworten können. Es versteht sich von selbst, daß auch solche Gruppen nicht zu groß sein können. Neulich habe ich bei einer wichtigen Diskussion über strategische Weichenstellungen in einer Finanzgruppe das treffende Wort gehört: „Wir haben ja keine Zeit, daß wir einander alle die notwendigen Watschen geben und uns dann dafür entschuldigen.“ Dieser bildhafte Satz schließt auch gleich die notwendige Emotionalität mit ein, die bei wichtigen Entscheidungen immer genauso zu berücksichtigen ist wie die eigentlichen Sachfragen.

Wir haben schon weiter oben davon gesprochen, daß jedes Ganze auch wiederum Teil eines anderen Ganzen ist und umgekehrt auch jeder Teil wieder in sich eine Ganzheit. Auch Organisationen lassen sich als Systeme definieren, die einen relativen Grad von Ganzheit erreichen. Wenn Ganzheit mehr als die Summe der Teile ist, so können wir ein System auch nicht zerteilen, ohne den *eigentlichen* Gegenstand der Untersuchung zu vernichten. Man muß eine Organisation als „Gestalt" mit ihren ganz spezifischen Merkmalen sehen. Eine Kathedrale ist kein Steinhaufen. Umgekehrt kann man meinen, daß ein System nur dann verstanden werden kann, wenn man die Eigenschaften der Teile im Interesse der Gestalt vernachlässigt. Auf die Kommunikation angewendet bedeutet diese Interpretation, daß auch Kommunikationsabläufe unteilbar oder ganzheitlich betrachtet werden sollten. Kommunikation kann nicht in die Beziehungsfrage und in die Sachfrage zerlegt werden, weil beide voneinander abhängig sind.

Ich kann mich an Reibereien zwischen zwei Abteilungen eines Unternehmens erinnern, und zwar zwischen der Werbeabteilung und dem Verkauf. Die Verkaufsabteilung bereitete eine Herbstkampagne mit einem bestimmten Verkaufsschwerpunkt vor und wollte dafür die Unterstützung der Werbeabteilung. Die Werbeabteilung selbst war durchaus von diesem Schwerpunkt überzeugt und hatte ihrerseits Vorbereitungen für eine unterstützende Werbekampagne getroffen. Die von der Werbeagentur gelieferten Sujets fanden aber nicht die Zustimmung der Werbeabteilung, wohl aber jene der Verkaufsabteilung. Die unterschiedliche Beurteilung der Werbeeffizienz artete in einen Kompetenzstreit aus: Eigentlich wollte die Verkaufsabteilung die Kompetenz für die Werbung erhalten, weil sie dann vermeintlich effizienter verkaufen könne. Die Werbeabteilung wollte die Qualität der Werbung verbessern, weil sie damit dem Verkauf ingesamt mehr nutzen könnte, und lehnte diese „Einmischung“ ab. Es ist weiter nicht verwunderlich, daß die Sachfragen kaum mehr gelöst werden konnten, weil die Beziehungsebene gestört war. Ein „Machtwort“ der dienstlichen Vorgesetzten war notwendig. Die wichtigste Erkenntnis aber ist, daß beide das Beste für die Unternehmensziele wollten!

TEUFELS- UND TUGENDKREISE

Kommunikation läuft nicht linear und fortschreitend wie eine gedachte, aber irreale Kausalkette von Ursache und Wirkung ab. Sie kann nur kreisförmig als Schleife eines Feedback-Prozesses verstanden werden. Schon Hippokrates sagte, daß alle Teile eines Organismus einen Kreis bilden. Daher kann jeder Teil der Kommunikation sowohl *Anfang* als auch *Ende* sein. In einem System von Rückkoppelungen sind Anfang und Ende genauso wenig wichtig, wie es in einem Kreis einen Anfang und ein Ende gibt. Wir müssen für die Kommunikation also zum Beispiel die Auffassung ablegen (entlernen), daß ein Ereignis A vor einem Ereignis B stattfindet und daher dessen Eintreten bedingt. Mit der kreisförmigen Logik könnte man auch annehmen, daß Ereignis B *vor* Ereignis A kommt – je nachdem, wo man willkürlich die Kontinuität des Kreises unterbricht und einen bestimmten Punkt Anfang oder Ursache nennt. Eben diese Logik wird aber immer dann angewendet, wenn sowohl Person A als auch Person B behaupten, nur auf das Verhalten des anderen zu reagieren. Die Schuldzuweisungen gehen hin und her, der Schwarze Peter im Kreis herum. Die Kreislogik der Kommunikation ist ungeheuer wichtig, wenn man folgendes überlegt: Man schätzt, daß der Mensch pro Sekunde 10.000 Sinneswahrnehmungen (!) zu verarbeiten hat. Diese schier unglaubliche Fülle von Daten erfordert natürlich eine drastische Auswahl, um die höheren Hirnzentren nicht mit unwesentlichen Informationen zu blockieren. Die Entscheidung darüber, was wesentlich und was unwesentlich ist, hängt von genetischen und kulturellen Faktoren ab und ist jedenfalls von Mensch zu Mensch grundverschieden. Wer davon überzeugt ist, daß ihn jemand respektiert, wird Vertrauen an den Tag legen. Wer meint, daß er nicht geachtet wird, reagiert mit Mißtrauen oder gar Aggression. Der Mensch „beweist" durch diese Auswahl in der Wahrnehmung aufgrund seiner Wertschätzung des Gegenübers vielfach nur seine eigenen subjektiven Annahmen. Nach dem Modell der Selbstverstärkung verhalten sich dann andere so, wie man es von ihnen annimmt und es ihnen gewissermaßen nahelegt. Daraus entstehen die typischen Teufelskreise des Mißtrauens und der Kommunikationsprobleme.

Dem unvoreingenommenen Beobachter erscheint eine Folge von Kommunikation als ein ununterbrochener Austausch von Mitteilungen. Jeder Teilnehmer an dieser Interaktion hat ihr jedoch unvermeidlich eine Struktur zugrunde gelegt, die Watzlawik u. a. (1967) *Interpunktion* von Ereignisfolgen nennt. Statt Interpunktion könnte man auch Ausgangspunkt oder Grundannahme für die eigenen Argumente sagen. Die an einer Kommunikation beteiligten Personen pflegen den Ablauf so zu „interpunktieren", als habe jeweils der eine oder der andere die Initiative ergriffen, beispielsweise einen Vorwurf erhoben und sich dadurch als dominant gezeigt. „Du bist schuld", „du hast angefangen" sind die typischen Symptome für dieses unser Verhalten (schon von Kindheit an). Die Kommunikationspartner stellen zwischen sich Strukturen einer Beziehung her, über die sie entweder eine Übereinstimmung erzielen oder nicht. Diese Strukturen sind Regeln für wechselseitige Verhaltensverstärkungen. „Du hast immer ein Vorurteil", „Reg dich nicht immer so auf" usw. sind solche Verstärker. Interpunktion organisiert daher das Verhalten in der Kommunikation und ist ein wesentlicher Bestandteil der menschlichen Beziehung. Unterschiedliche Auffassungen über die Interpunktion sind die Wurzel vieler Beziehungsprobleme. In einer schlechten Ehe beschreibt zum Beispiel der Mann seine zurückgezogene Haltung als Reaktion auf das Nörgeln seiner Frau und als die einzig mögliche Verteidigung dagegen. Die Frau hingegen meint, daß der wirkliche Grund ihrer Kritik und ihres Nörgelns seine Abwendung von ihr sei. Ein solcher Streit kann nur ein ständiges Hin und Her von Vorwürfen sein und wird nie enden. Er sagt: Ich meide dich, weil du nörgelst. Sie sagt: Ich nörgle, weil du mich meidest. Der Teufelskreis der Kommunikation ist evident. Das eigentliche Dilemma dieser falschen Interpunktion ist die Annahme, es gäbe in dieser Kette des Austausches von Meinungen tatsächlich einen *Anfang*. Diesen Anfang gibt es im Sinn einer subjektiven Wirklichkeit aber nicht, selbst wenn er objektiv vorhanden ist. Es ist Gefühlssache und nicht logisch zu behandeln, welchen Ausgangspunkt ein Kommunikationspartner jeweils festlegt. Weist er dem anderen die Schuld zu und sagt: „Angefangen hast du", so genügt dies schon häufig für ein Abrutschen in den kommunikativen Abgrund.

Ich erinnere mich an eine Situation vor wenigen Jahren, als in fehlgeschlagenen Gesprächen zwischen zwei Banken über eine Fusion der eine Gesprächspartner meinte, der andere habe mutwillig oder fahrlässig, aber jedenfalls voreilig die Gespräche abgebrochen, es hätte durchaus noch sehr gute Chancen für eine Einigung gegeben. Der andere Partner jedoch ging davon aus, daß diese Einigung nicht möglich gewesen wäre, weil bereits nicht übersteigbare Hindernisse sichtbar geworden seien. Deshalb brach er die Gespräche ab. Die Schuldzuweisung durch den anderen, die Gespräche seien unnötigerweise und voreilig abgebrochen worden, wies er als vollkommen ungerecht und unrichtig zurück. In zahllosen Beispielen wie diesem zeigt sich, wie die subjektive Einschätzung es verhindert, alle objektiven Möglichkeiten tatsächlich auszuschöpfen. Wenn jemand nicht reden *will*, kann es nicht zu einer inhaltlichen Kommunikation kommen. Der Wille zur Kommunikation als Voraussetzung ist jedoch eine Beziehungsfrage. Sind es aber immer die Emotionen, die Schwierigkeiten auf der Beziehungsebene verursachen? In einem gewissen Sinne natürlich ja. Auf der anderen Seite wäre es viel zu einfach, der „Chemie“ zwischen Menschen die alleinige Schuld für solche Schwierigkeiten zu geben. Häufig treffen viele Faktoren zusammen, bei denen die Chemie dann vielleicht nur ein – möglicherweise ausschlaggebendes – Quentchen beifügt.

FASSADENTECHNIK DES ÜBERLEBENS

Wenn viele Personen kommunizieren, so kommt eine große Zahl von *Sach-* und *Beziehungsvariationen* zustande. Nach der Kombinatorik gibt es zwischen zwei Items nur zwei Kombinationsmöglichkeiten der Positionierung (zum Beispiel links und/oder rechts). Zwischen drei Items wächst die Kombinationsmöglichkeit nach der Formel 3 Faktorielle (3! = 1 x 2 x 3) bereits auf sechs, bei vier Items auf 24, bei fünf auf 120 und bei sechs auf 720 Kombinationsmöglichkeiten an. Noch viel beeindruckender wird die Anzahl von Kombinationen und Variationen, wenn man sich die möglichen Züge eines Schachspiels überlegt. Claude Shannon von Bell Lab hat geschätzt, daß die Gesamtzahl aller möglichen Schachzüge 10^{120} sei – eine Zahl, die eine *unvorstellbare Größe* erreicht. Kein Computer könnte diese Züge nachvollziehen, im gesamten Universum gibt es nicht so viele Elementarteile, und seit dem großen Knall sind nicht so viele Mikrosekunden vergangen. Noch viel unglaublich größer sind aber die Kombinationsmöglichkeiten der Biologie. Überlegt man, daß bei Seegras mit tausend Genen, die unabhängig voneinander angepaßt werden können, die Kombinationsmöglichkeiten 2^{1000} oder rund 10^{300} sind, so kann man nur demütig vor dem Wunder der Natur schweigen, die solche Vielfalt noch zu ordnen vermag. Welche aus den Millionen Elementen von Beziehung und Inhalt einer Kommunikation zwischen einer Gruppe von Menschen kommen durch?

Im zwischenmenschlichen Zusammenleben ist vor allem das Unausgesprochene, die *unterdrückte Gefühlsseite,* für die Kommunikation belastend. Wenn jemand seinem Ärger einmal Luft gemacht hat, kann er sich einem Problem wieder ehrlicher stellen. Wenn nicht, bleibt das Problem vorerst tabu und zersetzt die Beziehung weiter wie schleichendes Gift. Das Verbergen von Gefühlen ist aber vor allem in unseren großen Unternehmungen eine alltägliche Angelegenheit. Man zeigt die Fassade, nicht das Innenleben. Man entwickelt *Fassadentechniken* für das Überleben, die etwas vortäuschen und etwas verbergen. Die Wirklichkeit und die Wahrheit zu offenbaren, ist nicht zweckmäßig, man will nichts riskieren, man will sich nicht ausliefern. Echtheit und Ursprünglichkeit setzen immer ein verhältnismäßig großes Selbstwertgefühl und Vertrauen voraus. Wer von sich selbst nichts hält, muß ja ein verstärktes Geltungsstreben an den Tag legen, wenn er sein Minderwertigkeitsgefühl kompensieren soll. Kommunikationsfähigkeit setzt also auch ein intaktes Selbstwertgefühl voraus, worauf Alfred Adler nachdrücklich hingewiesen hat. Die Kommunikationsfähigkeit hängt entscheidend von der *seelischen Gesundheit* der Gesamtpersönlichkeit ab. Leider sind seelische Immunschwächen in unseren Organisationen ansteckend. Die seelische Belastung unserer modernen Gesellschaft fordert ihren Tribut. Auf der anderen Seite sind gerade die Unternehmungen, in denen wir ja einen großen Teil unserer Zeit verbringen, auch ein Hafen, wo Menschen ein wenig von ihrer Unsicherheit ablegen, wo sie eine Aufgabe erfüllen, wo sie Sinn schaffen wollen.

Kommunikation braucht Zeit, manchmal sogar sehr viel Zeit. Trotzdem muß man im Zusammenleben auch auf die *Kommunikationsökonomie* achten. Es muß ein vernünftiges Gleichgewicht zwischen dem Aufwand der Kommunikation und ihrem eigentlichen Ziel geben. Die Energie der Kommunikation muß dem Wildentenprinzip dienen. Schließlich muß uns jede Anstrengung dem gemeinsamen Ziel näherbringen. Ein Unternehmen läßt sich nicht nur als soziale Institution verstehen, in der die einzelnen Mitarbeiter eine möglichst glückliche Familie werden. Eine Organisation hat mit knappen Mitteln in einem harten Markt Erfolge zu erzielen. Gerade für diese Erfolge ist natürlich effiziente Kommunikation Voraussetzung. Die Verständlichkeit und das Gleichgewicht einer Botschaft nach dem Beziehungs- und Sachaspekt, ihre zusätzlichen Gewichte von Selbstdarstellung und Appell zur Aktivität bilden das Fundament der Kommunikation überhaupt. In dieses Fundament muß man investieren. All jene früher erwähnten Strategien der Gruppenbindung und Bandstiftung sind die Voraussetzung für das dann im kritischen Einzelfall erforderliche Ausmaß der Verständigung. Wenn stets neue Beziehungswiderstände zu überwinden sind, wird Kommunikation äußerst mühsam und kostspielig. Werden die Beziehungsebenen insgesamt intakt gehalten, um dynamisch geordnete Beziehungen zu gewährleisten, dann läßt sich auch die Energie der Kommunikation leichter optimieren. Dann läßt sich eine Botschaft auch leichter auf ihren Sachinhalt reduzieren und die Mitte zwischen Prägnanz und Weitschweifigkeit finden oder die Zweckmäßigkeit zwischen mündlicher oder schriftlicher Kommunikation entscheiden.

Meiner Ansicht nach ist vor allem die Frage von Mündlichkeit oder Schriftlichkeit der Information ein Kriterium dafür, welches Niveau der Zusammenarbeit und des Vertrauens in einer Organisation vorherrscht. Auf Schriftlichkeit in der Kommunikation läßt sich dann nicht verzichten, wenn zum Beispiel einfache Sachinformationen einem etwas größeren Kreis weitergegeben werden sollen. Klarerweise bedarf der Geschäftsverkehr nach außen bestimmter formaler Regeln (auch solcher der Schriftlichkeit); aber auch hier trifft meist die Beobachtung zu, daß effiziente Kommunikation im Inneren sich im Kundengeschäft widerspiegelt und umgekehrt. Zuviel Schriftlichkeit deutet fast immer auf mangelndes Vertrauen, auf mangelnde Aktionsorientiertheit, auf zu große Neigung zur Kontrolle und Absicherung hin. Eine solche Organisation wird viel Zeit und Mühe aufwenden, um nur ja keine Verantwortung irgendwo hängenbleiben zu lassen. Dann kann aber auch kaum der Mut zum Risiko – und damit nur ein geringes Maß von unternehmerischem Fortschritt und Dynamik – erreicht werden. Denken wir an die Unterscheidung zwischen K- und R-Organisationen zurück, so können wir zum Beispiel annehmen, daß K-Organisationen viel mehr schriftlich fixieren als R-Organisationen.

Johann Wolfgang Goethe sagte einmal in einem langen Brief an Frau von Stein entschuldigend, er habe leider einen langen Brief schreiben müssen, denn für einen kurzen habe er keine Zeit gehabt. Wie wahr, daß die prägnante und zutreffende Darstellung eines Problems und einer Empfehlung oder Entscheidung oft nicht auf eine Seite passen will, wie es der „Ein-Minuten-“ und „Ein-Seiten-Manager“ so gerne hätte. Ich glaube, daß für die schriftliche Kommunikation eine Art Stufenbau sinnvoll ist, welcher Zusammenfassungen, genauere Beschreibungen und ein umfassenderes Beilagenwerk – wenn nötig – enthalten sollte. Persönlich weigere ich mich in der Regel, Vorstandsanträge von über drei Seiten Länge zu lesen. Meiner Erfahrung nach sind die in meinem Unternehmen tatsächlich kürzer gewordenen Anträge nicht etwa weniger informativ, sondern im Gegenteil aussagekräftiger. Sie sind mit den wesentlichen Informationen in besserer Übersicht ausgestattet, erhöhen die Verantwortung der direkt zuständigen Mitarbeiter für eine entsprechende entscheidungsorientierte Aufbereitung und tragen zur unternehmerischen Effizienz bei.

DIE MACHT DER WORTE

Die Sprache ist trotz aller Wichtigkeit der nonverbalen Kommunikation für die Menschen das wichtigste Mittel des Umgangs miteinander. Wir können durch die menschliche Sprache Dingen einen Namen geben, aber sie auch durch Nachbildung ausdrücken. Je nachdem sprechen wir von digitaler oder analoger Kommunikation. Die Einzigartigkeit der menschlichen Kommunikation liegt darin, daß beide Kommunikationsformen nebeneinander vorkommen. Man kann die Wichtigkeit dieser Tatsache gar nicht genug betonen. Fast alle geistigen Errungenschaften wären ohne die digitale Kommunikation undenkbar, vor allem die Bewahrung und Übermittlung von Wissen. Andererseits bedienen wir uns vielfach fast ausschließlich der analogen Kommunikation, die wir stammesgeschichtlich gelernt haben und die das Gebiet der Beziehungen betrifft. Überall, wo die Beziehung zum eigentlichen Thema der Kommunikation wird, sinkt die digitale Kommunikation, also die Übermittlung von reinen Sachinhalten, oft in die Bedeutungslosigkeit ab. In vielen Situationen des menschlichen Lebens, wo Liebe oder Haß, Mitgefühl oder Gleichgültigkeit im Vordergrund stehen, spielen Worte keine wirkliche Rolle mehr, sondern sind höchstens Instrumente für das Ausüben dieses Macht- und Wertspiels der Gefühle. Ich habe diesbezüglich einmal ein berührendes Erlebnis gehabt: Bei einer Betriebsfeier stellte ich bei der Verabschiedung einer verdienten Mitarbeiterin in (subjektiv) durchaus bewegenden Worten dar, was die Frau für uns alle getan habe. Eine ihrer Kolleginnen, die auch sprechen sollte, fand hingegen buchstäblich *keine Worte,* sondern stammelte nach Sekunden des Ringens um die Sprache dann „Ich weiß nicht, was ich sagen soll", fing zu weinen an und umarmte ihre langjährige Weggefährtin. Sie erhielt mit Recht den bewegteren Applaus.

Konkrete Meinungsverschiedenheiten liefern viele Beispiele für Konflikte, die sich aus einer Vermischung zwischen Inhalts- und Beziehungsaspekt ergeben. Auch wenn persönliche Konflikte unter dem Vorwand und Mantel rein sachlicher Differenzen ausgetragen werden, ist der Schleier oft so dünn, daß er bald zerreißt. Meinungsverschiedenheiten können sich zum Beispiel zur „Wahrheit“ einer Aussage ergeben, die man vielleicht im Lexikon überprüfen kann. Trotzdem zeigt eine solche Überprüfung außerdem noch an, daß der eine recht und der andere unrecht hatte. Schon dieses verhältnismäßig einfache Beispiel zeigt, daß sich die betreffenden Partner darauf verstehen müssen, ob der eine den anderen wegen seines größeren Wissens *bewundert* oder sich über dessen größeres Wissen *ärgert;* ob er seine Niederlage akzeptiert und sich unterordnet oder ob er gegen den Sieg des anderen revoltiert und nur an Revanche denkt. Wie sieht die Sache erst aus, wenn man eine Wahrheit nicht logisch einer anderen Wahrheit gegenüber beweisen kann? Niels Bohr sagte ja so treffend: Das Gegenteil einer kleinen Wahrheit ist falsch. Das Gegenteil einer großen Wahrheit ist eine andere Wahrheit! *Warum* jemand eigentlich recht oder unrecht hatte, wird gegenstandslos, es bleibt das Gefühl des Neides, der Eifersucht und im Extremfall ein Wille zur Vernichtung des anderen. Kommunikation stellt ohne Rücksicht auf den richtigen oder falschen Inhalt (der da nur eine Art Instrument ist) eine Form des Kampfes oder des Konsenses dar.

Paul Watzlawik ist der Meinung, daß ein freies Hin und Her zwischen Sich-Behaupten und Sich-Einordnen die richtige und stabilste Form einer Beziehung zwischen Menschen sei. Sie erlaubt Erfolg für beide, sichert den Kreislauf der Wertungen und vermeidet eine endgültige Unter- und Überordnung. Kommunikation kann viel Energie absorbieren, wenn dauernd die Beziehungen überprüft werden müssen, weil es keine stabilen Verhältnisse gibt. Umgekehrt dienen auch versteinerte Beziehungsebenen nicht der effizienten Energienutzung, weil sie die Energie der Bewegung nicht gestatten.

ETHISCHES GLEICHGEWICHT

Wir können nichts Besseres tun, als ständig die Prozesse zu warten, welche für eine Ausgewogenheit von Wert- und Machtbeziehungen in einem sozialen Organismus sorgen. Wir werden keinen Idealzustand vorfinden und auch nicht schaffen können. Wir können nur immer wieder eingreifen, wenn wir dieses Gleichgewicht zwischen den Niederlagen und Erfolgen *aller* allzusehr gestört sehen. Und dies ist wohl eine der wichtigsten und schwierigsten Führungsaufgaben: die Orchestrierung der Gemeinschaft. Wir sollten uns an dieser Stelle daher mit der Ethik der Kommunikation auseinandersetzen. Welche Normen für die Kommunikation gelten, das ist eine Frage der Kultur. Welche Fakten für unsere Kommunikation – vor allem auf der Beziehungsebene – vorliegen, das ist meiner Meinung nach eine Frage der Natur. Der Managementlehrer Rupert Lay bringt am Anfang seines Buches „Kommunikation für Manager" (1989) ein Zitat: „Die großartigen und teuren Managerschulen, alle die vielen weisen Lehrsätze und Bücher über Management und Unternehmensführung sind im Grunde genommen einfältige Versuche, am Mensch-Manager etwas ändern zu wollen, was nicht veränderbar ist: die Natur des Menschen."

Es ist unmöglich, *nicht* zu kommunizieren. Jedes Verhalten zwischen Menschen hat Mitteilungscharakter und ist daher Kommunikation. Auch Berührungsangst und die bewußte Vermeidung des Meinungsaustausches sind Kommunikation, wenn auch eine mit negativem Vorzeichen. In unserer Sprache verwenden wir für solche Situationen treffende Ausdrücke wie „beredtes Schweigen" oder „durch jemanden hindurchsehen". Die wichtigste ethische Regel der Kommunikation ist also, sich dem anderen zu *stellen* und ihn daher ernstzunehmen. Es ist dann noch genügend Möglichkeit gegeben, in der Sache selbst oder auch auf der Beziehungsebene zueinander in Konflikt zu treten. Die Verweigerung der Kommunikation ist jedenfalls der schwerste, weil grundsätzlichste Verstoß gegen die kommunikative Ethik. In einem Unternehmen können wir weder alle unsere Mitarbeiter und Partner lieben, noch können wir es uns aber leisten, mit ihnen nicht die optimale Form der Zusammenarbeit zu suchen. Wir sprechen ständig davon, daß sowohl der Wettbewerb und die Rivalität als auch die Zusammenarbeit und die Solidarität für die optimale soziale Entfaltung notwendig sind. Nur durch Zusammenarbeit sind für eine Gruppe bestimmte Ziele erreichbar. Wenigstens während dieser Zusammenarbeit wird der Wettbewerb gegeneinander reduziert oder eingestellt. Wir spüren das, wenn in einem Unternehmen plötzlich alle zusammenstehen, um eine große Krise gemeinsam zu bewältigen. Dann handeln wir nach dem Wildentenprinzip. Worauf es dabei offensichtlich ankommt, ist die recht mühsame Aktivierung der positiven Haltung in uns. Die Ethik der Kommunikation erfordert, daß wir auch Antipathien zu überwinden trachten. Wir merken ja, wie oft wir auf Distanz gehen, voneinander abrücken, uns zurücklehnen, abwenden, den Blickkontakt vermeiden oder nur angewidert zuhören. Antipathie steht der positiven Kommunikation im Weg. Da in unserem Kulturkreis Widerstände ganz allgemein rational maskiert werden, müssen wir diese rationale Maske abwerfen. Ich erinnere mich an schwerwiegende Konflikte innerhalb eines Aufsichtsrates, in dem der Meinungsführer dieses Gremiums die tiefen emotionalen Gräben dadurch kaschieren wollte, indem er sagte: „Ich möchte festhalten, daß wir nie irgendwelche persönlichen Konflikte, sondern immer nur sachliche Differenzen austragen ..."

Die Probleme der Kommunikation haben also viel mit der Bereitschaft und Fähigkeit der einzelnen Menschen zu tun, sich der Kommunikation überhaupt zu stellen. Es gibt, wie wir schon erörtert haben, Menschen, die zwanghaft (neurotisch) auf Beherrschung ausgerichtet sind, weil sie dadurch psychische und soziale Defekte abdecken wollen. Es ist tragisch, daß persönliche Charakterschwächen durch Führungskonstellation noch verstärkt werden können. Wer sich unsicher und eher schwach fühlt, wird häufig ein Minderwertigkeitsgefühl entwickeln und dann überkompensieren. Solche Menschen nähren in sich unbewußt den Glauben, nur selbst alles richtig zu machen. Es gibt aber auch Menschen, die zu pflichtbewußt und streng mit sich umgehen. Wer bei sich keine Fehler zulassen kann, will auch keine fremden Fehler tolerieren. Die drängende Dynamik führender Menschen ist eine Voraussetzung für den Erfolg. Gleichermaßen können aber diese Eigenschaften in der Kommunikation mit anderen schaden. Ungeduld wird dann destruktiv, wenn der Partner wirklich überfordert ist und eigentlich Hilfe braucht. Solche Menschen wirken auf andere zu dominant, ihre Alpha-Position kommt zu stark zur Geltung. Erinnern wir uns, daß in Tiergruppen die Alpha-Position vor allem für die Gemeinschaftsarbeit (die Koordination bei der Beutejagd und in der Paarungszeit) aktiviert wird, während sie sonst viel weniger Rolle spielt. Obwohl Alpha-Typen oft große Leistungen erbringen, geben sie normalen Sterblichen das Gefühl, daß sie für sich andere Maßstäbe in Anspruch nehmen *(Quod licet Iovi non licet bovi)*. Während sie selbst volle Aufmerksamkeit für sich beanspruchen, finden sie zum Beispiel wenig dabei, während des Vortrags anderer in ihren Akten zu blättern. (Aufmerksamkeit vor allem der Führenden ist die knappste Ressource einer Organisation!) Selbstgefälligkeit, die auch gleichzeitig eine besondere Verletzlichkeit mit sich bringt, ist die größte Gefahr für die Kommunikation. Die Unfähigkeit, etwas so wertfrei und machtfrei wie möglich wahrzunehmen (das heißt, nicht gleich mit dem eigenen Urteil oder Machtanspruch dazwischenzufahren), hängt auch mit dem Wunsch zusammen, etwas rasch abzuhaken, um wieder seiner eigenen gedanklichen Ordnung frönen zu können, in der bereits alles einen festen Platz hat. Die Fähigkeit, hinter sich selbst gleichsam zurückzutreten, erfordert viel Format. Viele Menschen bringen dieses nicht auf, weil sie zu sehr in ständiger Verteidigungshaltung verharren. Hinter der nächsten Ecke könnte bereits der Rivale auf eine Blöße lauern. Dadurch ist die Bereitschaft oft gering, sich zu öffnen und damit verletzlich zu werden. Wollen wir Kommunikationsfähigkeit, dann müssen wir auch Verletzungen akzeptieren, vor allem aber immer wieder heilen. Eine Kultur des Konflikts und der Konfliktlösung, eine Ethik des Gutmachens, wo etwas beschädigt wurde, ist eine der wichtigsten Voraussetzungen für eine positive Unternehmenskultur, ein Herzstück des Wildentenprinzips.

Rupert Lay hat in einem seiner letzten Bücher dialektisch aufzubereiten versucht, „wie man sinnvoll miteinander umgeht" (1992). Er meint, daß die soziale und moralische Kompetenz der Menschen einerseits und der Zweck des Umgangs miteinander andererseits die Art der Kommunikation bestimmen. Daraus folgert er, daß jeder Mensch mit jedem anderen *anders* umgeht und daß dieses Umgehen sowohl von der eigenen moralischen und kommunikativen Kompetenz wie auch jener des anderen abhängt. Lay kritisiert, daß Umgang miteinander für die meisten ein Kampf sei, bei dem es Sieger und Besiegte gebe, also ein Nullsummenspiel. Wir haben schon früher davon gesprochen, daß diese Werthaltung des Kämpfens zwar vom Wettbewerb in der Natur abgeleitet werden kann und der Kampf auch aus unseren Unternehmungen nicht wegzudenken ist, daß er aber durch Zusammenarbeit einem gemeinsamen Ziel untergeordnet werden muß. Das Thema lautet dann nicht mehr Siegen oder Verlieren, sondern gemeinsam Gewinnen.

Um kein Nullsummenspiel, sondern ein „Gewinnspiel" zu inszenieren, müssen einige Voraussetzungen geschaffen werden:

- Wir brauchen ein Feld von positiver Spannung und gegenseitiger Abhängigkeit, das die Bereitschaft von wechselnden Gleich- und Unterordnungen der Meinungen in einem positiven Beziehungsklima mit sich bringt.
- Wir müssen ein Gleichgewicht von Meinung und Meinungsträger finden. Das bedeutet, daß wir uns stets für das bessere Argument einsetzen sollen, ganz im Sinne des argumentativen Aspekts unserer Sprache, wie ihn Karl Popper hervorgehoben hat. Durchsetzen sollte sich die *bessere* Meinung, nicht die *stärkere* Meinung. Wir sollten versuchen, unabhängiger von hierarchischen Positionen und Dominanz zu diskutieren.
- Schließlich müssen wir auch in der Kommunikation die Konfrontation akzeptieren. Es sollte keine grundsätzliche Angst vor dem Streit herrschen, weil eine Konflikt*verdrängung* letztendlich zum Kommunikationsverzicht führt. Zuviel Harmoniedruck ist ebenso schädlich, weil bei einem Pseudofrieden Konflikte unter dem Teppich weiterschwelen.
- Das Gleichgewicht von Beziehungen sollte in der Spannung zwischen Nähe und Distanz, Selbstbestimmung und Fremdbestimmung, persönlicher Meinung und Meinung des anderen gesucht werden. *Ethisches Gleichgewicht* wahrt sowohl das

eigene wie auch das fremde Recht und mißt mit den gleichen Maßstäben. Ich muß meinen eigenen Prinzipien treu bleiben, aber auch dem anderen das gleiche Recht dazu einräumen, um überhaupt dialogfähig zu werden.

Wir können also auch hier nur wiederum fordern, daß die Menschen ihre Menschwerdung und den Kulturprozeß vor allem durch ethische Kommunikation weitertreiben und damit beginnen, zunächst ihre eigene Natur zu akzeptieren. Wer seine emotionale Aggressivität zur Kenntnis nimmt, hat den ersten Schritt zu ihrem Abbau getan. Diese emotionale Reifung ist für mich ein besonders wichtiges Anliegen der Persönlichkeits- und Organisationsentwicklung. Leider wird weder in unseren unter Druck stehenden Familien noch in unseren gestreßten Schulen genug in diesen Prozeß der emotionalen Reifung investiert. Die Persönlichkeit wird dann oft genug aus aneinandergereihten emotionalen Bildungslücken zusammengestoppelt. Ganz zu schweigen vom Einfluß der „wahren“ medialen Wirklichkeiten.

Fassen wir noch einmal einige wesentliche Erkenntnisse aus diesem Kapitel zusammen:

- Kommunikation ist eine Grundtatsache unseres Lebens. Ihre biologischen Wurzeln sitzen tief und reichen bis in unsere modernen Organisationen hinein. Kommunikation ist so betrachtet nur ganzheitlich zu verstehen: Wir müssen sowohl die natürlichen Voraussetzungen als auch die von unserer Kultur übergestülpten Normierungen des Umgangs in gegenseitiger Vernetzung verstehen.
- Kommunikation ist eine Wert- und Machtbeziehung zwischen Menschen. Die Klärung der Beziehungsfrage ist Grundlage für das Übermitteln von Sachinformationen. Daneben schwingen auch weitere persönliche Anliegen wie das der Selbstdarstellung oder des Appells an den Gesprächspartner in unseren Äußerungen mit.
- Wenn Kommunikation mehr sein soll als gelenkter Zufall, dann verlangt sie ein Ausmaß an Koordination, das Investitionen in die Beziehungswartung und die Ökonomie und Effizienz der Kommunikation voraussetzt. Vor allem die Arbeit an der Verbesserung von Beziehungsebenen wird in unseren Unternehmungen nicht in befriedigendem Ausmaß erledigt.
- Die Ethik der Kommunikation erfordert ein Gleichgewicht in der Akzeptanz von Meinungen und Persönlichkeiten, das hohe Ansprüche an die Kommunikationspartner stellt.
- Da Kommunikation Organisation ist und Organisation Kommunikation, liegt im Verständnis und der Entwicklung des Kommunikationsprozesses der Schlüssel zum Erfolg.

„Die Grundlage der Kultur
wie des Charakters
ist die moralische Haltung."
E. R. Emerson

IX.

DIE ZENTRIFUGALE KULTUR

Denis Meadows zufolge, der vor 20 Jahren für den Club of Rome die „Grenzen des Wachstums" verfaßte, ist der heute von uns geforderte Prozeß des Umdenkens vergleichbar mit jenem Übergang, den die Menschheit vor etwa 8000 Jahren vollzog. Damals konnten sich die herumziehenden Völker nicht mehr von der Jagd und vom Früchtesammeln ernähren, weil sie dafür zu groß geworden waren. Sie mußten seßhaft werden und sich der Mühsal des Ackerbaus zuwenden. Hans-Peter Martin und Harald Schuhmann, Autoren der „Spiegel"-Serie „Trends 2000", vergleichen diese Revolution mit der Vertreibung aus dem Paradies, wie sie im Schöpfungsmythos als Schicksal von Adam und Eva beschrieben wird. Für viele sei es jetzt wieder so weit: Die zweite Vertreibung aus dem Paradies habe begonnen. Der Konsum- und Produktionsstandard von heute sei nicht mehr aufrechtzuerhalten. Die Politiker hätten jedoch nicht den Mut dazu, ihre Wähler mit diesen unangenehmen Wahrheiten zu konfrontieren, weil sie um die Stimmen fürchteten. Solange der jeweilige politische Gegner die Fortsetzung des gewohnten Kurses noch annähernd glaubwürdig versprechen könne, weil die tickende Zeitbombe noch nicht explodiert, hätten zukunftssichernde Reformen kaum eine Chance. Daran ändert sich auch kaum etwas, wenn progressive Politiker, wie der amerikanische Vizepräsident Al Gore, sich auf die „Suche nach einem neuen Gleichgewicht" (1992) begeben. Es wird noch dauern, bis die Erkenntnis der Endlichkeit dieser Welt eine neue Haltung des Teilens propagiert und durchsetzt oder diese durch die gesellschaftliche Realität erzwungen wird. Dieses Buch handelt von Kampf und Konsens, von Wettbewerb und Zusammenarbeit in Organisationen. Überhöht auf die Ebene der allgemeinen Kultur bedeutet die Frage des Wildentenprinzips aber eigentlich „nur", wie wir mit dem Problem des Teilens zurechtkommen. Wir stoßen auch hier auf das Urproblem der Menschen. Zwischen Ich, Du und Wir, zwischen den Interessen des einzelnen und der Gemeinschaft, zwischen den Interessen einzelner Gruppen untereinander muß Konflikt herrschen und soll Konsens gefunden werden, den wir zum friedlichen Leben miteinander benötigen. Wir haben es mit einem Wertkonflikt zu tun, der im Konflikt und zum Konsens hin gelöst werden muß, um die Welt neu auszurichten: eine Einbeziehung der Um- und Mitwelt in unser wirtschaftliches Kalkül, eine Bevölkerungspolitik zur globalen notwendigen Begrenzung der Bevölkerungsexplosion, eine internationale Friedensordnung unter Berücksichtigung sozialer und wirtschaftlicher Fragen. Hinter all diesen Hauptproblemen unserer Zeit steht nicht so sehr die Allokations-, sondern die Verteilungsfrage, vor uns liegt als letzte Chance eine Kultur und neue Ethik des friedlichen Teilens.

Im Sinne der Biologie ist Kultur nichts anderes als ein hierarchisch gegliedertes System zur Bewältigung des Umfeldes. Die kulturellen Details sind nicht genetisch bedingt, sie können vom biologischen System abgekoppelt werden. Für die Biologie sind sie gewissermaßen nur ein Hilfssystem. Zu den beständigsten Formen der Kultur gehört erwartungsgemäß der Glaube an bestimmte übernatürliche Dinge, wie er sich in den Religionen und Mythen niederschlägt. Er hat die Aufgabe, gemeinsame Werte zu bilden und zu erhalten, die meist in Rituale gekleidet und damit vielfach ihres eigentlichen Inhalts entkleidet werden. Schon schneller passen sich Werte wie die politische Ideologie oder das nationale Verhalten an, obwohl wir hier noch in Generationen denken müssen. Die raschesten kulturellen Anpassungen führen zu Moden, zum Beispiel bei der Kleidung oder auch in der Umgangssprache. Was immer der Inhalt kultureller Rituale oder Konventionen, ihre Existenz ist unabhängig vom Inhalt notwendig. Die Verletzung solcher Konventionen (zum Beispiel durch Revolutionäre oder Reformer) beinhaltet ein großes Risiko. Der Reformer stößt fast immer zunächst auf Zurückhaltung, oft auch auf Spott und Feindseligkeit, wenn er die vorhandenen, breit akzeptierten Standards der Gruppe in Zweifel zieht. Der Prophet gilt nichts im eigenen Land, sagen wir. Was als eine Art geheiligte Regel mythologisiert wird, ist schwer in Frage zu stellen. Abweichende Meinungen haben wegen dieses Trägheitselements der Kultur immer einen schweren Stand.

Weil der Mensch das gleiche territoriale Wesen geblieben ist, als das er in die Kulturgeschichte eintrat, ist unser Verhalten auch in komplexen Situationen ziemlich primitiv geblieben. Ich glaube, daß viele Hürden auf dem Weg in ein neues Europa mit dieser „Abschaffung" gewohnter Verteidigungslinien und Funktionen des Territoriums zu tun haben. Die Abgabe von Autonomie und Souveränität zugunsten neuer unbekannter Leitungsstrukturen ist ein Problem, weil dies „Visionen" erfordert, das Neue zu riskieren. Wir haben schon im Kapitel über das Stammesdenken die „Grenzen unserer Vernunft" erörtert. Für überterritoriale Beziehungen, wie sie uns die moderne Welt eigentlich vorschriebe, haben wir (noch) nicht die richtigen kulturellen Werkzeuge.

Wie jede These nach einer Antithese ruft und wie jede Kraft immer wieder eine Gegenkraft erzeugt, so entwickelt auch die Gesellschaft ihre eigenen Korrektive. Die Massengesellschaft von heute, die ihre Existenz den Megatrends von *Gleichheit* und *Freiheit* und der Explosion von Technologie und Wissen verdankt, fördert selbst auch ihre Antithese: Individualität und Verantwortungsethik. Gerade die Gleichheitsideologie ist mitverantwortlich für die zunehmende Differenzierung der Kultur, der Milieus und der Persönlichkeit. Die vielfältigere Freiheit der Wahl zwingt den Menschen, sich mit seiner Selbstfindung zu befassen. Andernfalls kann er sich nur der allgemeinen Manipulation preisgeben: „Wo viele gehen, gehen andere mit", schreibt Elias Canetti zur Massenpsychologie. Schon immer spielten sich die verschiedensten Formen des gesellschaftlichen Zusammenlebens nebeneinander ab. Die Kultur der modernen Gesellschaft ist so vielschichtig, daß ihre vereinfachende Charakterisierung schwerfällt. Immer wieder werden neue Begriffe geprägt, die rasch Teil des Sprachgebrauchs werden und die Kultur selbst zur Mode machen. Allein die Tatsache, daß wir stets von Bildfetzen und Schlagwörtern beschossen werden, macht uns zu einer Ad-hoc-Gesellschaft, weil die Überreizung mit Informationen zu einer urteilsschnellen Oberflächlichkeit führt. Ein neueres Buch zur Kultursoziologie heißt „Die Erlebnisgesellschaft“ (G. Schulze, 1992) und trifft mit diesem Titel den Nagel des modernen Aktionismus und des hektischen Erlebnis*wunsches* auf den Kopf.

INFORMATIONSFLUT UND ZEITKNAPPHEIT

Nichts hat die moderne Gesellschaft so sehr verändert wie die allgegenwärtige, allmächtige und überwältigende Flut der Information. Wenn sich die Massengesellschaft mit der Masseninformation vermählt, so kann man wahrhaftig von einer kulturellen Elefantenhochzeit sprechen. Fast alle Arbeitsvorgänge und ein großer Teil der Märkte werden heute von simultan verarbeiteten Informationen gesteuert. In der Finanzindustrie spielen globale Informationsnetze und Computersysteme eine entscheidende Rolle bei der Abwicklung aller Transaktionen, die den weltweiten Kreislauf von Devisen, Börsen, Zinsen, Schulden und Forderungen steuern. Noch vor wenigen Jahren wurden Devisengeschäfte hauptsächlich telefonisch abgewickelt; heute hat längst „der Schirm“ (zum Beispiel der Bildschirm der Reuter-Terminals) die persönlichen Gespräche verdrängt. Computerprogramme wählen blitzschnell die weltweit günstigsten Angebote. Abschlüsse beruhen auf einem System von Vorgaben und Datenverarbeitung. Diese Entfernung von der persönlichen Wirklichkeit und die immer stärkere Abhängigkeit von einer Wirklichkeit aus zweiter Hand erleben wir alle am deutlichsten durch die *Allgegenwart des Live-Fernsehens.* Nichts ist mehr wirklich, was nicht CNN-live sein kann, könnte man überspitzt formulieren. Die eigentliche Wahrheit wird durch die Information selbst geschaffen, wie wir früher über die Medien gesagt haben. Allmacht, Allgegenwart und Allwissenheit sind nach religiösem Glauben Gotteseigenschaften, nach denen der Mensch greift, wahrscheinlich nicht ungestraft.

Damit man sich ein Bild vom geradezu gigantischen Tempo machen kann, in dem sich die Informationstechnologie ständig weiterentwickelt, möchte ich einige Beispiele bringen. Noch im Jahr 1989 waren sechs größere Baugruppen notwendig, um eine Leistung von 140 MB pro Sekunde mit einem Energieeinsatz von 600 Watt zu erbringen. Im Jahr 1991 war nach der neuen B-ISDN-Technologie nur mehr ein einziges kleines Chip vonnöten, um eine Leistung von 176 MB mit einem Energieeinsatz von lediglich drei Watt herzustellen. Am 3. Februar 1993 hat IBM in New York den ersten Supercomputer vorgestellt, der auf dem Prinzip des *parallel processing* basiert. Dabei werden schnelle „RISC“-Mikroprozessoren parallel geschaltet, womit ein gegenüber herkömmlichen Supercomputern extrem günstiges Preis-Leistungs-Verhältnis entsteht. Der neue SP1 bietet die gleiche Leistung für sechs Prozent der Kosten eines herkömmlichen IBM-Großcomputers! Der Grundsatz von der effizienten Nutzung der Energie in der Natur hat sich hier eindrucksvoll wiederholt. Die Integrationsdichte der Speicher ist seit 1990 etwa um eine Zehnerpotenz gestiegen, die Speicherkapazität wurde alle drei Jahre vervierfacht! Die Leistung eines Lichtkabels für optische Nachrichtenübertragung beträgt derzeit etwa 2,5 Gigabit pro Sekunde und erhöht sich alle fünf Jahre wieder um eine Zehnerpotenz, sodaß sie im Jahr 2000 bereits 40 Gigabit ausmachen wird. Auf einem einzigen solchen Lichtkabel können gleichzeitig eine halbe Million Telefongespräche übertragen werden. Die Anzahl von Telekommunikationsterminals, die Daten übertragen können, nimmt um rund 25 Prozent pro Jahr zu, genauso das revolutionäre Telefax, ohne dessen Existenz man sich heute ein Büro gar nicht mehr vorstellen kann. Vor zehn Jahren hat kaum jemand ein Telefax-Gerät besessen. Die Zahl mobiler Telefone, auch ein neues Statussymbol, steigt momentan um 50 Prozent pro Jahr. Es vergeht kaum ein Monat, in dem nicht neue Revolutionen in der Telekommunikation oder in der Informationstechnologie angekündigt werden.

Ich möchte noch ein anderes Beispiel dafür bringen, wie das *Entdeckungsverfahren* des Wettbewerbs (F. v. Hayek) und die Gesetzmäßigkeit der beschleunigten Veränderung vor allem des Wissens zusammenspielen. Seit vier Jahrzehnten wächst der Welthandel schneller als das Bruttosozialprodukt. Ein immer größerer Teil aller hergestellten Güter wird nach einem komplexen Netz des *just-in-time* zugeliefert. Ein Viertel der gesamten Warenexporte werden bereits mit Luftfracht transportiert. Die internationale Arbeitsteilung nützt jede Möglichkeit der Kostenvorteile aus, ob es sich nun um Produktion in Niedriglohnländern, geringere Auflagen des Umweltschutzes oder Begünstigungen unter verschiedenen Steuer- und Investitionsabkommen handelt. Die Ursprungszeugnisse für ein Endprodukt sind längst irrelevant geworden. Am Beispiel des VW Golf sieht man, wie aus vier Kontinenten zugelieferte Teile zu einem Auto „Made in Germany“ zusammengesetzt werden: Aus Frankreich kommen Reifen und Kühler, aus Italien Glas und Schrauben, aus Ungarn Glühlampen und Kugellager, aus Brasilien Kolbenringe und Kupplungen, aus Mexiko Stabilisatoren und Scharniere, aus den USA Lenkungsteile und Kompressoren, aus Südafrika Blechteile und Kunststoffbehälter, aus Österreich Sicherheitsgurte und Batterie. Man schätzt, daß in den westlichen Industrieländern bereits etwa die Hälfte aller Arbeitnehmer in der Informationsindustrie im weiteren Sinn tätig ist. Als Konsequenz dieses Trends zur Informationsgesellschaft entstehen Produkte gleichsam „nebenbei“ als Folge des Informationsprozesses. In der Automobilindustrie wird der eigentliche Produktionsprozeß vielleicht bald überhaupt nur mehr von Robotern durchgeführt werden. Niemand legt unmittelbar *Hand* an, höchstens noch im Rahmen einer endgültigen Qualitätskontrolle.

Wegen dieser beschleunigten Veränderung rückt die zeitliche Perspektive immer weiter in die *Zukunft.* Das zentrale Prinzip unserer modernen Gesellschaft ist laut Daniel Bell die Entwicklung und Verbreitung des allgemeinen Wissens, seine Dominanz die eigentliche treibende gesellschaftliche Kraft. Daraus läßt sich ableiten, daß nicht die Zugehörigkeit zu einer wirtschaftlichen Klasse, sondern das Prinzip der Chancengleichheit und des Zugangs zu Wissen und Kultur entscheidend für die gesellschaftliche Entwicklung werden sollte. Die beschleunigte Veränderung macht Zeit immer knapper. Zeit ist die Ressource ohne Vermehrbarkeit. Ihre *Nutzung* wird subjektiv immer wichtiger: Zeit zu haben, ist ein dringender Wunsch vor allem jener geworden, deren Zeit von außen *genommen* wird. Da ist zunächst die persönliche Lebenszeit. Wie viele Menschen wollen nicht „mehrere“ Leben gleichzeitig leben? Ist nicht der Wunsch nach einem „erfüllten Leben“ heute eher gleichzusetzen mit immer mehr Aktivität und Genuß in immer kürzeren Abständen? Allerdings ist zweifelhaft, wieviel „zusätzliche“ Zeit sich der Mensch dadurch schaffen kann, daß er mehr in seine Lebenszeit hineinpackt. Viele Manager klagen darüber, daß sie „zu nichts mehr Zeit finden“, obwohl sie die ganze Zeit über beschäftigt sind. Diesen Widerspruch können wir nicht leicht auflösen. Aber er betrifft das zentrale Thema unserer Kultur: Die *Zentrifugalkraft durch die be-*

schleunigte Veränderung wird immer größer. Die Spannung in uns wächst. Was wir mit unserer Zeit tun, ist eine Frage der Prioritäten. Welche Werte wir erhalten, verdrängen oder verändern, das bestimmt unsere Kultur.

WAS IST WERT?

Die Kultur, und damit der eigentliche Standpunkt und Zustand einer Gesellschaft, läßt sich als Wertordnung beschreiben. Sie ist ein Destillat der Kommunikation, die ich im vorigen Kapitel als Macht- und Wertbeziehung definiert habe. Welche Werte eine Gesellschaft besitzt, was für wichtig gehalten, was überliefert wird, das bestimmt ihre weitere Entwicklung und die Rahmenbedingungen für unsere politischen und wirtschaftlichen Institutionen, in denen wir leben und arbeiten. Die moderne Werteforschung wurde insbesondere vom Amerikaner Ronald Inglehart popularisiert, als sein Bestseller „The silent revolution“ (1977) erschien. Ungefähr zur gleichen Zeit, als Inglehart die Kategorie der *postmateriellen Werte* einführte, hat Daniel Bell seine Überlegungen zur postindustriellen Gesellschaft (1973) angestellt. Für das zunehmende Auseinanderklaffen der gesellschaftlichen Werte, an dem wir heute leiden, führt er folgende Gründe an: Seiner Auffassung nach gibt es drei Teilgebiete der Gesellschaft, die in der Vergangenheit viel stärker als heute durch ein gemeinsames Wertesystem verbunden waren, die aber in der Gegenwart immer weiter auseinanderdriften.

- Für den ersten Bereich, die Gesellschaftsstruktur, ist das Prinzip der *Wirtschaftlichkeit* maßgeblich;
- für den zweiten, den der Politik, das der *Beteiligung;*
- für den dritten Teilbereich, die Kultur, die *Besserstellung* der eigenen Person.

Das Anliegen der gesellschaftlichen Struktur an sich umfaßt Wirtschaft, Technologie und Beschäftigung, das der Politik die Verteilung der Macht und die widerstreitenden Forderungen von Individuen und Gruppen, das der Kultur die Sinnfindung. Bell meint, daß die Einteilung der Gesellschaft nach diesem dreifachen Prinzip notwendig sei, weil eben unterschiedliche Antriebsfaktoren für ihre jeweilige Entwicklung bestimmend seien.

Auf der Grundlage von Umfragen, die er ab dem Jahre 1973 durchführte, entwickelte Inglehart Prioritäten der Menschen für bestimmte Werte auf der Basis umfassender Indikatoren. Ähnlich wie wir es schon früher bei der universalen Grammatik des menschlichen Verhaltens sahen, zeigen auch die Forschungen von Inglehart im Rahmen internationaler Befragungen eine „atemberaubende Übereinstimmung" zwischen den einzelnen Kulturen, wie er sagt. Die sogenannten postmaterialistischen Items weisen in praktisch allen untersuchten Nationen (im wesentlichen die der Europäischen Union) eine hohe positive Akzeptanz auf. Gleichzeitig zeigten die fünf materialistischen Items in allen Ländern eine negative Polarität. Die sechs Items, die zur Erschließung von Gruppenzugehörigkeit, Selbstverwirklichung und intellektueller Befriedigung konzipiert wurden, bilden nach Inglehart ein klar umrissenes *postmaterialistisches Cluster.*

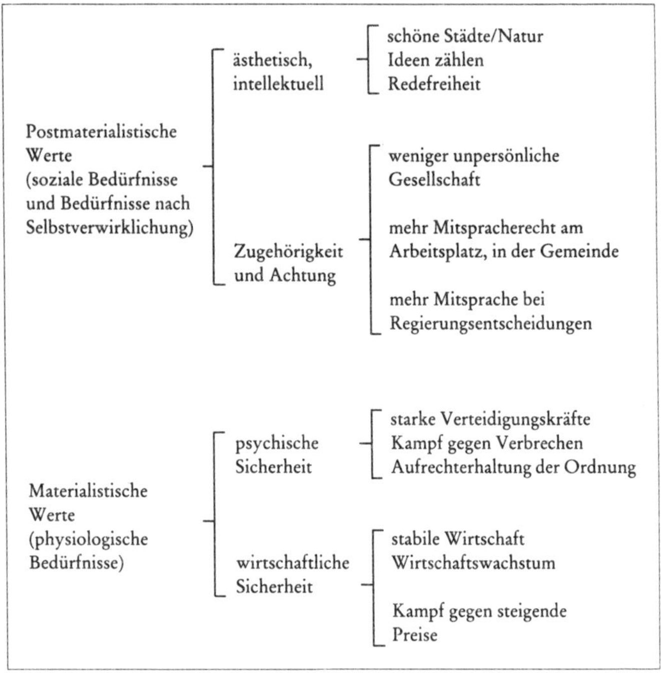

Dimensionen postmaterialistischer und materialistischer Werte (nach Inglehart, 1977).

Die Werteforschung zeigt, wie sehr die gesellschaftliche Dimension heute von *individuellen* Ansprüchen geprägt ist. Die Anspruchsgesellschaft ist eine Gesellschaft des Individualismus, eine egoistische Gesellschaft. Jeder ist sich selbst der nächste. Dennoch gibt es parallel dazu eine bemerkenswerte Bereitschaft zur Solidarität und zum Teilen. Trotz sinkender Bindungen an die Familie und an althergebrachte Traditionen und „Sinnspender" wie zum Beispiel die Kirche oder politische Parteien entsteht eine neue Ad-hoc-Solidarität, häufig von den Medien stark unterstützt. International tätige Organisationen wie Greenpeace oder der World

Wide Fund for Nature (WWF) für die Natur und Amnesty International auf dem Gebiet der Menschenrechte beweisen auf ihre Art, daß diese neue Solidarität Menschen und Mittel zu mobilisieren vermag. Parallel zum weiteren Vordringen der postmaterialistischen Werte hat die Bedeutung der Individualität und die charismatische Anziehungskraft echter Autorität stark zugenommen. Die gleiche organisierte Gesellschaft, die zur Entfremdung des Menschen führt, die sich in dieser zunehmenden Komplexität kaum mehr zurechtfindet, verleiht den persönlichen Vorbildern und Wertespendern mehr Attraktivität denn je. Der Wunsch nach Zugehörigkeit, Überschaubarkeit und Sinn als Schutz vor der Größe und überwältigenden Macht von Institutionen und Technik verknüpft sich mit diesem Bedarf an persönlichem Sinn. Der Österreicher Leopold Kohr war einer der ersten, der die Rückkehr zum menschlichen Maß gefordert hat. Er hat schon in den fünfziger Jahren Argumente gegen den modernen Größenwahn vorgebracht, die dann später von F. Schumacher („Small is beautiful", 1977) popularisiert wurden. Es ist heute eine weitverbreitete Meinung, daß größere Organisationen weniger effizient, große Städte unbewohnbar und unregierbar seien. Das Problem liegt daran, wie die Menschen in solchen Großstrukturen noch miteinander kommunizieren können. Ich gehe davon aus, daß *à la longue* große Institutionen nur dann erfolgreich sein können, wenn sie die Vorteile der Größe (vor allem kritische Masse) mit den Vorteilen der Kleinheit (Überschaubarkeit und direkte Kommunikation) zu verbinden wissen.

Gemäß der schon früher erwähnten Serie „Trends 2000" (Spiegel 2/1993) findet auch eine Flucht vor der unbequemen und beängstigenden Wirklichkeit der Jahrtausendwende statt. Der neue Nationalismus und

Regionalismus, der sich als Alternative zur „Globalität der Menschheit“ anbietet und bei dem die Menschen Zuflucht suchen, ist nicht ganz vergleichbar mit dem national geprägten Aufbruch zum modernen Staat des 19. Jahrhunderts. Er spiegelt ein *Phänomen* der Flucht vor der Sinnentleerung wider, genauso wie es die massenhafte Hinwendung zur Esoterik und zu den Psychosekten tut.

DER HANG ZUR BÜROKRATIE

Moderne Wirtschaftsorganisationen verknüpfen wir eng mit einem Phänomen, das der Franzose de Gournay im Jahr 1745 Bürokratie, die Herrschaft der Offiziale, nannte. Am gültigsten hat bis heute Max Weber die bürokratische Organisation beschrieben, wenn er in „Wirtschaft und Gesellschaft“ (1921) die wesentlichen Elemente der Bürokratie anführt: klare Hierarchien, geschriebene Regeln, angestellte Bürokraten, die Verfügung über Ressourcen ohne Eigentum und die Trennung von beruflicher und privater Sphäre. Max Weber hat das Prinzip der *funktionalen Effizienz* und der *Zweckrationalität* für den wichtigsten Grund der Ausdehnung bürokratischer Organisationen gehalten.

Tatsächlich ist unser modernes Leben in vielfältigster Form normiert und organisiert. Die Seitenzahl jeglicher gesetzlicher Bestimmungen und behördlicher Verordnungen wächst überproportional und reicht oft bis in die groteskesten Details des Lebens hinein. Ein wichtiger Grund für die Skepsis gegen die Europäische Union liegt in der Brüsseler Bürokratie, der man eine Übernormierung von Trivialitäten zur Sicherung der eigenen Lebensberechtigung vorhält, wie beispielsweise die berühmte Regelung des vorgeschriebenen Krümmungsgrades der Gurken. Im Teil 1 des Bundesgesetzblattes der Bundesrepublik Deutschland 1960 fanden sich rund 1100 Seiten, im Jahr 1992 2500 Seiten. Im vergleichbaren österreichischen Bundesgesetzblatt waren es 1960 rund 2300 Seiten, 1993 über 8000 Seiten! Dazu kommen natürlich immer schwerer übersehbare Richtlinien der internationalen Organisationen, Verordnungen und Erlässe auf der Ebene des Bundes, der Länder, der Gemeinden, der Ministerien usw. Der österreichische Parlamentspräsident Heinz Fischer hat die von ihm selbst mitbeschlossene Wohnrechtsreform 1993 des österreichischen Parlaments für so schwer verständlich gehalten, daß er für die Sommerferien eine „Übersetzung" ankündigte, die er selbst vornehmen wollte. Der 41 Druckseiten dicke Initiativantrag bestand aus so erhellenden Formulierungen wie zum Beispiel: „Im § 22, Abs. 1 wird nach der Z 6 folgende Z 6a eingefügt: 6a Geltendmachung offenkundiger Unangemessenheit des Fixpreises (§ 15 a)." Nach den Sommerferien gab er das Scheitern seiner Bemühung zu.

Northcote Parkinson, Erfinder des Parkinsonschen Gesetzes, hat festgestellt, daß die Tätigkeit der Bürokratien so lange zunimmt, bis sie die Zeit zu ihrer Verrichtung ausfüllt. Bürokratien tendieren zum Wachstum, weil die dort Beschäftigten *einander* beschäftigen müssen. Trotzdem sollte man unsere organisierte Gesellschaft nicht vorweg nur negativ beurteilen. Anders als durch Bürokratien können großflächige soziale Systeme wahrscheinlich nicht organisiert werden. Bürokratische Prozeduren würden zwar Initiativen hemmen, meinte schon Max Weber, aber doch im allgemeinen Entscheidungen nach anerkannten und nachvollziehbaren Kriterien sichern. Ähnlich ließen sich wohl auch die großen Bürokratien in Unternehmungen dann rechtfertigen, wenn es tatsächlich auf Nachvollziehbarkeit und Kontrolle ankäme. Wir haben schon früher gesehen, daß dieses Thema von Freiheit und Ordnung, Initiative und Kontrolle eine ganz wesentliche Polarität in modernen Unternehmungen darstellt. Wenn Bürokratien in Organisationen dazu geschaffen sind, formale Beziehungen aufzubauen, so wollen sie fixierte und detaillierte Aufgabenstellungen in einer arbeitsteiligen Weise vereinen. Sie haben aber auch eines der Hauptprobleme unserer Gesellschaft mitzuverantworten: die gesellschaftliche Entfremdung und Anonymisierung in diesen Organisationen. In der Masse sei der einzelne verloren, sagt Elias Canetti in „Masse und Macht". In modernen Organisationen muß das notwendige Maß an gegenseitiger Kommunikation und Beziehungspflege aufrechterhalten werden, will man einen Zerfall in polarisierte Gruppen vermeiden, die miteinander extrem *tribalistisch* verkehren.

Der arbeitende Mensch stellt heute stärker als früher die Frage nach dem Sinn seiner Arbeit. Er möchte eine interessante Tätigkeit, er möchte mitgestalten, er möchte sich im Unternehmen anerkannt und auch sicher und geborgen fühlen. Entgegen dem landläufigen Klischee mancher Anhänger der „Theorie X" (siehe Seite 34) möchte meiner Meinung nach der Mensch arbeiten – und gut arbeiten. Sicher hat sich die Leistungsethik gewandelt. Aber Leistung ist immer noch ein wichtiger Anspruch, den die Menschen – auch sich selbst gegenüber – erfüllen wollen. Für Österreich und Deutschland existieren Untersuchungen, die diese positive Arbeitshaltung bestätigen. Es erstaunt, daß auch die Freizeitorientierung der Menschen in Grenzen bleibt (meint der österreichische Sozialforscher Rudolf Bretschneider). Meist rangieren bei den Antworten auf die Frage „Was ist Ihnen besonders wichtig?" Familie, Gesundheit und Arbeit weit vorne, erst viel später

Freizeit und Urlaub. Die Arbeitslosigkeit ist daher auch mehr als ein rein wirtschaftliches Problem. Arbeit ist ein Teil des Lebensinhaltes. Ebenso belegt durch Untersuchungen ist die Tatsache, daß der Lohn zwar „stimmen“ muß, aber offenbar Geld allein auch am Arbeitsplatz nicht glücklich macht. Stark zugenommen hat der Anspruch auf Spaß an der Arbeit, wogegen vor 30 Jahren Arbeit noch der „Ernst des Lebens“ gewesen ist. Das Betriebsklima muß stimmen, man möchte zu seinen Kollegen ein gutes Verhältnis haben. Man möchte eigentlich auch eine ordentliche Hierarchie, die Zugehörigkeit und Übersicht vermittelt. Wir beobachten auch, daß die Firmenloyalität ständig abnimmt, was unter anderem mit der heute viel stärkeren Mobilität schon in frühester Jugend zusammenhängen könnte. Ich bin übrigens der Auffassung, daß unsere gebräuchlichen Pensionsverträge in Deutschland und Österreich nicht unbedingt vorteilhaft für die Unternehmen und auch für die betroffenen Personen sind, weil sie berufliche Mobilität vor allem in Führungsschichten unnötigerweise erschweren. Auch „goldene Fesseln“ können den freien Fluß kreativer Energie in der Wirtschaft gewaltig behindern. Besser sind Pensionskassenmodelle geeignet, die Altersversorgung sicherzustellen und gewissermaßen „reisefähig“ zu machen.

UNTERNEHMENSKULTUR ALS ERFOLGSFAKTOR

Identifikation ist am besten gesichert, wenn sie in einer Aktivität begründet ist, so der Entwicklungspsychologe Erik Erikson. Die Frage der Unternehmenskultur ist damit nicht eine der Reflexion, sondern eine des gemeinsamen Handelns. Wenn nicht Sinn durch das Tun möglich ist, dann kann man auch in einer Organisation keinen Sinn erblicken. Der Aufbau von Sinn als Motivator der Tätigkeit hängt somit von der Möglichkeit ab, sinnvoll tätig zu sein. John Chotta und James Hasket, beide Professoren der Harvard Business School, haben in einer Studie über *Corporate Culture and Performance* wesentliche Zusammenhänge zwischen der Unternehmenskultur und dem wirtschaftlichen Ergebnis von Unternehmungen erforscht. Von 200 untersuchten Firmen wurden zwölf gefunden, welche die drei wichtigsten Grundlagen jeder wirtschaftlichen Organisation, nämlich Kunden, Mitarbeiter und Eigentümer, in gleichem Maße als Pfeiler ihres Erfolgs berücksichtigten. Umgekehrt wurden 20 Unternehmungen gefunden, die so ziemlich genau das Gegenteil taten und die von den Managern hauptsächlich als „Selbstbedienungsladen" angesehen wurden. Über einen Zeitraum von elf Jahren nahmen die Ergebnisse der zwölf Firmen mit ausgewogener Werthaltung durchschnittlich viermal so stark zu wie jene der Gruppe der 20. Auch andere Maßzahlen zeigten den Erfolg der „guten" Kulturen: Die Beschäftigungszahl wuchs achtmal so rasch und der Aktienpreis zwölfmal so rasch wie der Durchschnitt. In der „egoistischen" Gruppe von Unternehmungen dagegen stagnierte der Unternehmensgewinn in diesem Zeitraum. Wir kennen ähnliche Untersuchungen aus dem Bestseller „In Search of Excellence" von Peters und Waterman (1985). Allerdings erinnern wir uns auch daran, daß schon wenige Jahre nach dem Erscheinen dieses Buches „Business Week" in einem Leitartikel etwas spöttisch fragen durfte: „Who is excellent now?" Die Situation der exzellenten Unternehmungen hatte sich nämlich durchaus nicht so exzellent weiterentwickelt, wie es nach den Angaben der Bestsellerautoren zu erwarten gewesen wäre. „Erfolgsrezepte" des Managements sind also offensichtlich nur in ganz gewissen Konstellationen umsetzbar, mit unterschiedlich steilen „Mortalitätskurven".

Wir können uns gut vorstellen, daß die neuen Werte der Selbstverwirklichung auch auf die Unternehmenskultur zurückwirken. Sinn stiftet den Menschen das, was das eigene Leben in einen größeren Zusammenhang stellen kann. Gemeinsame Vorstellungen können dabei helfen, die Anstrengungen längerfristig auf ein gemeinsames Ziel auszurichten. Die Menschen im Unternehmen brauchen verinnerlichte Vorstellungen, die sie *begreifen* können, ohne darüber nachdenken zu müssen. Gemeinsame Werthaltungen *(shared values,* wie McKinsey es nannte) stiften Sinn im Unternehmen. Wir stellen leider fest, daß Unternehmenskulturen sehr oft im Spannungsfeld zwischen der eigenen Organisation und der Umwelt versagen. In vielen großen Organisationen kommt es mehr auf die Innenerfolge als auf die Umwelt – den Markt – an. Die Kontakte mit den Kunden beschränken sich auf einen verhältnismäßig kleinen Teil der Unternehmung. Sieht man das Unternehmen mit den Augen des Kunden, so kommt es zu großen Überraschungen. Allein das bekannte Problem von Bürokratien, wer wofür zuständig ist, läßt da tief blicken. Aber selbst bei einem kleineren Unternehmen, das ein ausgezeichnetes Produkt mit Weltgeltung im Konsumgüterbereich herstellt, habe ich eine solche frappierende Episode erlebt: Eine sehr nette Dame half bei der Auswahl der Ware, und es wurde vereinbart, die Details der Verschickung nach Übersee am nächsten Tag zu regeln. Dann war dieselbe Verkäuferin telefonisch nicht verfügbar. Eine andere, zu der weiterverbunden wurde, antwortete: „Davon weiß ich nichts“, um nach gutem Zureden, daß es sich um eine größere Exportlieferung handle, doch in den Hintergrund zu fragen: „Weiß irgendjemand etwas von der Lieferung für X?“ Die am Telefon hörbare Antwort: „Wir haben doch eine Exportabteilung.“ Darauf die entwaffnende Frage: „Wer macht bei uns eigentlich den Export?“

In unseren Organisationen treffen Menschen, Macht, Machtansprüche und praktische Gegebenheiten zusammen. Die Menschen bringen ihre Persönlichkeit und Ausbildung, ihre Energie und Motivation, aber auch Erwartungen und ein bestimmtes Rollenverständnis ein. Sie kommen nicht aus einem Niemandsland, sondern sind stark geprägt von persönlichen, kulturellen, familiären und sonstigen gesellschaftlichen Erfahrungen. Die Frage der Macht und der Machtansprüche hat mit der Führung zu tun, mit der Bildung und den Beziehungen von Gruppen untereinander und in sich selbst, mit dem zentralen Thema der Kommunikation, aber auch mit Verantwortung, Anerkennung und Strafe. Die praktischen Gegebenheiten umfassen die Zielvorstellungen eines Unternehmens, seine Tradition und Geschichte, die Eigentumsverhältnisse, vor allem aber die Beziehungen zu einem bestimmten Markt.

Alle Entscheidungen über Werte und Personen, die *jeder* in einer Organisation immer wieder zu treffen hat, wenngleich mit unterschiedlicher Autorität und Durchsetzung, werden in diesem komplexen Raster irgendwo getroffen. Es ist kein Wunder, daß es da eine „Mistkübel-Theorie“ von Entscheidungen gibt, die ich im dritten Kapitel erwähnt habe. Man kann, wenn wir uns erinnern wollen, eine Organisation als Ansammlung von Wahlentscheidungen sehen, die nach Problemen suchen, aber auch als Probleme und Gefühle, die nach Entscheidungssituationen suchen. Eine Organisation besteht demnach aus Entscheidungsträgern, die entweder nach Entscheidungen suchen oder ihnen ausweichen wollen. Das Mistkübel-Modell bezieht sich auf organisierte Anarchien, die sich durch problematische Präferenzen, unklare Technologien und eine unberechenbare Beteiligung ihrer Mitglieder auszeichnen. Wir betreten hier den Bereich der Organisationspathologie, die sich mit Fehlern und Krankheiten von Organisationen beschäftigt. Eine kranke Organisation ist nicht als zusammenhängendes Zielsystem strukturiert, sondern ein loser Haufen von Ideen. Die eigenen Mitglieder durchschauen die Prozesse nicht wirklich. Sehr unterschiedlicher Aufwand von Zeit und Energie für einzelne Aufgaben führt zu sehr unterschiedlichen Entscheidungssituationen, mit anderen Worten: Was wirklich geschieht, ist eher eine Frage des Zufalls. Die Unternehmenskultur zerfällt. Eine kranke Organisation vermittelt keinen Sinn. Aus der langen Diskussion über das Leitbild einer großen österreichischen Unternehmung möchte ich einige typische Äußerungen wiedergeben, die den „Kulturpilz" zeigen, der die Werthaltungen im Unternehmen zersetzen kann:

- Lang eingespielte Muster können nicht verändert werden.
- *Wir* zeigen Einsatzbereitschaft, die anderen nicht.
- Es mangelt an geschäftspolitischen Vorstellungen.
- Entscheidungen sind nicht sachbezogen, sondern von der Stimmung abhängig.
- Die Worte und Taten der Vorgesetzten klaffen auseinander.

Aus dieser pathologischen Diagnose lassen sich einige Grundsätze für die gesunde Organisation ableiten:

- Wir müssen Veränderungswillen erzeugen.
- Alle müssen das Gefühl haben, daß jeder seine Arbeit macht.
- Jeder muß sich unter Geschäftspolitik etwas vorstellen können und seine persönlichen Ziele in ein zusammenhängendes Zielsystem einfügen können.
- Entscheidungen müssen eine Kontinuität von Werthaltungen widerspiegeln.
- Verhalten und Versprechen müssen zusammenpassen.

Die wichtigste Voraussetzung für eine kohärente Unternehmenskultur im Sinne eines verstandenen, gelebten und möglichst widerspruchsfreien Wertsystems ist ein *psychologischer Vertrag* zwischen der Organisation selbst und ihren Mitgliedern. Was wir von einem Unternehmen erwarten und was das Unternehmen von uns erwartet, ist Gegenstand dieser Vereinbarung, die sich kaum in einem Dienstvertrag abbilden läßt. Oft sind solche Erwartungen nicht klar formuliert, auch dort nicht, wo es möglich wäre. Vor allem aber sind sie nicht identisch und deckungsgleich, sondern weisen immer wieder viele unausgesprochene, manchmal sogar explizite Widersprüche auf.

Wir haben am Beispiel des dialektischen Widerspruchs von Freiheit und Ordnung gesehen, daß diese beiden Begriffe einander dialektisch voraussetzen. Gleichzeitig bedeutet mehr Freiheit und Initiative aber auch mehr Verantwortung. Ich habe immer wieder festgestellt, wie unterschiedlich die Beurteilung der Verantwortungslage im Unternehmen durch die jeweils betroffenen Personen ist. In einer dezentralen Organisation kennen wir alle den Konflikt zwischen Filialen oder Kundenabteilungen und zentralen Stabs- und Verwaltungsbereichen, auf den ich schon in einem früheren Kapitel grundsätzlich eingegangen bin. Die gegenseitigen Vorwürfe sind meist nach dem gleichen Muster gestrickt: Die Verwaltungsstellen unterstützen die Kundenleute zuwenig. Umgekehrt sind die Kundenleute zuwenig auf die Erfordernisse der Verwaltung bedacht. Es ist unmöglich, eine der obigen Forderung entsprechende eindeutige psychologische Auffassung von der *richtigen* Aufteilung der Verantwortung zu finden. Die Interessenslagen sind zu unterschiedlich.

Der Streit zwischen Zentrum und Peripherie ist eine historische Konstante.

Ein anderes Beispiel für unterschiedliche Erwartungslagen sind automatische Gehaltserhöhungen. Regelmäßige Anpassungen und Vorrückungen (einerseits tarifliche Anpassung für alle, andererseits aber auch Vorrückungen innerhalb eines Gehaltsschemas etwa nach Seniorität) werden überhaupt nicht als Anerkennung empfunden. Offensichtlich werden derartige Kontrakte schlicht als Arbeitsbedingung gesehen. Nach dem Prinzip des „Inkrementalismus“ erleben wir nur mehr *Veränderungen,* nicht das absolute Niveau. Wir denken in Wachstumsprozenten, nicht in der absoluten Größe des vorhandenen Einkommens. Es gibt hiefür sogar eine in unseren Sinneswahrnehmungen begründete Veranlagung, die uns offensichtlich helfen soll, unsere Umwelt etwas leichter einordnen zu können, indem wir hauptsächlich vergleichen und nicht absolut messen. In Schweden gab es übrigens einmal einen Streik, dessen Ursache direkt in ungerecht empfundenen Gehaltsrelationen lag (ich glaube, es ging um Lokführer oder Lehrer). Wenn durch stark steigende Personalkosten Veränderungen dieser Arbeitsbedingungen notwendig werden, so kommt es häufig zu schweren Störungen. Dann werden typische Defensivaktionen gesetzt. Vertreter der Gewerkschaft äußern sich öffentlich über Managementfehler, ohne die es dem Unternehmen ja viel besser ginge, wobei sich das Unternehmen dann ja ohne weiteres höhere Personalkosten leisten könnte usw. Die Kette der Schuldzuweisungen nach dem Gesetz unterschiedlicher Interpunktion (siehe Seite 188 ff.) beginnt.

Je nachdem, welche Wertvorstellungen in einem Unternehmen dominieren, können wir verschiedene typische Kulturmodelle einer Organisation unterscheiden. Es gibt viele Versuche, Organisationen und ihre Kultur nach *einer* hervorstechenden Qualität zu klassifizieren. Mintzberg (1989) unterscheidet bei seinen Organisationstypen einen „vorherrschenden Koordinationsmechanismus", der am ehesten als dominantes Kulturmerkmal interpretiert werden kann. Handy (1990) unterscheidet zwischen Machtkultur, Rollenkultur, Aufgabenkultur und Personenkultur. Meiner Meinung nach lassen sich die Faktoren der Unternehmenskultur unter keinen Umständen ohne gleichzeitige Betrachtung der gesellschaftlichen und der persönlichen Kultur von Menschen richtig bewerten. Klar ist, daß die Eigentümer, die Tradition, die Größe, die Technologie, der spezielle Markt und vieles andere mit den Menschen im Unternehmen gemeinsam das formen, was wir als *Corporate Identity (CI)* bezeichnen. Aus der Gesamtkultur ergibt sich natürlich vor allem auch eine vorherrschende kulturadäquate Form der Unternehmensführung.

- Für amerikanische Unternehmungen werden etwa folgende charakteristische Führungsmerkmale angenommen: Einzelverantwortung und Einzelentscheidungen, Leitung durch einen hauptverantwortlichen CEO, der meist gleichzeitig auch Chairman of the Board ist, starke Leistungsabhängigkeit der Bezahlung und Beförderung, explizite und formalisierte Kontrolle, kurzfristiges Erfolgsdenken und flexible Beschäftigung *(hire and fire)*, starke Wettbewerbsorientierung in der Grundeinstellung, weniger hohe Jobsicherheit, dafür auch ausgeprägteres *Job hopping.*

- Der europäische Führungsstil ist eher getragen von den Gedanken einer stärkeren kollektiven Verantwortung (Kollegialorgan Vorstand, Mitbestimmung), von einer zumindest teilweise auch auf die Dauer der Zugehörigkeit zum Unternehmen abstellenden Beurteilung und Beförderung, weniger formalisierten und impliziten Kontrollen und einer weniger kurzfristigen, sondern eher ganzheitlichen und längerfristigen Betrachtung des Unternehmenserfolges.

- Das japanische Management-Modell baut auf einer stark konsensorientierten und ganzheitlichen Sicht der Führung auf. Die Zugehörigkeit zum Unternehmen wird immer noch als besonders wichtiger (wenn auch etwas abnehmender) Wert gesehen, die Identifikation mit der Qualität der eigenen Arbeit ist hoch, die Entscheidungsfindung ist langwierig und komplex, die Umsetzung jedoch zügig und verläßlich. Kein Wunder, daß Modelle wie *Kaizen* (= ständige Verbesserung) ihren Ursprung in Japan haben.

Eine gesunde Unternehmenskultur zeichnet sich dadurch aus, daß sie biologisch im Gleichgewicht ist. Wann ist sie das? Wenn alle Organe (Teile der Organisation) gesund sind und gut zusammenspielen, wenn temporäre Krankheiten und Krisen durch ein funktionierendes Immunsystem überwunden werden können, wenn die Organisation also die Fähigkeiten von lebendigen Systemen in ausreichendem Maß aufweist, wie wir sie weiter oben beschrieben haben (Anpassungsfähigkeit, Selbsterneuerung, Homöostasis usw.). Woran Organisationen kranken können, ist daher oft – aber nicht immer – eine sehr komplexe Frage, genau wie es bei einem physiologischen Organismus diejenige nach Ursachen einer Krankheit sein kann. Bei nicht leicht zu diagnostizierenden Organisationsschäden ist vielleicht das klinisch nicht genau festzuschreibende Krankheitsbild der funktionalen Dystonie ein geeigneter Begriff zur Umschreibung des Zustandes. Besonders interessant ist sicher auch der Vergleich mit psychischen Störungen. Kollektiver Verfolgungswahn, gespaltenes Bewußtsein und das ganze weite Feld der Neurosen lassen viele Ähnlichkeiten zwischen individuellen Krankheiten und einem kollektiven Krankheitsbild erkennen. Es liegt nahe, eine Parallele zu jenen Defiziten der Persönlichkeit zu ziehen, die, wenn im Besitz von Macht, viel Schaden anrichten können.

Von allgemeinem Interesse ist auch das Konzept von Streß. Es bezieht sich grundsätzlich auf den Wunsch nach Ausgleich, ist also der biologischen Bestrebung nach Homöostasis vergleichbar. Jede der zahlreichen Variablen im Organismus weist eine bestimmte Bandbreite von Stabilität auf. Wird diese Bandbreite nicht überschritten, bedarf es auch keiner Korrekturen. Umgekehrt reagiert der Organismus aber, wenn die unterschiedlichsten Kräfte eine Variable über die Zone der Stabilität hinaus verändern. Streß ist eigentlich jede solche Kraft, die einen entsprechenden Anpassungsdruck auslöst. Der Ausgleich von Streß kann dann erfolgen, wenn eine Person entsprechende geistige Verarbeitungsfähigkeiten besitzt und auch streßkorrigierende Ressourcen zur Verfügung hat. Anpassung erfordert Energie, was natürlich wiederum vom Ausmaß der Störung abhängt, die den Streß bedingt. Jeder Organismus entwickelt je nach seiner genetischen Prägung, seinen Erfahrungen und seinem Wertesystem eine Art vorgeprägte „ideale" Stabilität. Diese ist es auch, die die *Streßstabilität* eines Individuums, aber auch einer ganzen Organisation, entscheidend mitbestimmt.

KULTUREN UND SUBKULTUREN

Größere Organisationen sind keine amorphe Masse, sondern ein komplexes Gebilde von einzelnen Teilen, die wiederum als Ganzes funktionieren. Rosabeth Moss Kanter hat in ihrem Buch „Change Masters" (1973) hervorgehoben, daß die Segmentierung von einzelnen Teilen der Organisation die größte Bedrohung ihrer stetigen innovativen Veränderung sei. Zwar ist die Einteilung von größeren Einheiten in Segmente unvermeidbar, weil die menschliche Gruppe einfach direkte Beziehungen zwischen den Gruppenmitgliedern braucht. Doch muß eine gesunde Organisation in der Lage sein, diese Segmente organisch zusammenzufassen. Es muß sich ein Kreislauf bilden können, der jeden einzelnen Teil in den Informations- und Energiefluß des Unternehmens einbettet. Für die Subkultur ist ja bezeichnend, daß sie meist ihren eigenen und vermutlich gegenüber der Gesamtorganisation stärkeren Gruppenstandard hat. Die Gruppennorm wird vor allem Außenseitern gegenüber durch typisches Verhalten an den Tag gelegt und verteidigt. Wir haben das mit dem Phänomen des Tribalismus und Gegentribalismus beschrieben. Ich habe während meiner Bankausbildung zum Beispiel die Devisenhändler als einen eigenen „Stamm" kennengelernt, bei dem Sprache, Fähigkeiten, Entscheidungsstärke etc. zu einer starken Subkultur führen. Der „Kulturkampf" zwischen Investmentbankdenken und Kommerzbankdenken legt ähnliche Wertunterschiede bloß. In einem innovativen Unternehmen brauchen wir viele unterschiedliche Talente, daher auch starke, oft konfliktträchtige Subkulturen. Dennoch muß die Gesamtkultur das breitere Band sein. Wenn wir das erreichen wollen, müssen wir vor allem die Mobilität im Unternehmen verstärken.

Ich halte die Spannung zwischen der *Rolle* einer Person im Unternehmen und der *Aufgabe*, die sie zu erfüllen oder mitzuerfüllen hat, für die wichtigste Polarität einer Unternehmenskultur. Wir können je nach dem vorherrschenden Orientierungswert auch wie Handy (1990) zwischen einer Rollen- und einer Aufgabenkultur unterscheiden.

- Die *Rollenkultur* betont die mechanistischen und starren Zusammenhänge und ist meist veränderungsfeindlich. Sie ist durchaus geeignet, stabile Aufgaben in einer verhältnismäßig stabilen Umwelt zu lösen. Wenn beispielsweise Unternehmungen hohe Kundenloyalität, einen langen Produktzyklus, aber auch gewisse wettbewerbshemmende Marktstrukturen für sich beanspruchen können, so wird sich häufig eine Rollenkultur ausbilden. Daher finden wir auch in öffentlichen Organisationen und Bürokratien ein sehr ausgeprägtes Rollenverständnis und Rollenverhalten vor. (Vielleicht muß dies in der Hoheitsverwaltung so sein, um die Verläßlichkeit und Unbestechlichkeit von Entscheidungen zu fördern.)
- Die *Aufgabenkultur* setzt Ressourcen und Machtstrukturen so ein, wie es die Aufgabe erfordert. Derartige Organisationen sind schwerer überschaubar und schwerer kontrollierbar. Eine Aufgabenkultur orientiert sich an den Erfordernissen des eigentlichen Unternehmenszweckes, steht so wie das Leben selbst in ständiger Kommunikation mit der Umwelt und ist daher definitionsgemäß *fit.* Eine Unternehmenskultur sollte sich diese Fitneß, Flexibilität und Flinkheit („die drei F") aneignen, wie es uns starke, lebenshungrige Organismen immer wieder vorleben.

In diesem Kapitel haben wir wesentliche Elemente von (Unternehmens-)Kultur analysiert, um Folgerungen für moderne Organisationen abzuleiten:

- Mit der Entstehung von Sprache und Schrift begann der Mensch, die Zeit zu ordnen und Kultur zu schaffen. Gerade die mit Sinnfragen verknüpften grundlegenden Werte und Überzeugungen ändern sich aber nur sehr langsam.
- Die technologische Entwicklung hat eine enorme Zentrifugalkraft zwischen den „trägen" Grundwerten der Kultur und der beschleunigten gesellschaftlichen Aktualität ausgelöst. Der Mensch ist kaum in der Lage, diese Zentrifugalkraft ohne Sinnstörung auszuhalten.
- Der Mensch möchte in seinem *einen* Leben möglichst viele verschiedene Lebensmuster unterbringen. Die allgemeine Ungeduld und Hast ergibt sich aus der Erlebnisgesellschaft, die Selbstverwirklichung und die Suche nach einem „erfüllten" Leben an die Spitze stellt.
- Unternehmungen, deren Kultur krank macht, verstehen es im allgemeinen nicht, ihren Mitarbeitern Sinn für ihre Aufgaben zu vermitteln. In solchen Fällen wird Energie meist für innere „Erfolge" verschwendet. Kunde und Markt werden vernachlässigt.
- Eine Unternehmenskultur, die Energien im Unternehmen an Aufgaben und Zielerfüllung ausrichten kann, funktioniert wie ein gesunder Organismus, der sich anpassungsfähig und wendig beim Lösen oder Vermeiden von Problemen zeigt. Für solche Unternehmungen gelten „die drei F", Fitneß, Flexibilität und Flinkheit, als Erfolgsmerkmale.

„Wenn die Arbeit der besten
Führer getan ist,
sagen die Menschen:
Wir selbst haben das gemacht."
Lao Tse

X.

STARS UND TEAMS

„*Where have all the leaders gone?*" fragte „Time Magazine" in seiner Titelgeschichte nach dem enttäuschenden Gipfel der Gruppe der sieben wichtigsten Industrieländer (G 7) im Juli 1993 in Tokyo. Was ist denn mit der *leadership* passiert, steht auf dem Titelbild, das die geschrumpften Köpfe der Staatsmänner in übergroßen Hemden und Anzügen verschwinden läßt. Vielleicht ist heute keine Zeit für große Helden, weil man kein Risiko möchte, weil man die notwendigen Veränderungen scheut, die uns Schmerzen bereiten könnten, meint der Präsident der „Carnegie Foundation" in Washington, D. C., Morton Abramowitz. Die Schwäche der Führung ist ein Spiegelbild der Schwäche von Staat und Gesellschaft, heißt es. Aber auch das Gesetz der Beschleunigung wirkt. Daher nützt sich Führung heute schneller ab denn je. Neue Personen und neue Ideen werden gewünscht, *damit sich etwas ändert.* Jean Monnet sagte, es gäbe zwei Arten von Leuten: Solche, die etwas *tun* wollten, und solche, die etwas *sein* wollten. Elias Canetti hat zwischen drei typischen Verhaltensweisen „großer Männer" unterschieden. Die einen wollen Ruhm und sammeln Chöre, die anderen wollen Reichtum und sammeln Herden. Die dritten letztlich wollen Macht und sammeln Menschen. Ohne die Medien ist Macht, wie wir gesehen haben, heute nicht möglich. Daher wird der Mächtige danach trachten, etwas zu sein oder wenigstens zu scheinen, und nur dann etwas tun, wenn es Sein und Schein nicht zu sehr in die Quere kommt. Beobachten wir nicht fast täglich diese Art von Politik? Sehen wir nicht immer wieder, wie man sich vor unpopulären Maßnahmen scheut und den Entscheidungen ausweicht? Erst wenn „Matthäi am letzten" ist, wird gehandelt, und dann natürlich so, daß der Schwarze Peter der Verantwortung möglichst nicht den Anspruch des eigenen Erfolgs und der eigenen Herrlichkeit zu stören vermag, sondern in fremden Händen landet.

In seinem Buch „Heroes and Heroe Worship" (1841) über Helden, Heldenverehrung und das Heroische in der Geschichte hat Thomas Carlyle den Weg des Heldenhaften in der menschlichen Kultur – heute würde man von Stars sprechen – von der Göttlichkeit über Priestertum, Dichtung und Wissenschaft bis zum Königtum nachgezeichnet, das er für die Bündelung aller Formen des Heroismus hält. Geistliche und weltliche Würde kristallisieren sich in einer „Königsmacht", die ja nichts anderes bedeute als „Könning", also ein könnender, fähiger Mensch. Der politische Führer unserer Tage kommt dem „Könning" nur mehr selten nahe, weil er gar nicht mehr die Spielräume der Entfaltung besitzt, die zur Zeit Carlyles noch eher gegeben waren. Und dennoch gibt auch Carlyle zu, daß die eigentliche Mission großer Männer die Herstellung einer neuen Ordnung sei. Dies setzt aber voraus, aus dem, was als chaotisch empfunden wird, eine geregelte Situation zu schaffen. Gerade die größten Männer müßten die größten Feinde der Unordnung sein – und dennoch sind sie zur Revolution und manchmal zur Anarchie verurteilt, um ihr Ziel zu erreichen. Sicherlich schrieb Carlyle diese Gedanken unter dem starken Eindruck der französischen Revolution und der politischen und gesellschaftlichen Lage Europas zu Anfang des 19. Jahrhunderts nieder. Aber hat sich wirklich Wesentliches geändert? Ist nicht auch heute die eigentliche Aufgabe der Führenden, durch Sinngebung Ordnung zu schaffen, eine alte Ordnung durch neue Ordnungen zu ersetzen und dadurch gezwungen zu sein, zunächst zu rächen, vielleicht auch zu zerstören, bevor sie zusammenfügen und aufbauen?

Die führenden Denker und Macher sind gezwungen, wie kein anderer zu kämpfen, sie sind aber auch wie niemand sonst angehalten, nicht den Kampf, sondern den Konsens, die Gemeinsamkeit der Ziele und Meinungen herbeizuführen. John Keegan schreibt in „The mask of command" (1987) über militärische Führung, er könne eine Gemeinsamkeit von Wesenszügen und Verhalten bei militärischen Führern in allen Zeiten und an allen Orten sehen. Andererseits sei er als Historiker auch davon informiert und überzeugt, daß Kriegsführung von einer Gesellschaft zur anderen stark abweiche und die Gemeinsamkeiten von den Unterschieden der Ziele und Funktionen, denen sie zu dienen haben, überlagert würden. Der General (ein Wort voll der Mehrdeutigkeiten) ist ja auch mehr als der Führer einer Armee. Er mag König oder Priester sein, wie Alexander der Große. Er mag Diplomat sein, wie Marlborough und Eisenhower es neben ihren militärischen Fähigkeiten gewesen sind. Er mag ein Denker mehr als ein Macher sein, wie der ältere von Moltke es wohl war.

Er mag die Legitimierung durch einen Monarchen wie Wellington oder die Autorität einer demokratischen Versammlung wie General Grant im amerikanischen Unabhängigkeitskrieg besitzen. Es ist auch zuwenig, sich bei Vergleichen, die der Erkenntnis des Managements dienen, nur auf die Kriegsführung zu stützen. Von Clausewitz hat in seinen berühmten Texten sicherlich viel gesagt, was für das Management relevant ist – und seine Gedanken wurden ja tatsächlich auch als „Clausewitz für Manager" popularisiert. Manche von Clausewitz' frühen Ideen stammen aus einem Lehrtext für den preußischen Kronprinzen, waren also wohl auch unter diesem Blickwinkel mehr als eine Schulung für Generalstäbler: der sparsame Mitteleinsatz, die Prinzipien der Konzentration oder des Angriffs und wohl auch der berühmte Satz, daß Krieg die Fortsetzung der Politik mit anderen Mitteln sei.

Heroische Führer, so schreibt Keegan, seien Champions der Entfaltung, der Waffenführung, der Artikulation – vor allem aber des *Risikos.* Interessant ist nicht unbedingt, daß sie solche Fähigkeiten besessen hätten, interessant ist vielmehr, wie ihre Gefolgschaft die Entfaltung solcher Qualitäten erwartete und akzeptierte. Die Führerschaft der Helden ist wie jede Führung etwas wie Priesterschaft, staatsmännische Vision, oft Genialität, aber immer eine Mischung aus äußeren und inneren Gegebenheiten der Führenden selbst. Das Außergewöhnliche ist einerseits offensichtlich, andererseits aber auch vor der Menge verborgen, enthüllt erst durch Kunstgriffe und das Theatralische, das nur im Zusammenwirken mit dem Publikum den Erfolg ausmacht. Jeder Führer muß sich eine Maske bilden, die seine Gefolgschaft an ihm sieht, eine Maske, wie sie die Gefolgschaft braucht und will. Es wird oft genug darauf hingewiesen, welche Eigenschaften gute Führung bei einem Menschen voraussetzt. Wir haben im sechsten Kapitel die fünf klassischen Voraussetzungen des *Charisma* erwähnt. Sie lassen sich auch auf die drei Eckpunkte Intelligenz, Initiative und Selbstsicherheit gründen. Dazu kommt aber noch ein wichtiges ethisches Unterscheidungsmerkmal: Arbeitet die Führung nur in ihrem persönlichen Interesse, ist sie auf die Sicherung der eigenen Funktion und das schiere eigene Überleben ausgerichtet? Dann wird sie sich auf Beherrschung und Kontrolle oder auch Verführung und Korruption im Interesse einer persönlichen Machtausweitung einlassen. Die Führer aber, die etwas bauen möchten, was nicht ihnen gehören soll, sondern den ihnen Anvertrauten und der Gesellschaft oder der Menschheit, stellen andere Fragen. Sie wollen nicht etwas für sich allein gewinnen, sondern stellen sich einer Aufgabe und verfolgen einen Zweck, der für sie selbst und für die Betroffenen Sinn ergibt. Richtige Führung muß die Erfordernisse der Person, die Erfordernisse der Gruppe und die Erfordernisse der Aufgabe vereinen.

Führung muß bewegen und fördern, muß Dynamik entfalten. Führung muß, wie wir gesehen haben, oft Anarchie und Chaos durchdringen und überwinden, bevor neue Ordnungen entstehen. Veränderung enthält Risiko und ist immer auch Kampf: Kampf gegen überholte Vorstellungen, gegen Kräfte innerhalb und außerhalb des Unternehmens, die ihren Besitz oder Machtanspruch verteidigen, Kampf auch an anderen Fronten, die man nicht immer gleichzeitig voll überblickt und meistert. Die Erfolgschance steigt aber sicherlich stark an, wenn neben diese Idee des Kampfes stets das Ziel des Konsenses tritt. Konflikt *muß* sein, aber Konsens *soll* sein. Wenn der *Promotor* (ein Begriff von Cuno Pümpin) als Inbegriff des Bewegers und Führers nicht mehr verändern und beeinflussen kann, dann muß er konsequenterweise ausscheiden. Er ist in einem Kampf unterlegen, weil er seine Ideen, Meinungen und Entscheidungen nicht umsetzen konnte. In solchen Kämpfen gibt es erst nach dem Urteil der Geschichte Sieger und Besiegte, weil die Ideen von der Richterin Zeit gewogen und gemessen werden müssen, ob sie den Tag überdauern sollen.

FÜHRUNG IM TEAM

Wenn man zur Führung geeignete Persönlichkeiten in einem Top-Management-Team zusammenwürfelt, so wird es uns nicht wundern, daß Harmonie schwer erkämpft werden muß. Eine Führungsmannschaft muß ständig in Konfliktbereitschaft leben, will sie etwas weiterbringen. Auch ohne Streit herrscht latenter Konflikt. Die Konfliktbewältigung wird häufig genug nicht im Sinne der echten Konsensfindung, sondern im Sinne des (faulen) Kompromisses gesucht. Die Teamformung an der Spitze ist sicherlich eine schwierige Aufgabe, die laufend höchste Anforderung vor allem an den *Ersten Offizier,* den Inhaber der Koordination, stellt. „*Forming, Storming, Norming und Performing*" als Bildungsgesetz der Gruppe spielt sich in einem *Office of the Chairman* oder im Vorstand einer Aktiengesellschaft ausgeprägter ab als anderswo. Offensichtlich gibt es vor allem dann Konflikte, wenn Legitimation und Autorität, also die Rollen im Team, nicht gut verteilt und klar nachvollziehbar sind. Im angelsächsischen Bereich gibt es noch immer meist *einen Chief Executive,* der mit einer weitgehend ihm zugeordneten und von ihm ausgesuchten Mannschaft führt. Wir kennen auch in Kontinentaleuropa Formen der stärkeren Zentralisierung der Führungsmacht, wie in Frankreich den *Président Directeur General (PDG),* in Italien den *Delegato Amministrato,* gelegentlich einen Alleinvorstand einer Aktiengesellschaft – und das häufig bei starker Ballung der Eigentumsrechte. In Deutschland und Österreich gibt es in den meisten großen Aktiengesellschaften das Prinzip der kollegialen Verantwortung eines mehrköpfigen Vorstandes, wodurch die Teilung der Leitungsfunktion zwischen einzelnen Personen gefordert und normiert wird. Die *kollegiale Führung* kann wahrscheinlich genauso gute oder schlechte Resultate erbringen wie eine stärker in einer Person zentrierte Leitungsfunktion. Ich neige allerdings dazu, die früher besprochenen Vorteile der Gruppenentscheidung auch im obersten Leitungsgremium ziemlich uneingeschränkt zu nützen. Nach langjähriger Erfahrung gehe ich davon aus, daß es für Erfolg oder Mißerfolg in einem kollegialen Gremium vor allem auf die Führungsverfassung und die Ausübung von Eigentümerrechten und Kontrollrechten eines Aufsichtsrates ankommt.

Kollegiale Führung ist eine Idee des ersten Chefs der Deutschen Bank, Georg von Siemens. Er wurde als dreißigjähriger Jurist aus dem Regierungsdienst abgeworben und mit dem Aufbau dieser Institution beauftragt, nachdem sich kein etablierter Bankmann bereitgefunden hatte, für solch eine neuartige Bank eine Führungsfunktion zu übernehmen. Innerhalb von 15 Jahren schuf Georg von Siemens eine führende europäische Geschäftsbank. Als die Deutsche Bank im Jahre 1870 gegründet wurde, war Deutschland noch nicht einmal vereinigt. Aber der gewählte Name sollte ankündigen, daß hier die Vision einer ersten wahrhaft nationalen Bank in Europa existierte. Was war nun die große Leistung von Siemens? Er baute zunächst ein Top-Management-Team auf, das meines Wissens das erste kollegiale Vorstandsteam in der Geschichte großer Organisationen war. Er analysierte die Schlüsselbereiche der Bank und teilte jedem Mitglied des Vorstandes die Verantwortung für eine solche Aktivität zu. Dann untersuchte er die wichtigsten Beziehungen zu Kunden und Obligi und teilte auch diese Verantwortung auf. Die Zuständigkeiten sollten so wahrgenommen werden, daß tatsächlich jeweils *eine Person* verantwortlich war und die Entscheidungen in ihrem Zuständigkeitsbereich praktisch selbständig traf. Siemens selbst spielte als Vorsitzer des Vorstandes in den meisten Fällen gar nicht die „erste Geige“ und wollte dies auch nicht. Im Geschäft ließ er häufig anderen den Vortritt. Zusätzlich wurde eine regionale Verantwortung geschaffen, deren Hauptzweck es war, regionales Managementpotential an die Bank zu binden. Wir wissen, daß dies bis heute Grundregeln der Deutschen Bank sind: ein Vorstand, der derzeit aus zwölf Mitgliedern besteht, die sowohl funktionale wie auch regionale Verantwortung teilen und sie in ihrem Bereich ziemlich selbständig, aber gemäß klaren geschäftspolitischen Zielsetzungen der Gesamtbank wahrnehmen. Um ein vom Konzept her so heterogenes Team tatsächlich zusammenzuhalten, war eine starke Klammer notwendig: Natürlich war Georg von Siemens eine herausragende Persönlichkeit – einem Geringeren wäre dieses Werk wohl kaum so gut von der Hand gegangen. Siemens erfand über das Prinzip der kollegialen Führung hinaus nach dem Vorbild des preußischen Militärs noch den „*Generalstab*“ der Bank, ein eigenes Direktionssekretariat. Dieses Sekretariat mußte den Informationsfluß zwischen den zeitweise mehr als zwei Dutzend zählenden Vorstandsmitgliedern aufrechterhalten und die jeweiligen Entscheidungen und Aktivitäten der einzelnen Mitglieder so weit wie nötig kommunizieren und koordinieren. Es hatte auch das Anliegen der gesamten

Bank gegenüber den Einzelinteressen zu wahren und die Zukunftsplanung gegenüber dem Tagesgeschäft nicht aus dem Auge zu verlieren. Bis heute ist es das Markenzeichen der Deutschen Bank, die hohe Selbständigkeit einzelner Vorstandsmitglieder mit einer gemeinsamen Identität zu kombinieren, die aus der Vielheit Einheit schafft.

Ich halte die Mischung aus persönlicher und kollegialer Verantwortung für eine nicht rechtlich, nur ethisch lösbare Quadratur des Kreises, wie es Einzel- und Gemeinschaftsleistung sind. Gemäß der gesetzlichen und statutarischen Verfassung von Vorständen einer Aktiengesellschaft verantworten sie die Führung gemeinsam, müssen aber auch im Sinne der Arbeitsteilung wirken. Wie weit sind einzelne Mitglieder dafür verantwortlich, was andere vorbereitet und veranlaßt haben? Wie weit ist die Information des gesamten Vorstandes durch ein Mitglied als Einbindung in die volle Verantwortung tatsächlich nachvollziehbar? Dabei ist noch gar nicht vom Problem die Rede, daß einzelne (mit anderen in Konflikt stehende) Aktionärsgruppen vielleicht unterschiedliche Loyalitäten fordern, wenn sie zum Beispiel gemäß einem Syndikatsvertrag einen Teil des Vorstandes nominieren. Wo ist die Loyalität der Vorstandsmitglieder zu finden, wenn es hart auf hart im Kampf der Interessen geht? Die Formulierung unseres Aktienrechts kann darauf keine Antwort geben, weil rechtlich jedenfalls dem *Wohl des Unternehmens* zu dienen ist. *Was* diesem Wohl jedoch dient, ist für mannigfache und konträre Interpretation gut.

Analysieren wir kurz auch die häufig in Top-Teams existierenden Probleme. Katzenbach und Smith (1993) führen folgende Gründe an, warum es hier *nicht* nach normalen Regeln der Gruppenarbeit zugeht:

- Das Top-Team sieht weniger Notwendigkeit, sich zu integrieren, weil es sich ohnehin mit dem Ziel der gesamten Organisation stärker identifiziert.
- Das Top-Team ist vorgegeben und hat keine andere Wahl als zusammenzuarbeiten, obwohl starke Persönlichkeiten sich nicht gerne ein- und unterordnen und nicht gerne auf „Ego“ und selbständige Präsenz verzichten.
- Der Mensch scheint stark von einer persönlichen und individuellen Verantwortung geprägt zu sein, die das Prinzip der kollegialen Verantwortung emotional untergräbt.
- Mitglieder des Top-Teams sind weder Vorgesetzte noch Untergebene ihrer Kollegen.
- Schließlich ist es schwer, von jemandem zu erwarten, daß er einen vollen persönlichen Beitrag an das Team abliefert, wenn er sich selbst für den Top-Job in der eigenen oder auch in einer fremden Unternehmung profilieren möchte.

Diese Ergebnisse stammen großteils aus Forschungen von McKinsey, für die Katzenbach und Smith tätig waren, und geben meiner Ansicht nach die wesentlichen psychologischen Fragen der kollegialen Führung gut wieder.

GRUPPENDYNAMIK IN VORSTAND UND AUFSICHTSRAT

Die richtige Balance von Spannung und Spannungsausgleich in einem Führungsgremium ist Voraussetzung für den Erfolg. Es muß den Willen zum Ausgleich, aber doch auch das „Vorpreschen“ in den Konflikt geben können. Es muß gegenseitiges Vertrauen dasein, und doch muß einer den anderen zu höherer Leistung herausfordern. Jeder Konfliktpartner soll Stärke zeigen, er muß aber auch verwundbar und von den anderen abhängig bleiben, um das Gleichgewicht der Kommunikation zu sichern. Ich glaube nicht, daß wir mit dem Wort „pragmatisch“ auskommen, wenn wir eine solche Haltung beschreiben wollen. Pragmatismus steht heute oft genug für Prinzipienlosigkeit. Viel eher sollten wir uns daran erinnern, daß immer das eigene Gewissen der letzte Richter von Entscheidungen ist, also auch zu entscheiden hat, wann wir kämpfen und wann wir nach Konsens streben sollen. Die Entscheidung über die Zusammensetzung von Unternehmensleitungen weicht solchen Problemen oft genug aus.

Bei mehrgliedrigen kollegial tätigen Organen werden Aufgabenteilung und Zusammenarbeit zwischen den einzelnen Mitgliedern den Rechtsnormen entsprechend ausgelegt, die fast nichts wirklich Relevantes außer der *gemeinsamen* Verantwortung für die Unternehmensführung aussagen. Wie man die Verantwortung für einen Teil des Ganzen (Ressortzuständigkeit) als Erstverantwortung definiert und der Verantwortung für das ganze Unternehmen (Kollegialverantwortung für die Geschäftspolitik) ein- oder unterordnet, ist schwer festzulegen. Natürlich sollte jedes einzelne Vorstandsmitglied immer in erster Linie zugunsten des Wohles des *gesamten* Unternehmens entscheiden und seine Prioritäten dementsprechend setzen. Wir wissen aber, wie oft in der Praxis Entscheidungen nach egoistischen Motiven getroffen werden. Die bessere Information über das eigene Ressort, die stärkere Loyalität gegenüber den eigenen Leuten, das größere Engagement für die eigene Idee und aus diesen Tatsachen resultierende Eigeninteressen setzen sich durch. Interessant ist da auch ein Blick auf die Frage, ob ein mehrgliedriger Vorstand in sich mehr oder weniger hierarchisch organisiert sein soll, unbeschadet der Gleichstellung der einzelnen Mitglieder nach dem Aktienrecht. In der Satzung oder Geschäftsordnung können dem Vorsitzenden eines Vorstandes mehr oder weniger Rechte eingeräumt werden. Er kann ein Dirimierungsrecht bei Stimmengleichheit erhalten, er kann aber auch nur eine Sprecherfunktion zugestanden bekommen. Auch die in einer Satzung vielleicht normierte Einstimmigkeit vermindert naturgemäß seine Rechte, erhöht aber seine Verantwortung für die Herbeiführung von guten „einstimmigen" Entscheidungen. Gerade die Deutsche Bank hat es, wie ich schon erwähnt habe, geschafft, den hohen Grad von Individualität einzelner Vorstandsmitglieder mit einem kollegialen und trotzdem nicht konfliktscheuen Stil des gesamten Gremiums zu verbinden. Trotzdem – oder vielleicht gerade deshalb – gab es überragende Persönlichkeiten, die diesen Vorstand geprägt haben, wie etwa Hermann Josef Abs. Und vielleicht wird man das gleiche auch von anderen Sprechern sagen können. Denn die Rolle stellt dem Sprecher dieses Vorstandes eine große Bühne zur Verfügung.

Die richtige gruppendynamische Balance – nicht zu verwechseln mit der „Chemie" – ist in einem Vorstand von großer Bedeutung. Zu starke Gleichschaltung erhöht die Labilität, zu starke Betonung der Individualität stört die Harmonie. Will man tatsächlich die Vorteile eines Kollegialorgans optimal nützen, so muß man ein aufeinander zuarbeitendes und aufeinander zugehendes Top-Team zusammenstellen. Und dies kann nur mit starker positiver Mitwirkung des Vorsitzers erfolgen. Funktioniert die Gruppendynamik in einem Vorstand nicht gut, so werden schlechtere Entscheidungen getroffen, wichtige Weichenstellungen nicht vorgenommen und faule Kompromisse schon aus Berührungsangst häufiger zustande kommen als sonst.

Streitet der Vorstand, so streiten auch die Vasallen. Ist nicht klar, wer siegt, so nehmen die Wendehälse die Position in der Loge des Turnierplatzes ein, um bei jedem Signal von Sieg oder Niederlage nur ja ins richtige Lager einschwenken zu können.

Auch für die Gruppendynamik innerhalb eines Aufsichtsorgans gilt mit der Abschwächung größerer Distanz analog, was ich über den Vorstand gesagt habe. Der wesentliche Unterschied ist wie gesagt, daß die Intensität der Arbeit miteinander sehr viel geringer ist. Allzu große Unterschiede in ihren Interessenslagen – seien es persönlich bedingte oder in den Eigentümerinteressen liegende – erschweren den „reinen“ Dienst am Unternehmen. Die größte Gefahr aber ist, daß die Aufsichtsgremien ihre Rolle als *countervailing power* nicht mehr erfüllen. Das „manager magazin“ nennt deutsche Aufsichtsräte *„Klub der Amateure“*. Mangelnde Aufsicht und falscher Rat wird jenen Persönlichkeiten des deutschen Wirtschaftslebens vorgeworfen, die in wichtigen deutschen Unternehmungen eine führende Aufsichtsrolle spielen sollten. Die Überwachung der Geschäftsführung, wie sie das Aktiengesetz vorschreibt, ist ja tatsächlich keine Aufgabe, die im Vorübergehen erfüllt werden kann. Das Hauptproblem ist die zeitliche Überlastung der Räte, die eine intensive Beschäftigung mit dem Unternehmen, laufende und sowohl formelle wie auch informelle Kontakte praktisch ausschließt. Eine verhältnismäßig interessensfreie Abwägung ihrer Kontrolltätigkeit wird oft wegen vielfältiger Positionen ein gleichzeitiges Tragen vieler Hüte mit der zwangsläufigen Interessenskollision. Die Vernetzung zwischen Spitzenvertretern einzelner Firmen ist beachtlich. Sie hat bestimmt auch große Vorteile, weil das Wissen aller dieser Personen in Entscheidungen einfließt. Aber von Unvoreingenommenheit kann da keine Rede mehr sein. Im Vormarsch sind die professionellen Kontrollore. Günter Vogelsang, bekannt vor allem aus seiner Tätigkeit als Chef des Krupp-Konzerns, machte sich im Alter von 52 Jahren als Aufsichtsrat selbständig. Die Mandate, die er bei bedeutenden Firmen wie Daimler, Veba, Thyssen, Gerling oder auch der Deutschen Bank innehatte, übte er mit hoher Professionalität und entsprechendem Zeiteinsatz aus. Gleichzeitig wird es immer schwieriger, ohne diesen hohen Einsatz die Verantwortung in einem wichtigen Aufsichtsrat zu tragen. Eine Veränderung des Systems zugunsten effektiver *checks and balances* zeichnet sich langsam, aber sicher ab. Das Debakel der Metallgesellschaft Ende 1993 hat nicht nur die Funktion des Aufsichtsrates als Kontrollorgan kritisch akzentuiert, sondern auch die Diskussion über die Trennung von Geschäftsführung und Aufsicht wieder aufleben lassen. Wäre es nicht besser, wie beispielsweise in den angelsächsischen Ländern nur *ein* Führungsorgan zu haben? Wie wir an einigen Beispielen am Ende dieses Kapitels sehen, können auch im *One-Board*-System Fehler und Exzesse der Führung nicht sofort korrigiert oder gar von vornherein verhindert werden; Konflikte zwischen Mitgliedern des Gremiums ebensowenig. Auch die Diskussion über Informationsstand und Zeiteinsatz von *Outside Directors* gibt es dort, ähnlich wie in Deutschland oder in anderen europäischen Ländern.

Ich glaube, daß das gute Zusammenspiel in einem Führungsteam wie Kammermusik klingen soll. Zwar gibt es eine erste Geige, aber ein Quartett kann nur dann schön sein, wenn alle einander zuspielen, wenn alle der Musik dienen und nicht dem eigenen Instrument. Wer sich hervortun soll und zurücknehmen muß, das bestimmen die Noten. Ein gutes Quartett ist eines, in dem die persönlichen Fähigkeiten zu einer überzeugenden gemeinsamen Leistung verschmelzen. Im Quartett sollten die Stimmen führen und sich führen lassen, um diese Ganzheit der Gemeinschaftsleistung zu erreichen, die mehr als die Summe der einzelnen Stimmen ist. Josef Weinheber hat in seinem Gedichtzyklus „Kammermusik“ dieses Zusammenspiel wunderbar in Worte gekleidet, sofern das mit Musik überhaupt möglich ist.

Erste Geige:
Ich, in die Schönheit dieser Welt verliebt,
beschenke sie mit meiner eignen Schöne.
Die Welt ist ohne Abgrund. Strömend gibt
mein Herz sich aus. Ich bin nur Lied: Ich töne.

Zweite Geige:
Mir, neben lichterm Wesen, ist verwehrt,
ein Ich zu haben. Nicht die Welt – doch fester
und wirklicher: die Erd hat mich belehrt.
Dort dunkelt es. Laß dich begleiten, Schwester!

Bratsche:
Mein grauer Scheitel macht es mir zur Pflicht,
den Abgrund euch zu nennen. Wie ihr beide
verschwistert hingeht, Kindliche, besticht
selbst noch der Streit um nichts. Ich aber leide.

Cello:
Ich weiß zutiefst, daß alles Schicksal ist,
das schön Getane und das Unerlöste.
Ich bin dem Ganzen treu: Genießt und büßt!
Ich warne nicht. Ich weine nicht. Ich tröste.

DER WEG AN DIE SPITZE

Organisationen sind stark von der Führung abhängig, doch auch die Führung hängt stark von der Unternehmung, vom Umfeld und von den Lebensbedingungen ab, die sie vorfindet. Institutionen sind die Personen, die sie ausmachen, sind, wie wir oft gesagt haben, ein sozialer Organismus. Eine daher wichtige und immer wieder überraschende Frage ist, welche Menschen in solchen Organisationen zusammenfinden. Wer bewirbt sich, wer wird aufgenommen? Eine einige Jahre zurückliegende Untersuchung hat gezeigt, daß ein starker Zusammenhang zwischen der Persönlichkeitsstruktur von interessierten Bewerbern und der *Corporate Identity* einer Institution besteht, in der sie arbeiten wollen. Die Selbsterneuerung findet auch nach dem Prinzip der Selbstverstärkung statt: Eine Organisation zieht Mitarbeiter an, die zu ihr „passen". Damit ist auch sicherlich die Frage berührt, ob die Erneuerung eines Unternehmens eher von innen oder von außen erfolgen soll und welche Art von Blutauffrischung ständig oder wenigstens zeitweise vor allem in der Führungsetage erforderlich ist. Oft sind es die Mitglieder wichtiger Aktionärsgruppen oder „Machtcliquen", die Führungskräfte nominieren. Im Falle einiger großer englischer Clearing-Banken werden bis heute Mitglieder von Gründerfamilien zu Vorstandsvorsitzern gemacht. Selbstverständlich wird auch niemand Vorstandsvorsitzer von Daimler Benz, der nicht das Placet der Deutschen Bank besitzt. Die Rockefeller-Dynastie spielte in der Chase Manhattan Bank auch dann noch eine große Rolle, als sie nur mehr einige wenige Prozentpunkte aller Aktien kontrollierte. Die Auswahl von Führungskräften spiegelt die Interessenslagen wider, die eine Organisation ausmachen.

Ich habe mit Dr. Helmut Neumann, Gründer und Haupteigentümer der großen und international tätigen Personal- und Managementberatungsfirma gleichen Namens, heute nach Fusion mit einer anderen Gesellschaft als GKR einer der größten *Headhunter* der Welt, ein langes Gespräch über die Kriterien für die Auswahl von Top-Führungskräften in der Praxis geführt. Ich greife auf den nächsten Seiten verhältnismäßig ausführlich auf den seinerzeitigen Bandmitschnitt zurück, ohne die im Dialog entstandenen Ideen immer präzise zu zitieren. „Natürlich handelt es sich dabei um eine sehr komplexe Materie", sagt Dr. Neumann. „Im wesentlichen ist die Entscheidung, eine Führungskraft vom Markt zu rekrutieren, die Entscheidung über eine wichtige Investition. Bei Investitionen in Anlagen oder sonstige Sachgüter geht man meist nach viel leichter berechenbaren Gesichtspunkten vor." Man kann beispielsweise eine Anlage einer anderen gegenüberstellen und die Kosten-Nutzen-Verhältnisse verhältnismäßig leicht in ein Vergleichsschema bringen. Zwar stimmt das grundsätzlich auch bei Führungspersönlichkeiten, doch die Umsetzung in die Praxis ist natürlich weit *weniger rechenhaft.* Die Hauptproblematik bei der Selektion von Managern liegt nach Dr. Neumann darin, daß man die Auswahlkriterien im Grunde nicht objektivieren kann.

Ich gehe davon aus, daß jede Führungskraft seine Fähigkeiten nur dann richtig zu entfalten vermag, wenn er oder sie seine/ihre Rolle im richtigen Stück und auf der richtigen Bühne spielen kann. Ob jemand tatsächlich für eine bestimmte Position geeignet ist, setzt daher auch eine möglichst gute Kenntnis des Stücks und der Bühne, vielleicht auch des Publikums voraus. Das bekannte *Peter-Prinzip* (jeder wird so lange befördert, bis er das Niveau seiner Inkompetenz erreicht hat) hat sehr deutlich gezeigt, daß Beförderung aus dem vergangenen Erfolg heraus nicht unbedingt zu neuen Erfolgen führt. Auf der anderen Seite können Menschen zu ungeahnter Größe wachsen, wenn sie nur die richtige Aufgabe vorfinden. Eine wirklich begabte Persönlichkeit kann vermutlich verschiedene Rollentypen ziemlich gut bewältigen. (Im Wiener Burgtheater war dies Attila Hörbiger, der sowohl ein großartiger Tragöde als auch ein echter Komödiant gewesen ist.) Meist spielen für die Auswahl folgende Faktoren entscheidend mit: In einer normalen Konjunktursituation wird man andere Typen bevorzugen als in einer echten Krise; daher haben jetzt ja auch Sanierer Hochsaison. Wenn es um Krisenmanagement geht, dann kann ein gevifter Marketingmann und Verkäufer nicht allzuviel ausrichten. Und schließlich ist es ganz wesentlich, ob für einen internationalen Konzern, eine unter öffentlichem Einfluß stehende Unternehmung oder eine private Firma rekrutiert werden soll. Dr. Neumann meint, daß die Kriterien des Erfolgs genauso schwierig zu objektivieren sind wie ihre Messung. Man kann gar nicht genau definieren, *was* man messen will, man hat gewissermaßen nicht das Urmeter der Auswahl. Zwar ist es legitim, Leistungen der Vergangenheit zu beurteilen, aber sie sind eben nur ein bescheidener Erfolgsgarant für die Eignung zur Bewältigung der zukünftigen *anderen* Aufgabe. Der Berater kann allenfalls Professionalität in die Auswahl bringen, indem er die Vergleichbarkeit etwas erhöht, indem er die Referenzeinholung strukturiert. Er bringt gewissermaßen die Handwerksarbeit ein, die aber noch lange nicht die wirklich richtige Entscheidung garantiert.

Gertrud Höhler schreibt, daß Besetzungen von innen schon deshalb vorzuziehen seien, weil ja auch niemand auf die Idee käme, einen *Stammeshäuptling* von außerhalb des Stammes zu küren. In einem gewissen Sinn hat sie recht, in einem anderen Sinn hinkt der Vergleich. Es hat sich erwiesen, daß auch Firmen, die nach ihrer Unternehmenskultur grundsätzlich von innen rekrutieren, in der Zwischenzeit auf Blutauffrischungen von außen Wert legen. Internationale Firmen verwenden in der Regel einen ziemlich reglementierten Prozeß für Positionsbeschreibungen, Bewertungen oder Leistungsmessung und ein ziemlich ausgebautes Managemententwicklungssystem. Trotzdem werden für Schlüsselpositionen doch immer wieder Vergleiche aus dem Markt herangezogen. Man stellt die interne der externen Auswahl gegenüber. Manche große Firmen, wie zum Beispiel Unilever oder McKinsey, lange Zeit auch IBM, waren geradezu Fabriken für Führungskräfte. Sie hatten oder haben den Ruf, eine Elite zu beschäftigen. Für eine Volkswirtschaft ist es vorteilhaft, wenn es solche Produktionsstätten von elitärer Führungskapazität gibt. Die Abgabe von Führungskräften an den Markt erhöht auch gleichzeitig die Attraktivität des eigenen Unternehmens.

Bei privaten Firmen gibt es keine breite Basis von Ressourcen. Schon aus diesem Grund müssen sie sich oftmals an den Markt wenden. Derzeit wird zum Beispiel in Großbritannien weit über die Hälfte aller von außen zu besetzenden Positionen bereits mit Hilfe professioneller Unternehmensberater besetzt. In Kontinentaleuropa wird eher aufgrund von Empfehlungen, Bekanntschaften und persönlicher Sympathie ausgewählt. Wie die Auswahl in öffentlichen Unternehmungen vor sich geht, kann man zwar nicht generalisieren; meist werden jedoch solche Entscheidungen mit einem „Hauch von Politik" getroffen. Man sucht heute für Führungspositionen kaum mehr jemanden aus, der nicht auch fachliche Befähigung verspricht. Aber die „Verläßlichkeit" schließt eine über das Unternehmenswohl im engeren Sinn hinausgehende politische Loyalität ein. Man erwartet Entscheidungen, die den eigenen politischen Zielen nicht unbedingt konträr entgegenlaufen, sei es bei weiteren Personalbestellungen oder bei Sachentscheidungen. Doch auch im Bereich der öffentlichen Unternehmungen sind die Zeiten endgültig vorbei, da ohne Rücksicht auf die Befähigung politischer Nepotismus betrieben wurde.

Bei Besetzungen durch angestellte Topmanager spielt eine Rolle, daß die eigenen Vorlieben und Vorurteile in die Wahl meist einfließen. Eine neu bestellte Führungskraft soll „dazupassen", eine gewisse Berechenbarkeit aufweisen und das eigene Vertrauen genießen. Dr. Neumann meint, daß ein Unternehmer im Zweifelsfall genau gegenteilig zu einem angestellten Topmanager entscheiden kann. Gerade wenn er jemanden nicht kennt, kommt es darauf an, ob seine unternehmerische Phantasie in diesen Menschen etwas hineindenken kann. Er trifft seine Entscheidung couragiert und nach vorne gerichtet, eher aus einer positiven Phantasie heraus und nicht zur Minimierung von Risiken. Anders ist es in der politisch ausgerichteten Organisation. Hier steuert der demokratische Prozeß der politischen Machtgewinnung, wie man von der Basis an die Spitze kommt. Solche Kriterien des Erfolgs werden dann von den erfolgreichen Politikern auch für Entscheidungen angenommen, die an sich nicht diesen politischen Kriterien entsprechen sollten. Der Politiker wird immer wieder fragen: Wie wirkt eine Bestellung politisch? Wie wirkt das auf das Wahlvolk, auf die Journalisten, auf die Partei? Wie kann ich mich mit den Intimfeinden und mit anderen über eine solche Entscheidung auseinandersetzen? Solche vielleicht durchaus gut gemeinten Gründe führen dann häufig zu Fehlbesetzungen. Und auch der so Bestellte ist oft zwischen politischer Verbundenheit gegenüber dem Bestellenden und eigentlichen Machthaber und der unternehmerischen und betrieblichen Loyalität eingespannt, die manchmal politisch sehr schwer verkaufbare Entscheidungen verlangt. Wie schon erwähnt, ist heute die Gefahr wesentlich geringer, daß wenig befähigte Personen in eine politisch zu besetzende Position gehievt werden. Aber die Frage der *mehrfachen Loyalität* bleibt immer im Raume stehen, wenn wir an die Vielfalt von Interessen denken, die bei Entscheidungsnotstand um ihren Vorrang ringen.

Im großen und ganzen kann man davon ausgehen, daß auch für Managementpositionen die Auswahl nach dem Darwinschen Prinzip des *survival of the fittest* vor sich geht. Zwar ist Ergebnis dieser Auswahl nicht immer der *absolut* Beste, vorausgesetzt man könnte ihn wirklich feststellen und bekommen, sondern es sind die *relativ* Besten, jene, die sich in einem Anpassungsprozeß und in einem Wettbewerb um knappe Positionen durchgesetzt und bewährt haben. Die möglichst besten Manager an einem Platz sollten nach Selektionskriterien ausgewählt werden, die wir schon früher erwähnt haben:

- Die beste Entfaltungsmöglichkeit für die Person, also ein für die Position geeignetes Potential;
- die beste Chance für den Erfolg der Gruppe, also die Fähigkeit, das Potential der Unternehmung zu erhöhen und
- die Berücksichtigung der spezifischen Umweltsituation und der Aufgabe, die in diesem Umfeld zu erfüllen ist.

Längst beurteilen nicht nur die Eigentümer allein, ob ihre Führungskräfte geeignet sind oder nicht. Die Medien und verschiedene Interessensvertretungen, einschließlich der Umweltschutzorganisationen oder aller jener, die *stakeholders,* also Interessenslobbies verschiedenster Art, vertreten, äußern sich heute (medial) über Erfolg oder Mißerfolg des Managements. Auch Mitarbeitervertretungen artikulieren sich öfter als früher freiherzig über ihre Leitung. (Interessanterweise legen sie dabei häufig mehr Toleranz – auch für offensichtliche Fehler – an den Tag als Außenstehende!) Die politische und öffentliche Kontrolle des Erfolgs ist nicht mehr aus dem Alltag der Leistungsbeurteilung wegzudenken. Wohl auch deshalb gewinnen Teile des Anforderungsprofils an Bedeutung, wie ein Manager mit dem *„political acting"* zu Rande kommt.

AUFSTIEG UND FALL

Leider gibt gerade eine Spitzenposition nicht nur die Gelegenheit zu einer wunderbaren Entfaltung von konstruktiven und positiven Fähigkeiten im Wettbewerb um die bessere Leistung. Gerade unter dem Druck der öffentlich beurteilten Performance werden auch Persönlichkeitsmängel sichtbarer denn je. Die neurotischen Potentiale, die in vielen Menschen vorhanden sind, rufen im Theater der Macht ein viel größeres Echo hervor. Wir haben uns mit diesem Thema schon in früheren Kapiteln beschäftigt.

Die meisten Menschen sind sich dessen bewußt, wie belastend, ja zerstörend eine Spitzenposition sein kann. Und dennoch ist der ehrgeizige Wettbewerb um Spitzenplätze ungebrochen. In einem „Requiem für die CEOs von gestern" schreibt „Business Week" im Februar 1993 ein erdachtes Memo: „Niemand hat je behauptet, es würde leicht sein; aber die heutigen Zeiten sind wahrhaftig brutal. Der Wettbewerb ist schärfer denn je, die Kunden werden immer anspruchsvoller, und die Kapitalgeber wünschen eine immer bessere

Performance. Schauen Sie sich um! Sogar Ihre Aufsichtsräte spüren diesen Druck und beginnen, unangenehme Fragen zu stellen. Ihre Kollegen bei IBM, General Motors, Westinghouse usw. werden gestürzt. Die Zeit läuft ab.“ Laut „Business Week“ sind nunmehr in den Vereinigten Staaten die *baby boomer*, wie zum Beispiel Präsident Clinton, am Drücker und verdrängen die ältere Generation. Sie bringen einen neuen Managementstil mit, freunden sich mit flacheren Hierarchien an und legen auf alte Formen von Autorität und auf starre prestigiöse Rollen weniger Wert.

Jene CEOs, die sich trotz schlechterer Ergebnisse an der Spitze halten wollen, greifen oft zu unlauteren Methoden. Unmittelbare Konkurrenten werden rechtzeitig gefeuert, man arrangiert sich auf die eine oder andere Weise mit dem Verwaltungsrat oder schafft die bewußten gegenseitigen Abhängigkeiten. Jim P. Manzi, Chef eines großen Softwarehauses, entließ in den letzten drei Jahren die Hälfte seiner Stellvertreter und wurde zwei seiner fünf nebenamtlichen Aufsichtsräte los. Der Vorstandsvorsitzende von Delta Airlines, Ronald W. Allen, schloß mit den Aufsichtsräten eine „partnerschaftliche Allianz“ und wurde trotz hoher Verluste in seinem Amt bestätigt. Doch – wie „Business Week“ schreibt – die Zeit läuft ab. Immerhin werden die Chefs vieler großer Unternehmungen heute öfter ausgetauscht als früher. Der Vorstandsvorsitzende der *Austrian Industries* verlor seinen Job am selben Tag (17. Dezember 1993) wie der flamboyante Chef der Metallgesellschaft Heinz Schimmelbusch, dem man Spekulationsverluste und ungenügende Information des Aufsichtsrates vorwarf.

Viele Menschen an der Spitze können sich nicht lange gegen das Gefühl ihrer eigenen Wichtigkeit wehren und werden zu Egozentrikern. Sie können sich nicht mehr in andere hineindenken, sie können nicht mehr wirklich zuhören. Wenn die *checks and balances* der persönlichen und sozialen Entwicklung verlorengehen, dann entwickeln sich Selbstüberschätzung und Neurose manchmal so weit, daß Mein und Dein nicht mehr unterschieden werden können. Ihre Macht ist groß und ihr Selbstwertgefühl hoch. Sie sagen sich: Wenn ich so viel für das Unternehmen leiste, muß ich doch dem Unternehmen auch sehr viel wert sein. Dann kann es nicht darauf ankommen, ob ich einen eigenen Jet miete oder zumindest mit der Concorde fliege, dann spielen doch Repräsentationsausgaben in Millionenhöhe keine Rolle, dann sind doch *alle* meine Tätigkeiten, ist meine schiere Existenz für das Unternehmen gut! Der an sich ziemlich erfolgreiche Vorstandsvorsitzende von Abott Lab, Schoellhorn, verlor dabei das Augenmaß. Er war dreiviertel seiner Zeit in einem von zwei firmeneigenen Jets unterwegs, die nach ihm und seiner exzentrischen Frau „*his*" und „*hers*" genannt wurden, und trieb hohen Aufwand. Schoellhorn und seine zweite Frau stolperten dann über eine Affäre, die die Arroganz der Macht zerbrach: Bei einer Geburtstagsparty für ihren Mann ließ Frau Schoellhorn eine Stripperin auftreten (und vom Unternehmen bezahlen). Dieser Zwischenfall kostete ihn seinen Job. Ähnlich war es bei Jacques Attali, dem ersten Präsidenten der Europäischen Bank für Wiederaufbau und Entwicklung, vulgo „Osteuropabank", in London. Wie es vielleicht dem Selbstverständnis vieler großer Gestalten der *Grande Nation* geziemt, investierte er (mit Genehmigung seines Aufsichtsorganes) viele Millionen in die Entfaltung von baulichem Prunk und persönlicher Repräsentation, während die Vergabe von Entwicklungsgeldern stockte. Eine Doppelverrechnung von Spesen brach ihm schließlich das Genick.

Kann man den Fallen der Macht ausweichen? Wahrscheinlich ist der goldene Mittelweg gefragt. Ein Chef muß in der Lage sein, einer „der Unseren" zu sein, er muß von den Mitarbeitern so weit „begriffen" werden können (auch durchaus im Sinn physischer Anwesenheit), daß sie ihm das Wohl des Unternehmens anvertrauen wollen. Gleichzeitig dürfen „die Mächtigen" bestimmte Zeichen ihres Status besitzen, etwa den Dienstwagen mit Chauffeur, das größere Büro oder das höhere Gehalt. Wahrscheinlich ist diese soziale Gliederung seit tausenden Generationen gelernt und auch heute noch akzeptiert. Der größte Löwe reißt das beste Beutestück an sich, der Führer der Jagdmeute ebenso. Die Kulturgeschichte der Menschheit hat diese Verteilungshierarchie verfeinert und abgeflacht, aber keineswegs aufgehoben. Wahrscheinlich wissen viele, daß sie daran nichts ändern können und auch nichts ändern wollen, wenn die Oberen nur ihre Aufgabe erfüllen. Der Aufstieg zur Spitze ist immer ein Ziel, wofür sich für viele der Einsatz und Ehrgeiz lohnt. Der Wettbewerb um die ersten Positionen ist hart. Der Preis ist hoch.

Wir können einige wesentliche Gedanken dieses Kapitels nochmals kurz zusammenfassen:

- *Leadership* steht auf dem Prüfstand. Helden und Stars sind zwar gefragt, doch tauscht sie unsere schnellebige Zeit auch rascher aus denn je.
- Veränderung und Risiko sind stärker als früher Bestandteile unternehmerischer Existenz. Führungseigenschaften werden insgesamt extremer und in breiterer Kombination gefordert; eine Überforderung vieler Manager ist die Folge, neurotische Störungen nehmen zu.
- Die Führung in Teams erfordert ein Zurückdrängen von Egoismus, die Kombination von Eigen- und Gesamtinteresse und das Zusammenspiel im Sinn guter Kammermusik.
- Die Auswahl von Führungskräften und der Weg an die Spitze stellen einen besonderen Fall von *survival of the fittest* dar. Die relativ Besten machen das Rennen.
- Interessenskonflikte in den Organen, mangelndes Teamwork im Vorstand und schwache Kontrolle durch Aufsichtsräte zeigen die Notwendigkeit auf, die Ganzheit der *Führung und Kontrolle* zu verbessern.

„Jeden Morgen wachen in Afrika
die Gazellen auf und denken:
Heute muß ich schneller sein
als der schnellste Löwe,
damit ich nicht gefressen werde.
Jeden Morgen wachen
auch die Löwen auf und denken:
Heute muß ich schneller sein
als die langsamste Gazelle,
damit ich nicht verhungere."

Anonymus

XI.

TEAMS UND ALLIANZEN IM WETTLAUF GEGEN KOSTEN UND ZEIT

Seitdem man sich mit der *Gruppendynamik* befaßt, wobei besonders Peter Hofstätter (1965) zu erwähnen ist, sind die Vor- und Nachteile der Teamarbeit unter verschiedenen Bedingungen ausführlich untersucht worden. Wir haben uns im ersten Teil des Buches mit den Eigenschaften und Anforderungen der „natürlichen Gruppe" befaßt. Der Mensch kann nicht ohne soziale Einbindung existieren. Als Gruppenmitglied gewinnt er an Selbsterfahrung, erlernt zusätzliche Fähigkeiten, erfährt positive Unterstützung und kann schließlich das tiefsitzende Bedürfnis nach Anerkennung und Sozialkontakt befriedigen. Entscheidungen auf der Basis eines Gruppen*konsenses* sind wie gesagt gewöhnlich besser als individuelle Entscheidungen oder Entscheidungen aufgrund einer Mehrheitswahl oder eines Kompromisses innerhalb der Gruppe. Verschiedene Forschungsergebnisse ergeben folgende Vor- und Nachteile, die ich nochmals gegenüberstelle:

Vorteile:

- Bei der Festlegung von Zielen arbeiten Gruppen aufgrund ihres umfangreicheren Gesamtwissens besser;
- bei der Entwicklung von Alternativen können die verschiedenen Funktionen und Aspekte einer Organisation von einer Gruppe besser berücksichtigt werden;
- bei der Bewertung von Alternativen ist das kollektive Urteil besser als das eines einzelnen Entscheidungsträgers;
- bei der Wahl einer Alternative geht die Gruppe mit einer gemeinsamen Entscheidung gewöhnlich ein größeres Risiko ein als ein Individuum (kann auch ein Nachteil sein!).

Nachteile:

- Für die Entscheidung in der Gruppe wird häufig mehr Zeit benötigt;
- in der Gruppe kommt es immer wieder zu Kompromissen (statt zu Konsens), die dann nicht störungsfrei umgesetzt werden können;
- Gruppen agieren häufig in vorauseilendem Gehorsam gegenüber einem Individuum oder einer Clique (und treffen Alibi-Entscheidungen);
- die Erfüllung der einzelnen Aufgaben läßt sich nicht so leicht auf die einzelnen Gruppenmitglieder aufteilen.

Den Vorteilen der Gruppenarbeit, wie bessere Problemlösungskapazität, raschere Korrektur von Fehlern, unmittelbares Feedback und bessere Motivation, stehen also Nachteile, wie Gruppenbefangenheit, größere Realitätsferne, Zwang zur Konformität und (unsachliche) Dominanz einzelner (hierarchisch abgehobener) Personen, gegenüber. In einer Unternehmenskultur zum Beispiel, die abweichende Meinungen sehr schnell durch „Killerphrasen“ abwertet, wird kaum offen diskutiert werden können. Eine Gruppe kann sich dann eine Stärke einbilden, die sie gar nicht besitzt. Negative Informationen können ausgeblendet werden. Der Gruppendruck kann sich gegen jene wenden, die zur Vorsicht mahnen. Gruppen gehen wohl deshalb oft eher Risiken ein als einzelne Personen, weil die Verantwortung auf vielen Schultern lastet und damit anonymisiert wird. (Ähnlich dürfte es mit der Allokation öffentlicher Mittel durch politische Instanzen sein, wo die persönliche Verantwortung ebenfalls verwischt wird.) Der moralische Zwang zum Mitgehen bei Gruppenentscheidungen wird umso stärker, je weniger offen und flexibel die Kommunikation innerhalb einer Gruppe ist.

Die Verhaltenspsychologie hat sich mit der paradoxen Tatsache beschäftigt, daß Entscheidungen einer Gruppe risikofreudiger sind als solche einzelner Personen. Man könnte doch erwarten, daß Gruppenentscheidungen das Risiko theoretisch herabsetzen müßten, werden doch mehr und bessere Informationen eingebracht und kann doch jeder mögliche „Webfehler“ der Entscheidung in einem frühen Stadium entdeckt und korrigiert werden. Entscheidend für diese erwähnte höhere Risikofreudigkeit dürfte sein, daß die Gruppe sich mehr (zu sehr) auf ihr höheres Informationsniveau verläßt und ihre Entscheidungen dadurch mit einem geringeren Unsicherheitsgrad bewertet. Ich habe oft beobachtet, daß bei Entscheidungen durch mehrere

Personen der erste auf den letzten und der letzte auf den ersten schaut, sodaß sich die Qualität der Beurteilung durch mehrere Personen durchaus nicht mit der Anzahl der Entscheider erhöht. Wichtig ist meiner Meinung nach nicht so sehr die *Tatsache* einer Gruppenentscheidung, sondern die Frage, *wie* diese Entscheidung getroffen wird. Die Vorbereitung und Durchführung von Entscheidungen in Gruppen ist *das* zentrale Thema für die Verbesserung des Entscheidungsprozesses. Und der Entscheidungsprozeß steht ja für den Interessensausgleich zwischen dem einzelnen und der Gemeinschaft. Wir müssen daher den vielen dutzenden Gremien, Sitzungen, *Task forces*, Projektgruppen usw., die wir überall haben, die Verbesserung von Entscheidungen ermöglichen, indem wir entsprechende Regeln und Übung vermitteln. Sonst trifft allzu leicht der sarkastische Scherz zu: Ein Kamel ist ein von einem Komitee entworfenes Pferd. Die Ökonomie von Entscheidungen durch Gruppen, das Sitzungswesen, die Teamarbeit schlechthin ist darauf angewiesen, daß wir eine neue *Kulturtechnik des Entscheidens in Organisationen* entwickeln, wie das Lesen und Schreiben und die Handhabung eines PC. Die Vorbereitung und Durchführung solcher Gruppenprozesse gehört zu diesem neuen Handwerkszeug.

DAS SUBARKTIS-SPIEL

Als ausführliches Fallbeispiel für die Entscheidungsfindung in Gruppen möchte ich das sogenannte Subarktis-Spiel anführen. Ich habe dieses Beispiel gewählt und werde es im folgenden verhältnismäßig ausführlich besprechen, weil es die einzige mir bekannte über einen längeren Zeitraum und mit vielen Entscheidungsgruppen durchgeführte empirische Versuchsreihe zum Thema Qualität von Gruppenentscheidungen ist. In einer Stichprobe von knapp 300 Managern wurde zwischen 1983 und 1991 die Hypothese geprüft, ob tatsächlich (Projekt-)Gruppen komplexe Probleme besser lösen als einzelne Personen. Es ging um die richtige Reihung von Gegenständen, die für das Überleben in einer kritischen Situation in der Subarktis notwendig sein könnten. Dieser Standard war von Expeditionsexperten vorgegeben, aber nicht bekannt. Die zu reihenden Gegenstände waren: ein Magnetkompaß, eine Fünf-Liter-Kanne Ahornsirup, ein Schlafsack pro Person, eine Flasche mit Wasserreinigungstabletten, ein Stück schweren Segeltuchs, 13 Zündhölzer in einem wasserdichten Metallbehälter, ein Nylonseil, eine Taschenlampe mit vier Batterien, drei Paar Schneeschuhe, eine Flasche Bacardi-Rum, ein Rasierapparat, ein aufziehbarer Wecker, eine Handaxt, ein Schlauch in der Dimension eines Flugzeugreifens und ein Buch mit dem Titel „Nordstern-Navigation". Die Instruktion für die Übungsteilnehmer bezog sich auf einen tatsächlich eingetretenen Unglücksfall, bei dem das Überleben der Expeditionsteilnehmer von der Fähigkeit einer Gruppe abhing, ihr vorhandenes Wissen in einer neuen Situation optimal zu nutzen, die wie folgt beschrieben wurde:

Ein Schwimmflugzeug ging nach einer Bruchlandung am Ostufer des Laurasees in der subarktischen Region des nördlichen Kanada nieder. Der Pilot wurde beim Absturz getötet, die Passagiere blieben unverletzt, waren aber bis zur Taille stark durchnäßt und verschwitzt. Das Flugzeug versank im tiefen Wasser, Kontakt mit der Außenwelt gelang nicht. Beobachtungen der Gegend würden jedoch darauf schließen lassen, daß man sich etwa 35 Kilometer östlich und 50 Kilometer südlich des beabsichtigten Kurses befände. Die Rückkehr der Gruppe wird am Zielort in spätestens 14 Tagen erwartet. Die unmittelbare Umgebung ist mit kleinen, immergrünen Bäumen bedeckt, die Gegend ist hügelig, teilweise sumpfig und von vielen Wasserläufen unterbrochen, die in eine Reihe von schmalen Seen fließen. Die Temperaturen liegen normalerweise zwischen – 4 und + 4 Grad Celsius, können aber auch bis zu – 18 Grad absinken. Der Boden ist mit zehn bis 20 Zentimeter Schnee bedeckt, doch ist er durch Windverfrachtungen teilweise freigefegt; anderswo haben sich bis zu 4 1/2 Meter tiefe Wächten gebildet. Alle sind mit warmer Kleidung und festen Jagdstiefeln ausgerüstet. Darüber hinaus besitzen sie noch gemeinsam ein Taschenmesser mit zwei Klingen und eine Ahle ähnlich einem Eispickel, einen Bleistiftstummel und 153 Dollar. Die Problemstellung ist nun, die angegebenen 15 Gegenstände, die vor dem Versinken des Flugzeugs noch gerettet werden konnten, so zu reihen, daß der für das Überleben wichtigste Gegenstand Rangplatz 1 erhält, der unwichtigste den Rangplatz 15.

Auf der ersten Stufe wurden Individualentscheidungen getroffen, auf der zweiten Stufe eine Konsensentscheidung. Die Gruppe hatte definitionsgemäß Konsens erreicht, wenn jeder diese Entscheidung akzeptieren und ihre Durchführung unterstützen konnte (volles Einverständnis war nicht erforderlich). Jeder einzelne konnte den Konsens aber durch ein Veto blockieren. Die zu überprüfende Hypothese lautete demnach, ob die individuellen Entscheidungen oder die Konsensentscheidungen gegenüber dem Standard der Expertenreihung besser oder schlechter seien. Die Mittelwerte der Abweichungen von Einzelentscheidungen oder Konsensentscheidungen vom Standard wurden miteinander verglichen und betrugen rund 56 Prozent bzw. rund 42 Prozent. Der Konsensgewinn konnte also mit rund 14 Punkten oder immerhin einem runden Viertel der durchschnittlichen Einzelentscheidungen gemessen werden. Beim Vergleich aller Entscheidungen der 63 Versuchsgruppen waren 96 Prozent der Konsensentscheidungen den durchschnittlichen Einzelentscheidungen und immer noch 63 Prozent der Konsensentscheidungen den besten Einzelentscheidungen überlegen.

Der amerikanische Psychologe Milton Rosenbaum hat mit empirischen Forschungen zum Thema Teamarbeit die These aufgestellt, daß Wettbewerb zwischen Teammitgliedern die Effizienz und Produktivität der Zusammenarbeit in der Gruppe enorm beeinträchtige. Gleichzeitig könne der Wettbewerb zwischen einzelnen Teammitgliedern durch eine starke, koordinierende Führungspersönlichkeit kanalisiert werden. Das aber wiederum bewirke – *Teamleader* sind auch keine Übermenschen –, daß ein Teil der Teameffizienz durch „Dominanz" verlorengehe. Die Wirklichkeit von Wettbewerb und Zusammenarbeit in unseren Unternehmungen verlangt vor allem von den führenden Mitarbeitern ein Verhalten, das die Schaffung und den Ausgleich sozialer Spannung weit genug treibt, um Dynamik zu bewirken, aber früh genug bremst, um die Zentrifugalkraft nicht zu stark werden zu lassen. Ein gutes Team wird das gemeinsame Ziel klar genug sehen und es als für alle richtig empfinden. Es wird die individuellen Interessen einem höherrangigen *Wir-Gefühl* unterordnen können und seine Aufgabenteilung und Zusammenarbeit so organisieren, daß jeder das Beste in sich verwirklichen und es auch in die gemeinsame Arbeit einbringen kann. Die wechselseitige Anerkennung wiederum sollte jene Beflügelung bewirken, die den psychologischen Aufwind für den gemeinsamen Erfolg bedeutet. Dieser Anspruch kann aber nur nach vielen

Phasen des *Storming* erfüllt werden. Auch bei den Tests zum Subarktis-Spiel kam es zu aggressiver Diskussion, bevor sich schließlich das positive *Performing* der Gruppe durchsetzte.

Untersuchungen am „Carnegie Institute of Technology“ haben wiederum gezeigt, daß jene Teams am besten arbeiten und auch die höchste Arbeitsmoral aufweisen, in denen der Einfluß einzelner Mitglieder am stärksten differenziert ist. Wenn das Team damit einverstanden ist, daß einige seiner Mitglieder einflußreicher als andere sind, dann läuft es gut. Umgekehrt funktionieren Teams aber nicht, deren Spieler sich allesamt für etwa gleich einflußreich halten. Sie sind nicht nur weniger zufrieden, sondern erzielen zumeist auch die schlechteren Ergebnisse. Häufig werden jene Mitglieder in der Gruppe besser akzeptiert und ihr größerer Einfluß toleriert, deren Verhalten der ganzen Gruppe am meisten Erfolg brachte. Dazu bedarf es erfolgreicher Führung – vor allem in der Krise –, aber auch der Aufgaben- und Erfolgsteilung, die wir schon weiter oben erörtert haben. In jedem Team müssen einzelne Funktionen tatsächlich von irgendjemandem *übernommen* werden. Werden die Funktionen nicht gut verzahnt, sondern stark überlappend wahrgenommen, sind Effizienzverlust und Rollenkonflikte die wahrscheinliche Folge. Gruppen brauchen also durchaus ein Maß an internem Wettbewerb und gegenseitiger Herausforderung, wenn sie effektiv sein wollen. Gleichzeitig führt aber ein zu stark individuell orientiertes Verhalten der Teammitglieder zu Unzufriedenheit und damit zu einem Verlust an Durchschlagskraft. Wenn wir Wettbewerb und Zusammenarbeit in einer Gruppe und dann in einem übertragenen Sinn in der gesamten Organisation optimieren wollen, so müssen wir diese Funktionsteilung einhalten, aber auch ihre gegenseitige Abschottung verhindern. Wir müssen Durchlässigkeit sichern, aber Auflösung vermeiden. Im Sinn des Wildentenprinzips müssen wir die Rolle des einzelnen wahren, aber sie mit der Aufgabe der Gemeinschaft verbinden.

Es sind nicht die Besten und nicht der Wettbewerb allein, durch die die besten Chancen entstehen. In einer richtigen Konstellation und unter den richtigen emotionalen Rahmenbedingungen kann *jeder* eine bessere Leistung erbringen. In der dem Leben abgeschauten Unberechenbarkeit der Voraussetzungen für die „kollektive Fitneß" einer Organisation leisten oft jene in kritischen Situationen einen wesentlichen Beitrag, von denen man es zunächst nicht erwarten würde. Solidarität zugunsten aller, die im Team mitarbeiten wollen, aber Unterstützung brauchen, ist kein karitativer Akt, sondern fördert das Gemeinschaftsziel.

LEAN MANAGEMENT

Die moderne Fabrik hat, um einen Ausdruck der Chaostheorie zu verwenden, *Fraktale der Arbeit* geschaffen. Das wissenschaftliche Management eines Taylor versuchte, die einzelnen Arbeitsschritte zu optimieren, das Fließband organisierte die Regelmäßigkeit der Handgriffe und steigerte die Produktivität beträchtlich. Man gewöhnte die Menschen an die „disziplinierte Zeit", wie James Thompson diese Tyrannei des Tagesablaufes in den Fabriken nannte, und entdeckte die Arbeitskraft als Handlanger der Technologie. Auch heute steht die Arbeitsproduktivität wieder im Vordergrund aller betriebswirtschaftlichen Zielsetzungen. Die Lohnkosten sind im Vergleich zu den Technologiekosten in der Regel die beweglichere Variable. Die Diskussion um den „Standort Deutschland“ macht klar, daß Industrieproduktion nicht nur eine patriotische Angelegenheit ist. Der österreichische Manager Klaus Woltron sagte in einer ähnlichen Diskussion über Österreich gar: „Österreich ist kein guter Industriestandort mehr. Wer kann, der flieht.“ Nur ein hohes Maß an Technologiewissen sichert noch den Vorsprung an Lebensstandard, den sich die westlichen Industriestaaten erarbeitet haben. Über die Verhältnisse wird dann gelebt, wenn das Wissen nicht nachgeschafft wird oder wenn es leicht kopierbar ist. So entstehen neue Automobilfabriken knapp jenseits der westlichen Grenze im billigen Osten oder werden Joint-ventures in asiatischen Billiglohnländern errichtet, in denen Wissen und Fleiß vorhanden sind, aber die Verwöhnungen des westlichen Lebensstandards noch nicht zur Priorität des Anspruchsdenkens geführt haben. Vermehrt beschäftigen sich westliche Manager mit Methoden, die vor allem die Japaner mit großem Erfolg anwenden. *Time Management* und *Lean management* sind mehr als Schlagworte geworden. Aus dem Beispiel der dortigen Automobilindustrie war zu erfahren, wie man's schneller, billiger und mit mehr Qualität macht. Die „*Kaizen*-Methode“ setzt auf eine neue Form der organisierten Zusammenarbeit zur „ständigen Verbesserung“. Die Arbeit selbständiger und intelligenter Teams in den Unternehmungen soll mehr Sinn, dadurch mehr Motivation und Qualität bewirken. Zwischen den Unternehmungen selbst werden immer häufiger strategische Allianzen geknüpft, um zu einer stärkeren Arbeitsteilung und Zusammenarbeit zu gelangen, die kritische Massen in Forschung und Entwicklung oder Vertrieb und Produktion zu schaffen vermag. Wettbewerbsfähigkeit und Produktivität sollen dadurch gestärkt werden. Die Sinnfindung in der Arbeit ist ihr eigentlicher Motivator.

Nach einer Studie von A. T. Kearney sind viele Firmen noch weit davon entfernt, ihre volle Wettbewerbsfähigkeit ausgeschöpft zu haben. Nach dem System des *benchmarking* verglich die Beratungsfirma die drei wichtigsten Standards der Wettbewerbsfähigkeit – Kostenvorteil, Kundenorientierung und Effektivität der Organisation. Die Abweichungen von diesen Standards waren beachtlich. Die durchschnittlichen Kosten lagen um 32 Prozent, die Kundenorientierung um 30 Prozent und die Effektivität der Organisation sogar um 54 Prozent von der jeweiligen Bestmarke entfernt. Diese Verbesserungsmöglichkeiten hat man nun unter dem Zwang immer stärker werdenden Wettbewerbs auszuschöpfen. Vor allem im Dienstleistungssektor und in der öffentlichen Verwaltung gibt es riesige Reserven der Produktivität, die heute von einem hohen Standard des inneren Komforts und der Verschwendung von Zeit und Ressourcen verschüttet sind. In der Industrie ist man hier wegen des historisch viel früher eingetretenen Drucks zur höheren Leistung wesentlich weiter. Im öffentlichen Bereich gibt es einiges nachzuholen – auch bezüglich der Mentalität. Und gewachsene Dienstleistungsbereiche wie Banken oder Versicherungen sind nicht sehr anders zu beurteilen.

In der Gesellschaft wird über Egoismus und Solidarität vehement diskutiert – wie immer, wenn es um eine neue Lastenverteilung geht. In den Unternehmungen ist aber längst klar, daß sowohl die ehrgeizige Einzelleistung als auch die Arbeit in kooperativen Teams noch besser zusammengespannt werden müssen. Die Gefahr bei Unternehmungen mit einem hohen Grad an Kompetenz einzelner Mitarbeiter ist ja häufig, daß es ein Manko an Zusammenarbeit und Teamgeist gibt; andererseits kann sich bei geringerem Kompetenzniveau zwar der Teamgeist besser entfalten, doch besteht dann wieder die Gefahr der Kameraderie und des Wartens auf das Manna, das vom Himmel fällt: In einer solchen Kultur ist man weniger zur Einzelleistung und zur Einzelverantwortung bereit, dafür lehnt man sich gerne an Autoritäten an und erwartet eher passiv Initiative und Impulse von anderen. Gute und engagierte Leistung braucht ein Klima des Wettbewerbs, das Kompetenz erzeugt. Erfolg ist aber nur nachhaltig möglich, wenn die Einzelleistung in die Gemeinschaftsleistung eingebettet bleibt.

ERFOLG DURCH AUTONOME TEAMS

Peter Drucker hat gemeint, daß erst die Zusammenarbeit unserer Tätigkeit einen tieferen Sinn verleiht. Unser industrielles System ist an sich auf Zusammenarbeit angewiesen, unsere soziale Natur sucht ja ebenfalls nach diesem Einschluß in gesellschaftliche Institutionen – von der Familie und der Freundesgruppe bis zum Team am Arbeitsplatz. Unsere Gesellschaft hat aber Individualität und Selbstentfaltung mit großer Konsequenz als *Megatrend* der Menschheitsgeschichte überhaupt zum treibenden Wert gemacht. Zwischen diesen Polen von Machtanspruch, Rangstreben und Individualität einerseits, Konsensdenken, Einordnung und Gemeinschaftsgeist andererseits, verläuft auch unser Arbeitsleben. Wir legen großen Wert auf Gleichheit, und dennoch müssen wir gerade in Unternehmungen auch unsere Verschiedenheit akzeptieren und ausspielen, damit sich der Erfolg einstellt. In Hierarchien brauchen wir ohne Zweifel verschiedene Ebenen von Status und Macht, und dennoch muß ein ausgleichendes Band des Vertrauens zwischen allen existieren. Teamarbeit kann nicht nur technologisch gesehen werden. Menschen sind keine Summe von Handgriffen und auch keine

Poolung von mechanischem Know-how. Sie sind immer auf der Suche nach einer Rolle, einem Rang, nach Ordnung und Sicherheit, aber auch nach Chance und Veränderung für ihr Leben insgesamt.

Der Erfolg einer Gruppe hängt davon ab, wie groß ihr Zusammenhalt vor allem bei Gefahr oder überdurchschnittlicher Herausforderung ist. Um in der Stunde der Wahrheit auch die Leistung, zu der eine Gruppe fähig ist, erbringen zu können, ist die Erhaltung der Gruppeneinheit ein wichtiges Ziel – und wesentliche Aufgabe eines *Teamleaders*. Bedauerlicherweise wird in hierarchisch gegliederten Organisationen die Unterschiedlichkeit der einzelnen Gruppenmitglieder zuwenig berücksichtigt. Einzelne abweichende Begabungen und Fähigkeiten kommen bei einer unsensiblen Standardisierung nicht zum Vorschein oder werden bald abgewürgt. Wenn ein Arbeiter in einem Team eine zu hohe Leistung erbringt, so wird er bald aufgefordert, sich etwas stärker nach der Mehrheit zu richten. Wer überdurchschnittlich gut ist, gefährdet den Erfolg einer Gruppe ja auch, weil die anderen nicht mitziehen wollen oder können. „Der glaubt, er ist 'was Besseres", heißt es dann. Neid und Eifersucht bremsen die Besten, aber sie können natürlich auch die Schwächeren anspornen. Wir finden hier unsere früheren Erörterungen über Gruppenstandards des allgemeinen Verhaltens umgemünzt auf die Tätigkeit am Arbeitsplatz wieder.

In vielen Studien wurde erforscht, daß die Motivation in Unternehmungen durch Aktion und Erfolg bei gleichzeitigem Gruppenerlebnis am höchsten ist. Auch hier spielen die Führungspersönlichkeiten als Katalysatoren die wichtigste Rolle. In früheren Kapiteln haben wir von Macht und Machtmißbrauch und von Kommunikation als Machtmittel gesprochen. Nach dem Muster „teile und herrsche“ ist der machiavellistische Vorgesetzte gar nicht daran interessiert, daß seine Mitarbeiter einander gut verstehen. Er möchte, daß die Kommunikation sternförmig über ihn läuft, weil er nur so seine Macht durch bessere Information erhalten kann. Doch führt gerade der Wettbewerb durch bessere Leistung auch zur Veränderung traditioneller Hierarchien und Machtverhältnisse. Horizontale Kommunikation und Kooperation sind im Vormarsch, weil die Komplexität der Aufgaben nur so bewältigbar ist. Die Dezentralität von Entscheidungen wird auch dank der modernen Informationstechnologie höher. Im Lehrbuch der Natur steht schon längst geschrieben, daß Selbstorganisation *(Autopoiesis)* und Selbsterneuerung zu den wichtigsten Bausteinen jeder lebendigen Entwicklung gehören. Solche Gedanken finden nun auch mehr und mehr in das Management Eingang. Sachorientierte Teams drängen das Rollendenken zurück. In Unternehmungen mit niedriger Aufgabenorientierung sind Frustration und innerbetriebliche Intrige am häufigsten anzutreffen. Wenn Sachaufgaben die Menschen begeistern, rückt auch die Beschäftigung mit der eigenen Position etwas in den Hintergrund.

Wie schon erwähnt, ist im Zuge des Trends zum *Lean management* die Beschäftigung mit der Arbeitsorganisation wiederum stark angewachsen. Dabei bilden die Faktoren Zeit, Vereinfachung und Flexibilität, aber auch die Zusammenarbeit im Produktionsprozeß die wichtigsten Ansatzpunkte der „ständigen Verbesserung“. Schon früh wurden die Leistungsvorteile von Gruppenarbeit an vielen Beispielen vor allem in der Industrie untersucht. Fast immer waren autonome Arbeitsgruppen spezialisierten Teams mit zu hoher Arbeitsteilung in praktisch jeder Beziehung überlegen. Die Effektivität von autonomen Gruppen erreichte bei

etwa zwölf bis 14 Personen ein Optimum und nahm dann mit jedem weiteren Gruppenmitglied wieder progressiv ab. Neben der Autonomie, sich vor allem die Arbeit selbst einteilen zu können, spielte auch ein Gruppenprämiensystem eine große Rolle, das nicht auf die Leistung einzelner, sondern nur auf die Leistung der Gruppe insgesamt abstellte. Scheinbar ist dadurch auch der Anreiz für jeden einzelnen am größten, seinen eigenen Beitrag in der Gruppe zu erhöhen. In britischen Bergwerken stieg die Produktivität bei der autonomen Gruppenarbeit von 78 Prozent auf 95 Prozent des theoretischen Ideals an, die Behebung von Mängeln ging von 25 auf fünf Prozent und der Absentismus von 20 auf acht Prozent zurück. Mit der Leistungssteigerung stieg auch die Zufriedenheit der Mitarbeiter. Almex ist ein mittleres Unternehmen in Schweden, das seit Mitte der siebziger Jahre mit autonomen Gruppen in der Produktion experimentiert. In einer Betriebsvereinbarung zwischen Arbeitnehmern und Unternehmensleitung wurde u. a. folgendes geregelt:
Die Gruppen

- tragen kollektiv die Verantwortung für die Erfüllung ihrer Aufgaben;
- entscheiden selbständig und bestimmen ihre interne Aufgabenverteilung, kurzfristige Überstunden und kürzere Freistellungen;
- sind für die Weiterentwicklung ihrer Arbeitsmethoden verantwortlich und organisieren die Einarbeitung und Weiterbildung ihrer Mitarbeiter.

Nach ähnlichen Prinzipien wurde auch in einer Reihe von deutschen Firmen Gruppenarbeit organisiert. DEC verzeichnete mit dieser Produktionsmethode steigende Qualität, weniger Ausschuß und sinkende Fehlzeiten. Gleichzeitig ist bei höherer Toleranz, besserem Konfliktmanagement und steigender Organisationsfähigkeit der interne Wettbewerb größer geworden. Auch Opel will die Fließbandarbeit abschaffen und teilautonome Gruppen einsetzen, die ihre Zeitplanung selbständig vornehmen, und will ihnen die früher ausgegliederten Bereiche Qualitätskontrolle und Materialwirtschaft wieder übertragen. Die Hösch AG hat in einem Kaltwalzwerk Gruppenarbeit der neuen Art eingeführt, wobei alle Beschäftigten eines Bereichs wechselweise die verfügbaren Positionen einnehmen und die traditionellen Kompetenzen und Entlohnungsstaffeln aufgehoben wurden.

ZEIT UND KRITISCHE MASSE ALS WETTBEWERBSFAKTOREN

Ein englisches Sprichwort sagt: „*The early bird gets the worm.*“ Auch in der Welt der Unternehmungen ist das so. Wenn Produkt, Preis, Qualität und Service stimmen, dann muß die *Zeit als Wettbewerbsvorteil* hinzukommen. Lange Durchlaufzeiten, lange Entscheidungsprozesse und lange Reaktionszeiten der Organisation dem Kunden gegenüber verringern die Chancen des Erfolgs immer mehr, weil Zeit immmer wichtiger wird.

Bei ABB wurde gemäß den Empfehlungen der Boston Consulting Group eine sogenannte T50-Strategie installiert, die unter dem Motto „*Competing against time*“ bis Ende 1993 alle wesentlichen Durchlaufzeiten im Produktionsprozeß des Konzerns halbieren sollte. Ein wichtiges Mittel dazu war die Organisation von sogenannten *high performance teams* (ein von McKinsey geschaffener Ausdruck), die den gesamten Produktionsprozeß betreuen. Gewöhnlich bestehen sie aus zehn bis 15 Arbeitern, die ihre Produktion weitgehend selbst organisieren und nicht auf fragmentierte Instruktionen verschiedener Abteilungen angewiesen sind. Die Zerstückelung des Produktionsprozesses soll durch die „fraktale Fabrik", die nach dem Prinzip der Selbstähnlichkeit verschiedener Arbeitsgruppen aufgebaut ist, wieder rückgängig gemacht werden. Die Arbeitsteiligkeit der Produktion wird nach natürlichen und mehr Sinn für die Arbeiter versprechenden Grundsätzen neu organisiert. Die Auswirkungen dieser neuen Philosophie auf das Management und die Organisation sind enorm: Die Grenzen zwischen der Administration und der Produktion existieren nicht mehr, die Barrieren zwischen *white collar* und *blue collar* werden niedergerissen. ABB-Angestellte werden jetzt *associates* genannt und genießen alle die gleichen sozialen Rechte. Die Organisation ist flach, hat weniger Bosse, dafür aber mehr verantwortungsbewußte Arbeiter.

Dem Beispiel der japanischen Autoindustrie folgend, griff Chrysler die Idee sogenannter *platform teams* auf, in denen Designer, Ingenieure, Produktionsspezialisten und Manager gemeinsam und nur mit einer allgemeinen Zielvorgabe nach dem Prinzip der Selbstorganisation tätig werden. Den Mitarbeitern dieses Projektes wurde nur gesagt, daß sie so schnell wie möglich einen Sportwagen bauen sollten, der mit der *Corvette* erfolgreich konkurrieren könne. Das Ergebnis der Arbeit: der *Viper.* Er verbesserte das Image von Chrysler im Sportwagenbereich (und natürlich darüber hinaus) enorm und sorgte schon ab dem Jahr 1993 für eine vollkommen ausverkaufte Produktion.

In der Kölner Stadtsparkasse wurde ein neues System für die Vergabe von Teilzahlungskrediten eingeführt. Bisher waren zu viele Kontroll- und Prüfungsvorgänge wiederholt, die Kreditakte zwischen den Abteilungen immer wieder hin- und hergetragen und die Organisation funktional an den jeweils schwierigsten Fällen orientiert worden. Lange Transport- und Liegezeiten waren die Folge, auch wenn nur ein kleiner Teil der Anträge diese Komplexität halbwegs rechtfertigte. Gleichermaßen wurde die Verantwortung verdünnt, weil in allen Fällen bis zu einem Dutzend Unterschriften erforderlich waren, obwohl nur drei bis vier davon materielle Entscheidungen dokumentierten. In einer neuen Standardisierung von Arbeitsschritten wurden die Daten schneller und präziser aufbereitet, Ressourcen und Zeit gespart und wahrscheinlich auch die Qualität der Kreditentscheidung verbessert.

Bei einer genauen Analyse von Wertschöpfungsketten hat Boston Consulting in einer Studie erhoben, daß die eigentliche Wertschöpfungszeit – die Zeit, in der tatsächlich an einem Auftrag gearbeitet wird – im Schnitt zwischen ein (!) und 20 Prozent der gesamten Fertigungszeit liegt. Das schon erwähnte *Time-based-Management* bei ABB hat beispielsweise die Erstellung eines Angebots von mehreren Wochen auf drei Tage vermindert, einfach weil es gelang, Liegezeiten zu eliminieren.

Bei Siemens läuft ab 1994 das Programm TOP-Siemens (*Time-optimised-process*), um die Wertschöpfungskette leistungsfähiger, kundennäher und konkurrenzfähiger zu machen.

In all diesen Experimenten und praktischen Beispielen konnte man feststellen, daß teilautonome Arbeitsgruppen vor allem folgende Ziele sehr gut erreichen können:

- Mehr Arbeitszufriedenheit durch weniger Arbeitsteilung und mehr Eigenverantwortung;
- gegenseitiges *Training on the job* und interne Fehlerkorrektur;

- Ausgleich von Ausbildungs- und Erfahrungsdefiziten;
- schneller Kapazitätsausgleich durch Einspringen von Gruppenmitgliedern bei Ausfall eines Mitarbeiters;
- besseres Ergebnis und mehr Motivation in kürzerer Zeit.

Die eigentliche Schwierigkeit von Teams, die quer über die Funktionen und Hierarchie eines Unternehmens für besondere Leistungen sorgen sollen, sind die ganz normalen Konflikte mit der bestehenden Organisation. Ohne über das ganze Unternehmen verbreitete Unterstützung können sich die Teammitglieder in der Regel nicht die notwendigen Ressourcen für den Erfolg verschaffen. Ein wirklich erfolgreiches Team bricht daher auch immer wieder Regeln (setzt einen neuen eigenen Gruppenstandard zu Lasten der alten Standards durch), um ständig in Bewegung zu bleiben und sich auch selbst immer wieder an die Umgebung anzupassen. Ein Team darf nicht die alten Organisationsformen klonen und sich selbst hierarchisch etablieren. Es muß als ein „virtuelles Team" im Sinn einer stets offenen Vernetzung, aber geeint durch die Aufgabe, aufgebaut sein, das sich Wissen, Mitarbeiter und sonstige Ressourcen immer nur dann holt, wenn sie tatsächlich für die Erfüllung der Aufgabe benötigt werden. Besonders erfolgreich können solche Teams dann sein, wenn auch Kunden und Lieferanten in die Entwicklung von Produkten und Prozessen frühzeitig einbezogen werden.

STRATEGISCHE ALLIANZEN

Analog zur Organisation solcher „virtueller Teams" innerhalb eines Unternehmens sind strategische Allianzen zwischen Unternehmen zu sehen, die ja auch eine *virtual corporation* genannt werden. Die Kosten, die kritische Masse und der Zutritt zu globalen Märkten sollen von den Partnern gemeinsam bewältigt werden, indem jeder mit seinen besten Fähigkeiten zum Erfolg beiträgt. Größe ohne träge Masse ist das Ziel. Die wesentliche gemeinsame Überlegung für eine strategische Allianz und ein erfolgreiches Team ist, daß man Ressourcen nicht im Eigentum besitzen muß, um sie nutzen zu können. Das gilt für das effektive Eigentums*recht* genauso wie für die Psychologie der Begehrlichkeit und des Besitzes. Wir können leicht den Zusammenhang zwischen dem Revierdenken und dem natürlichen Machtanspruch zur Sicherung des Überlebens und den Schwierigkeiten sehen, die man in Teams und Allianzen zu überwinden hat. Strategische Allianzen innerhalb und außerhalb des Unternehmens sind also ein neues Mittel, um Probleme der Größe und Komplexität anzugehen. Im Idealfall kann die geforderte kritische Masse erhöht werden und eine (virtuelle) größere Einheit durch strategische Allianzen gebildet werden, ohne die Vorteile von kleineren Einheiten zu verlieren. Die höhere Flexibilität bei immer größer werdender Komplexität führt dazu, daß immer mehr Teilaufgaben nicht allein, sondern gemeinsam mit einem Partner gelöst werden. Das berühmteste Motto dieser Neuverteilung von Kernkompetenzen heißt *„think global, act local"*.

Die Degussa AG hat mit einer Reihe von Firmen strategische Allianzen gebildet, die zeigen, auf welchen Gebieten man daraus Vorteile ziehen kann:

- Eine Allianz mit Nippon Shokubai produziert Katalysatoren für japanische Automobilerzeuger (Beispiel einer geographischen Allianz);
- die Zusammenarbeit mit Ciba Geigy zur Herstellung von keramischen Farben schafft kritische Mas-

se für beide Firmen, die in diesen Bereichen allein jeweils keine Kernkompetenz haben (globale Präsenz in einem Teilmarkt);

- die künstliche Herstellung von Vitamin B3 gemeinsam mit Reilley Industries und die Produktion von Ultraform gemeinsam mit BASF reduzieren die hohen Kosten von Forschung und Entwicklung.

Die wichtigsten Vorteile der strategischen Allianzen sind also ein kostengünstiger Eintritt in einen größeren Markt, die Einsparung von Ressourcen für die eigene Kernkompetenz und die Bündelung von Know-how. Ganz ähnlich stellte sich der Vorteil von funktionsübergreifenden Teams innerhalb einer Organisation dar: Know-how, Ressourcen und Entwicklungskosten einzelner Gruppen im Unternehmen werden aufgabenorientiert neu gepoolt und bringen dadurch sowohl mehr Flexibilität als auch eine bessere Bewältigung der wachsenden Komplexität.

TEILEN DES ERFOLGES UND GERECHTE BEZAHLUNG

Eine der frühesten und wichtigsten sozialen Funktionen ist, wie wir schon anfangs sahen, das Teilen des Erfolges. Die Aufteilung der Jagdbeute ist die soziale Wurzel der Rechtskultur und der Verteilungsethik. Bis heute ist die Beteiligung am Erfolg eine Schlüsselfrage der Wirtschaft. Kunden, Eigentümer und Mitarbeiter ringen ständig um die leistungsgerechte Verteilung von Erträgen, Kosten und Risiken der Unternehmung. Für die Berechnung und Zurechnung des Erfolges gibt es aber kein unumstrittenes System. Die „subjektive Wirklichkeit“, einen mehr oder minder großen Beitrag zum Erfolg geleistet zu haben, läßt sich nicht objektiv messen. Genausowenig lassen sich die differenzierten tatsächlichen Beiträge der Mitarbeiter messen, die in einer Organisation für das Erreichen des gemeinsamen Ergebnisses notwendig sind. Der Systemtheoretiker Alfred Janes meint, Beurteilungs- und Gehalts*systeme* seien eher ein Mittel zur Entlastung der Führungskräfte, die dadurch das (undelegierbare) Problem der Leistungssteuerung und -bewertung an einen Automatismus, eine „Maschine“, abtreten. Ich halte es für wichtig, vorher die *Philosophie der Verteilung* zu überprüfen. Nichts pflegt die Stabilität einer Organisation mehr zu untergraben als das Gefühl, die sichtbaren und unsichtbaren Belohnungen würden ungerecht verteilt. Schon die Kostenrechnung kann entweder den individuellen oder den gemeinsamen Erfolg hervorstreichen. Wird der Erfolg zuerst *einem* entsprechenden Profit Center zugeordnet und erst dann im Weg der internen Leistungsverrechnung eine Abgeltung von Kosten *anderer* Unternehmensteile vorgenommen, so lautet die Frage: Was bekomme *ich* vom Kuchen? Will die Unternehmensphilosophie die Zusammenarbeit in den Vordergrund stellen, so können zum Beispiel Doppelzählungen angewendet werden: Sowohl die Kunden- als auch die Produktabteilungen erhalten den Erfolg im Sinne eines *shadow accounting* zugerechnet. Daher heißt hier die Frage: Was haben *wir* gemeinsam verdient? Das Rechenwerk ist konsensorientiert aufgebaut.

Was und von wem zu einer bestimmten Gemeinschaftsarbeit beigetragen wurde, kann man kaum klären. Wer war zum Beispiel für „The making of the atomic bomb“ verantwortlich, fragte Richard Rhodes in seinem gleichnamigen Bestseller kritisch und eindrucksvoll. Wem aus der Liste von Albert Einstein, Marie Curie, Leo Szilard, Ernest Rutherford, Hans Geiger, Niels Bohr, Lise Meitner, Otto Hahn, Chaim Weitzmann, Edward Teller oder Enrico Fermi und vielen anderen gebührt das meiste Lob oder der größte Tadel für die Entfesselung der Atomkraft – je nachdem? Ich bin der Meinung, daß die Zurechnung des Erfolges eine umso geringere Rolle spielt, je besser das Klima der gegenseitigen Anerkennung entwickelt ist. Lösen kann man das Zurechnungsproblem nur *psychologisch*, nicht *logisch*. Die Entwicklung gerechter und leistungsorientierter Entlohnungssyteme erfordert trotzdem unsere laufende Aufmerksamkeit, auch wenn wir nie einen idealen Zustand des Teilens erreichen können. Einige Modelle und Ideen mögen als Anregung dienen.

Booz-Allen-Hamilton hat 170 Partner, davon 18 *Board members*, die jährlich gewählt werden. Die Partner erhalten kein fixes Einkommen, sondern werden an einem sogenannten *distributable income* nach einem Punktesystem beteiligt. *Junior partners* erhalten 100 und *senior partners* 250 Punkte eingeräumt. Logischerweise wird es das Interesse der etwa 4000 weltweit tätigen Mitarbeiter sein, ebenfalls Partner zu werden. Die *junior partners* werden alles daran setzen, *senior partners* zu werden. Ihr eigenes Einkommen können sie dann erhöhen, wenn sie ihre Mitarbeiter zu einem erfolgreichen Teamwork animieren können. Die Entlohnungsphilosophie in den USA ist vom „*Pay-as-you-earn*-Prinzip“ und einer ausgeprägten Beteiligungstechnik geprägt, die gerade Topmanagern manchmal zu astronomischen und ob ihrer Höhe auch häufig kritisierten Einkommen verhilft. Man erhält einerseits für eine erbrachte Leistung sofort ein entsprechendes Entgelt. Andererseits werden Ansprüche in die Zukunft verschoben, um einen Anreiz zu schaffen, den Wert des Unternehmens für die *shareholders* (und für sich selbst) zu erhöhen. In Europa ist das lebenslange Einkommen und ein höherer sozialer Schutz wichtiger. Das Einkommen schwankt wesentlich weniger stark als die Unternehmensergebnisse. Ein wichtiger Teil des lebenslangen Einkommens wird oft als Firmenpension ausgezahlt. Die Seniorität spielt eine große Rolle, vor allem im öffentlichen Dienst und in Institutionen mit einer ähnlichen gehaltspolitischen Struktur, zum Beispiel Kammern, Banken und Versicherungen. Ich bin sicher, daß sich auch bei uns mehr Beteiligung an Erfolg und Substanz durchsetzen wird.

Das ewige Dilemma der erfolgs- und leistungsorientierten Bezahlung hat Rosbeth Moss Kanter in einige relevante Fragen zerlegt:

- Soll die einzelne Person oder die Gruppe beurteilt werden?
- Soll die Leistung der Gruppe oder die des ganzen Unternehmens zur Bemessung des Entgelts herangezogen werden?
- Soll die Leistung „objektiv" oder „subjektiv" (also eher nach meßbaren Standards oder eher diskretionär) beurteilt werden?
- Soll sich eine Komponente des Leistungslohns eher am Grundgehalt oder an der Erfüllung einer bestimmten Aufgabe orientieren?
- Soll es im Unternehmen nur ein System oder mehrere Systeme der Bezahlung geben?

Moss Kanter schlägt dann ein „Bezahlungsschema der Zukunft" vor, das aus fünf Teilen bestehen könnte: Grundgehalt, individuelles Leistungsentgelt, Gruppenleistungsentgelt, Unternehmensleistungsentgelt (Gewinnbeteiligung) und spontane Anerkennungsprämien, die sich an Sonderleistungen orientieren.

Es wird immer wieder gesagt, daß die Leistung jedes einzelnen für die Gemeinschaft umso größer ist, je besser die Leistungsentlohnungen und einzelne *incentives* direkt an den Erfolg gekoppelt sind. Diese Aussage gilt meiner Meinung nach nur unter zwei schwierigen Voraussetzungen: Erstens muß die moralische Grundlage einer gemeinsamen Verantwortung vorhanden sein, auf der erst die Systeme der Entlohnung und Erfolgsbeteiligung halbwegs gesichert und gerecht aufbauen können; und zweitens muß es eine Beweglichkeit im Entlohnungssystem geben, die den Erfolg, aber auch den Mißerfolg berücksichtigt. Tatsächlich ist ein Unternehmenserfolg nur über einen längeren Zeitraum richtig zu beurteilen. Wenn jemand in die Zukunft investiert, so entstehen zunächst einmal Kosten. Das richtige Gleichgewicht zwischen dem Erfolg von heute und der Vorsorge für den Erfolg von morgen erfordert Weitsicht und Stehvermögen.

LERNENDE TEAMS UND DIALOGFÄHIGKEIT

Wenn Teamwork einen besonderen Stellenwert erhält, so ist *Teamlearning* in einer Zeit des lebenslangen Lernens wichtiger denn je. Teams, ob im Sport, in der Musik oder im Betrieb, sind aufeinander angewiesen, und – gerade im Sport oder in der Musik zeigt es sich ganz deutlich – exzellente Einzelleistungen müssen sich durch „Zusammenspiel" ideal ergänzen und bündeln lassen, damit daraus *Teamplay* mit Erfolg wird. Innerhalb von Unternehmungen gibt es beim *Teamlearning* drei kritische Dimensionen:

- Das Bewältigen von komplexen Problemstellungen durch Denken;
- die Notwendigkeit innovativer und koordinierter Entscheidung;
- die Bewältigung der Schnittstellen, welche die verschiedenen Funktionen von Teammitgliedern und ihre Interessenslagen im Unternehmen mit sich bringen.

Die Fähigkeiten des Teamlearning werden nur selten erfolgreich praktiziert. Peter M. Senge (1992) sagt dazu plastisch, man möge sich doch vorstellen, wie ein Theaterensemble oder ein Symphonieorchester ohne Proben eigentlich auskämen. Tatsächlich sind die großen Theaterdirektoren oder die großen Orchestererzieher Moderatoren des Teamlernens auf Gebieten, wo es mehr Tradition und Erfahrung damit gibt als in Unternehmungen. Die Rivalität zwischen den Menschen ist besonders im künstlerischen Bereich sehr hoch, wird aber doch von der packenden Herausforderung emotionaler Leistung relativiert. In allen Fällen, in denen die Kommunikation nicht mehr gut funktioniert, leidet auch die Entwicklung geistiger Inhalte. *Teamlearning* als Wettbewerb und Zusammenarbeit in der Erweiterung des Wissens nimmt eine zentrale Stellung in der Sicherung der Leistungskraft ein. Wenn wir die *Kunst der lernenden Kommunikation* nicht verbessern, wird kein „Lern- und Leistungsfeld“ im Unternehmen möglich. Ein zeitgenössischer Kernphysiker, David Bohm, hat die Methode des *Dialogs* zur Verbreiterung „einer größeren Intelligenz“ eindrücklich empfohlen. In seinem 1965 erschienenen Buch über die spezielle Relativitätstheorie meint Bohm, daß der Zweck der Wissenschaft eigentlich die Schaffung von sogenannten *mental maps,* also geistigen Landkarten, sei, die unsere Wahrnehmung und Entscheidung beeinflussen und damit eine wechselseitige Beteiligung zwischen Bewußtsein und Natur herbeiführen. Ausgehend von der Quantenphysik meint er, daß auch unser Denken von den kollektiven Eigenschaften der Partikel beherrscht sei und daher individuell praktisch gar nicht verbessert werden könne. Genauso wie mit Elektronen müssen wir mit Gedanken als einem Phänomen operieren, das von unseren Interaktionen und Diskussionen miteinander bestimmt wird. Nur der echte Dialog kann einen freien Fluß von Meinungen zwischen Menschen herbeiführen, so wie auch ein Fluß zwischen zwei Ufern fließt. Dialog bedeutet damit fließenden Austausch von Wortvernunft und Sinn zur ständigen Verbindung – und auch wieder nicht – zwischen den Ufern menschlichen Denkens.

Damit wird der Dialog für das *Teamlearning* zu einem Instrument, das unser unzusammenhängendes Denken ständig auf den Prüfstand stellt. Wir haben im Kapitel über Kommunikation diskutiert, daß zunächst die Beziehungsebene „stimmen" muß, um den Austausch von Informationen sicherzustellen. Wie sehr Beziehungen und Information aber vernetzt sind, zeigt sich auch aus der Theorie von Bohm an den drei Schwachstellen der Inkohärenz des Denkens, wie er es nannte, die durch den Dialog zum Nutzen einer breiteren und schärferen Intelligenz eines Teams überwunden werden müssen. Diese Schwachstellen sind:

- Das Denken verweigert sich der Mitteilung;
- das Denken entfernt sich von der Realität und programmiert sich selbst;
- das Denken etabliert seinen eigenen Wertstandard für die Problemlösung (Probleme, die es erst selbst geschaffen hat).

Echter Dialog soll helfen, daß die Menschen ihr eigenes Denken besser beobachten können. Durch den Dialog können wir die kollektive Natur unseres Denkens (Prägungen, Wertvorstellungen usw.) besser erkennen. Um dies aber zu erreichen, müssen wir vor allem drei grundsätzliche positive Voraussetzungen schaffen:

- Alle Teilnehmer am Dialog müssen ihre eigenen Annahmen gewissermaßen aufheben, auch im wahrsten Sinne dieses Wortes (nämlich, sie aufgreifen und vor uns hinhalten, damit wir sie erkennen können);

- alle Teilnehmer müssen einander als Partner (ein anderes Wort für Teilnehmer!) auf dem gleichen Niveau akzeptieren;
- es braucht einen Moderator oder „Ermöglicher", der den Zusammenhang des Dialoges wahrt und steuert.

Fast niemand ist in der Lage, seine Annahmen ausdrücklich anzugeben. Entweder kann oder will er es nicht tun. Es bedarf eines einigermaßen entwickelten Klimas der Offenheit, damit alle Teilnehmer an einem Dialog ihre Mentalreservation aufgeben. Die Ethik des Dialogs, die wir früher unter dem Begriff *ethisches Gleichgewicht* behandelt haben, bedeutet nichts anderes als die ständige Bereitschaft zur Überprüfung und die „Verweigerung eines Endpunktes". Aber die Wertschätzung des anderen als Partner im Team ist oft schwer beizubehalten. Die „machtlose Existenz" ist auch in einem guten Team auf die Dauer kaum möglich. Daher wird es unterschiedliche Wert- und Beziehungsmeinungen, unterschiedliche Rollenmodelle und Rangwünsche geben, die zu Spannungen führen. Was die Ermöglichung von wirklichen Ergebnissen und den Zusammenhalt des Teams durch einen gut gemanagten Dialog betrifft, so haben wir alle unsere Erfahrungen von guten und schlechten Vorsitzenden oder Führungspersonen. Ein Moderator oder „Ermöglicher" muß gleichzeitig führen und sich führen lassen, muß anfassen und loslassen können, muß ein feines Gefühl für die Zwischentöne haben und trotzdem eine mutige eigene Meinung. Nur so ist er in der Lage, das immer wieder notwendige Urteil zu fällen und auch durchzusetzen und zu entscheiden, welche Punkte verworfen und welche vertieft werden müssen, um auf dem richtigen Weg zu bleiben.

Ich fürchte, daß wir viel zu wenig in solche immer wichtiger werdenden Fertigkeiten investieren. Die Seminare, an denen wir gelegentlich teilnehmen, sind der Tagesarbeit aufgepfropft, werden zum Teil aus Berührungsangst von verschiedenen Leuten gar nicht besucht oder wenig ernst genommen. Man will die bewährten Mechanismen des Machtgebrauchs (oder Machtmißbrauchs) nicht aufgeben, die gegen den geistigen Fortschritt und die Veränderung immer wieder aufgebaut werden. Oder – man hat keine Zeit. Nur wenn die nötigen „Gefühlsvokabeln" von einer genügend großen kritischen Masse von Führungskräften gelernt werden, kann sich ein Sauerteig bilden, der das Brot aufgehen läßt. Persönlichkeiten und ihre Wertvorstellung sind Triebkraft oder Hemmnis für diese Ideen der wachsenden Gemeinsamkeit.

In diesem Kapitel haben wir uns mit Teams und strategischen Allianzen als neuen Formen der *Lern- und Leistungsfelder* beschäftigt. Fassen wir nochmals kurz die wichtigsten Thesen zusammen:

- Teams und Allianzen erfüllen eine wichtige Rolle für die Aufrechterhaltung der Fitneß eines Unternehmens.
- Durch das Einbringen spezifischer Stärken und das lernende Modell von offen ausgetauschter Unterschiedlichkeit sind sowohl Teams wie auch Allianzen wichtige Träger der Leistungssteigerung.
- Das *Lean management* möchte den Wettbewerb gegen die Kosten und die Zeit gewinnen. Teamarbeit zur Schaffung neuer „Fraktale" nach dem Prinzip der Selbstähnlichkeit fördern den Überblick, stiften mehr Sinn und erhöhen die Erfolgschance dieses Anspruchs.
- Die Verteilung des Erfolges ist seit alters her eine Grundfrage des menschlichen Zusammenlebens. Leistungs- und gewinnabhängige Entlohnungssysteme weisen viele Mängel auf, eine „gerechte" Bezahlung gibt es kaum. Doch sollte das Gehaltssystem die Einzelleistung und die Teamleistung in einem Stufenbau honorieren.
- Das Lernen im Team als Weiterentwicklung der Kommunikation ist wahrscheinlich der wichtigste Faktor zur Sicherung der Unternehmenszukunft. Die Dialogfähigkeit mit dem Ziel eines immer weiter führenden gemeinsamen Wissensaufbaus ist ein hoher Anspruch im Sinn eines kommunikativen ethischen Gleichgewichts.

„Sein Blick ist vom Vorübergehen der Stäbe
so müd geworden, daß er nichts mehr hält.
Ihm ist, als ob es tausend Stäbe gäbe
und hinter tausend Stäben keine Welt."

Rainer Maria Rilke

XII.

DER AUSBRUCH AUS DEM EISERNEN KÄFIG

Die heute zu Anfang des Jahres 1994 erfolgreichsten Managementrezepte sind erwartungsgemäß jene, die sich mit den aktuellen und akuten Fragen des Wettbewerbs und der Krise beschäftigen. Wie senke ich Kosten? Wie vereinfache und beschleunige ich die Produktion? Wie schaffe ich eine *Lean organization?* Gefragt sind Personen, die solcherlei Ansprüche umzusetzen versprechen. Die López der Praxis oder die Hammer & Champy der Theorie haben Hochsaison, weil sie das Evangelium der Produktivitätspolitik und der Wertschöpfung für den Kunden predigen. Gleichzeitig mit diesem notwendigen Ausschlag des Pendels, der ja nach einer Zeit des etwas müheloseren Erfolgs nur die Anpassungsfähigkeit unserer Wirtschaft und Gesellschaft unter Beweis stellt, bereitet sich auch schon wieder die Gegenbewegung vor, die mit gleichem Schwung die Gemüter bewegen wird. Man wird bald wieder sagen, daß die Prioritäten überprüft werden müssen, sobald z. B. die Kosten der Autoproduktion auf ein Niveau gesenkt worden sind, daß es tiefer nicht mehr geht. Die Gesellschaft wird die Geißel der Arbeitslosigkeit verstärkt und schmerzhaft spüren und sich mit Maßnahmen beschäftigen müssen, um so vielen Menschen wie möglich Arbeit und Einkommen zu geben. Daher ist immer noch, obschon in der Krise etwas zurückgedrängt und von vielen nach wie vor belächelt, der Trend zu einer *neuen Ethik* im Management intakt. Die Frage nach dem Sinn unserer Wirtschaft stimmt heute wie gestern, und die Frage der Verantwortung und Moral läßt sich vielleicht verdrängen und übertünchen, aber nicht von der Tagesordnung unserer gesellschaftlichen und politischen Diskussion streichen.

In seiner „Nikomachischen Ethik" schreibt Aristoteles, Tugend sei die rechte Mitte zwischen zwei falschen Extremen. Sparsamkeit liege zwischen Geiz und Verschwendung, Mut zwischen Feigheit und Leichtsinn, Fleiß zwischen Nichtstun und Hektik. Seine Tugenden liegen daher auch auf dem goldenen Mittelweg: Klugheit, Gerechtigkeit, Mut und Maß. Langfristig schwingt das Pendel hin und her; zur Ruhe kann es nicht kommen, denn das Leben ist Bewegung; genauso ist es die Managementkultur als Ausdruck einer aktuellen gesellschaftlichen Realität.

Ich frage mich ständig, welche Art von Management „besser" ist: der „harte Stil", bei dem die Kommandos und Kontrollen vorherrschen, mit dem so viele Machos des Managements „gut drauf" sind und der von so manchen als die „Punze" des Erfolgreichen gesehen wird? Oder der „weiche Stil", der nachgibt und überzeugt, formt und erzieht, der aber auch vielfach als wenig wirksam und auch ein wenig blaß und schwächlich erlebt und vor allem in der Krise von den Schiedsrichtern der Meinungsmache belächelt wird?

Gutes Management landet nicht bei einem nach dem Reinheitsgebot konzipierten, sondern einem die Extreme stets nur berührenden, nicht vereinnahmenden Stil. Es ist zu guter Letzt der *Hausverstand*, der vielleicht intuitiv am besten erfaßt, was an Zielen und Instrumenten des Managements in der jeweiligen Situation vonnöten ist. Auch in der Krise können wir nicht gänzlich auf die Zukunft vergessen, wenn wir überhaupt an sie glauben. Aber die Zukunft darf uns nicht trösten, wenn uns in der Gegenwart das Wasser bis zum Halse steht. Der gesunde Hausverstand akzeptiert all das ohnehin, und er bringt auch vieles bei, was oft mit wesentlich gelehrteren Ausdrücken beschrieben wird. *Management by common sense* soll nicht eine neue Theorie werden, sondern nur die Aufforderung sein, nach keiner Richtung hin zu übertreiben, vor allem aber den Schlag des Pendels nicht extrem zu beschleunigen und nicht zu überziehen. Man sollte versuchen, maßvoll zu bleiben. Sonst werden bereits die nächsten Fehler mitprogrammiert.

Beispiele für den Hausverstand oder das Maß im Management gibt es genug. Der Vorstandsvorsitzende einer großen Versicherungsgesellschaft erzählte mir, daß er einen umfassenden Bericht über mögliche Fehler in der elektronischen Datenverarbeitung erhalten habe. Man stellte fest, daß es etwa 2000 Punkte gab, bei denen irgendetwas schiefgehen könnte und auch erfahrungsgemäß von Zeit zu Zeit ein Fehler passierte. Der eigentliche kritische Punkt gegen den Hausverstand lag aber darin, daß *alle* diese 2000 möglichen Fehler in regelmäßigen Abständen kontrolliert wurden. Dadurch entstanden verhältnismäßig hohe Kosten. Bei genauerem Hinsehen ergab sich dann, daß die Fehlerhäufigkeit äußerst unregelmäßig verteilt war. Schon der 35. Fehler kam, nach Häufigkeit geordnet, nur *einmal im Jahr* vor! Trotz des möglichen Risikos, seltene Fehler nicht regelmäßig zu überprüfen und dann entsprechende Korrekturkosten zu haben, wurde die Überkontrolle beseitigt: Nur mehr die am häufigsten vorkommenden Fehler wurden überhaupt überprüft. Wir haben es bei diesem Beispiel mit einer Regel zu tun, die unter dem Schlagwort ABC-Analyse bekannt ist und sich aus dem früher schon erwähnten Prinzip der Pareto-Verteilung ableitet, wonach immer wieder eine bestimmte Verteilung von Zusammenhängen vorkommt (wie bei Pareto zwischen Bevölkerungszahl und Pro-Kopf-Einkommen), die oft einer 80:20-Regel entspricht. Ich gehe für praktische Zwecke davon aus, daß sehr häufig 80 Prozent des gewünschten Zieles mit 20 Prozent jenes Aufwandes erreicht werden können, der bei einer fast 100 %igen Zielerreichung entstünde. Man sollte über diese kleinen Erfolge des Hausverstandes nicht lächeln, weil unser betrieblicher Erfolg nicht unbedingt aus den großen visionären Ansätzen, sondern dem täglichen mühevollen Umsetzen von einfachen Prinzipien besteht: richtig fragen, knapp antworten, billig machen, keine Zeit „verlieren“ usw. Wie oft lösen wir die falschen Probleme mit der richtigen Methode und ungeheurer Akribie! Bei der strategischen Ausrichtung eines Unternehmens wieder kommt es sehr häufig vor, daß der aktuelle Trend, der Druck der gegenwärtigen Situation und die begrenzte Freude am Risiko das Unternehmen an einer zu kurzen Leine halten. Der Erfolg liegt in einer ungewissen Zukunft, das Scheitern oder die Kosten könnten hier und jetzt spürbar werden. Ohne Risiko gibt es aber keine Chancen. Das Geheimnis heißt, zur rechten Zeit und im rechten Maß Risiko zu übernehmen – und rechtzeitig allenfalls auf Chancen zu verzichten, wenn man nicht stark genug für das nötige Risiko ist. Auch hier sollte man an den Schlag des Pendels denken und stets die andere Seite ebenso bewußt vorwegnehmen, in die es einmal wieder schwingen wird: Das Ideal ist dynamisches Gleichgewicht des Managens im Rhythmus lebendiger Veränderung.

DIE SACHZWÄNGE BESTEHENDER VERHÄLTNISSE

Friedrich A. Hayek hat wie schon erwähnt den Wettbewerb als Entdeckungsverfahren bezeichnet. In einem Vortrag am Institut für Weltwirtschaft in Kiel (1968) beschrieb er ihn „systematisch als ein Verfahren zur Entdeckung von Tatsachen ..., die ohne sein Bestehen entweder unbekannt bleiben oder doch zumindest nicht genutzt werden würden". Welche Güter knapp sind oder welche Dinge „Güter" sind oder wie knapp oder wie wertvoll sie sind, ist einer der Umstände, die der Wettbewerb entdecken soll. Es sind jeweils die vorläufigen Ergebnisse des Marktprozesses, die den einzelnen sagen, wonach zu suchen es sich lohnt. Ausgangspunkt für diese Aussage ist die Auffassung, daß es auf allen Gebieten eine Grenze zwischen dem, was wir wissen, und dem, was wir nicht wissen, gibt. Dort, wo der Mensch nichts mehr erfahren kann, empfindet er das Bedürfnis nach Weltanschauung, nach Philosophie und Religion, meint Hayek. Der Wettbewerb als Entdeckungsverfahren ist also der Schlüssel zur Öffnung des Entwicklungspotentials jeder Gesellschaft. Ohne begrenztes Wissen, ohne die eigentliche Knappheit dieses Wissens, gäbe es keine Selektion, keinen Markt (der Ideen und dann der Dinge), keine Evolution. Der Wettbewerb sucht auch nach der sparsamsten Verwendung von Energie. Wenn es in der Weltwirtschaft oder in einem Unternehmen keinerlei Blockaden gäbe, würde Energie zu ihrer sparsamsten Verwendung fließen, wie es die Natur befiehlt. Ähnliche Erfahrungen machen wir ohnehin mit (echten) Märkten, Freihandelszonen oder bei offenen Grenzen. Darum erzielen wir aus dem Ergebnis der Uruguay-Runde des GATT ein paar hundert Milliarden Dollar Wohlstandsgewinn.

Wie der Zeitpfeil in eine Richtung weist, so schließt sich ihm der Pfeil des Wissens an. Dieses *Wissenwollen,* das Daniel Bell in seinen Werken als die eigentliche Triebfeder der modernen Gesellschaft bezeichnet hat, ist auch die treibende Kraft im Leben von Organisationen. Daher muß jedes nach Sinn und künftiger Existenz suchende soziale Gebilde *aus dem eisernen Käfig ausbrechen, der Energie, Wissen, Visionen und Kreativität in die Sachzwänge bestehender Verhältnisse einsperrt.* Und doch ist dieser Ausbruch nicht genug; paradoxerweise müssen wir gleichzeitig in diesem Käfig bleiben. Die Quadratur des Kreises, wie sie vor allem die asiatischen Kulturen wesentlich besser begreifen als wir – weil wir unsere Begriffe viel schärfer gegeneinander abgrenzen, wogegen asiatisches Denken die Mitte der Begriffe sucht –, diese Quadratur des Kreises müssen wir auch unseren Organisationen verschreiben. Wie das Wildentenprinzip die optimale Kombination von scheinbaren Gegensätzen lehrt, von Kampf und Konsens oder von Egoismus und Solidarität, so müssen wir auch in unseren Organisationen die Freiheit der Entfaltung und den Zwang des Verbleibens miteinander verbinden. Wir müssen uns damit abfinden, daß es Tag und Nacht, Leben und Tod, Himmel und Erde auch in den alltäglichen Kleinigkeiten des menschlichen Zusammenlebens gibt. Ich habe oft genug Führungskräfte und Mitarbeiter darauf hingewiesen und damit getröstet, daß immer alles in Bewegung ist und kein Punkt fix bleibt. Wir neigen dazu, uns immer wieder auf irgendetwas zu fixieren, uns an eine gegebene Situation zu klammern und nach Sicherheit und Sinn im gerade *jetzt* vor uns befindlichen Stück Leben zu suchen. Menschlich, allzu menschlich ist das. Aber wir sollten uns den Glauben an den „göttlichen Funken" erhalten, der plötzlich eine neue Welt erhellt.

DIE QUADRATUR DES KREISES

Wir können statt der Quadratur des Kreises auch ein *Modell ständig fließender und zwischen Polen pendelnder Energie* zum Verständnis dieser Idee darstellen. Nennen wir Struktur, Planung, Machbarkeit, Intervention und Kontrolle *harte* Faktoren. Stellen wir ihnen Prozeß, Improvisation, Anpassung, Laufenlassen, Überzeugen usw. gegenüber, sogenannte *weiche* Faktoren. Die Energie wird dann optimal fließen, wenn sie zwischen diesen beiden Polen möglichst wenig blokkiert pendeln kann. Wir können dieses Energieaustauschmodell zwischen dem Pluspol der harten und dem Minuspol der weichen Faktoren auch graphisch veranschaulichen (siehe nebenstehende Grafik).

Den eisernen Käfig bestehender Verhältnisse können wir nicht hinter uns lassen, sondern müssen ihn auch auf unsere Reise mitnehmen. Das heißt, daß wir im Prozeß die Struktur und in der Struktur den Prozeß sehen müssen, daß Organisation nicht nur fremdgesteuert, sondern auch selbstgesteuert ist, daß Planung kein Gegensatz zur Improvisation ist, daß Intervention und *Laissez-faire* vereinbar sind usw. Kurz, daß *diese Polaritäten auch in unserem Denken nebeneinander, ja ineinander Platz finden* müssen – wie die Quadratur des Kreises. Der Austausch zwischen Egoismus und Solidarität, Wettbewerb und Zusammenarbeit und schließlich Kampf und Konsens liegt auf einer jeweils anderen Ebene, gehorcht aber den gleichen Gesetzen des Lebens.

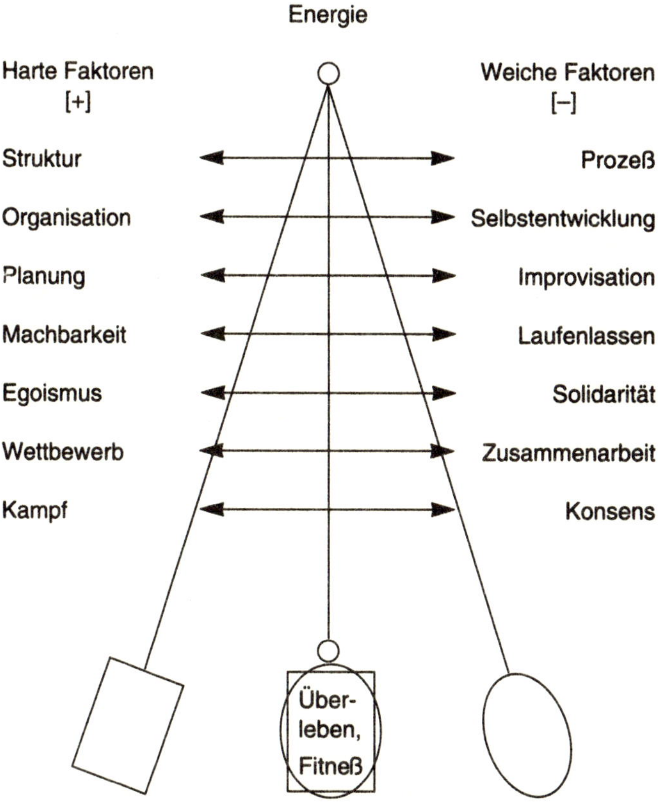

Der Pendelschlag zwischen Spannung und Spannungsausgleich ist der Puls des Lebens. Das Fließen zwischen dem Pluspol und dem Minuspol erzeugt Energie, sichert Überleben und Fitneß.

Der Systemtheoretiker und Biokybernetiker Heinz von Foerster hat zwei Denkmodelle entwickelt und einander gegenübergestellt, die das notwendige Miteinander von Gegensätzlichkeiten in Organisationen gut zusammenfassen.

1. Die „triviale Maschine“ wirkt als vorhersagbare Funktion y = f (x). Ein bestimmter Input x wird zu einem Output y transformiert. Die wichtigsten Eigenschaften eines solchen Systems der „Routine“, ohne die keine Organisation auskommt, sind:
   - analytische Bestimmbarkeit;
   - Unabhängigkeit von der Vergangenheit („kein Gedächtnis“);
   - Voraussagbarkeit.

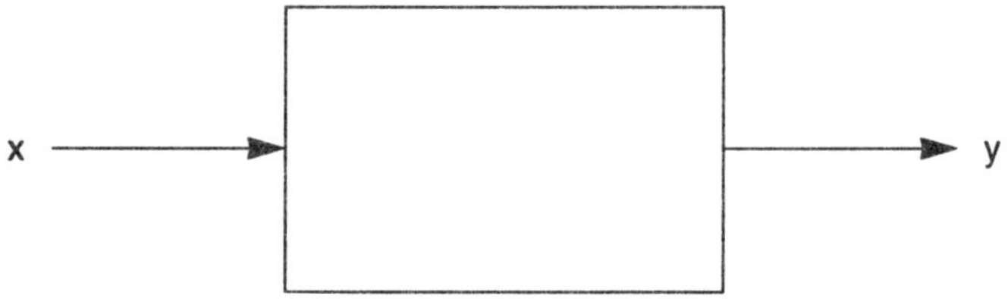

$y = f(x)$

Wir erkennen die Denkformen der Mechanistik sofort wieder.

2. Die „nicht-triviale Maschine“ wirkt als Funktion eines Inputs x, der im Rahmen eines „inneren Zustandes“ z nochmals transformiert und daher nicht mehr voraussagbar wird. Die Eigenschaften eines solchen Systems sind im Unterschied zur trivialen Maschine:
   - keine analytische Bestimmbarkeit;
   - Abhängigkeit von der Vergangenheit;
   - keine Voraussagbarkeit.

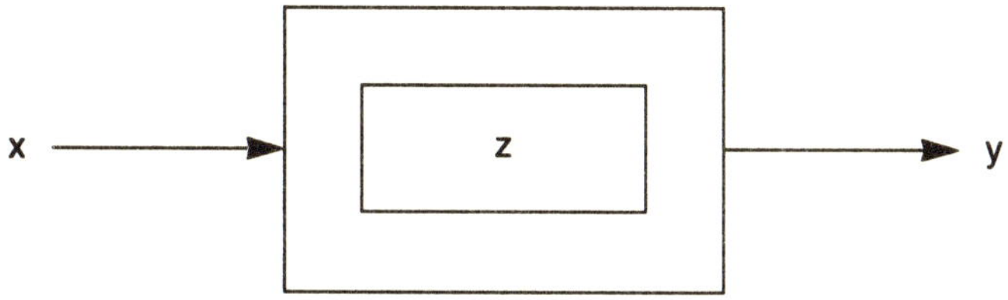

$y = f(x, z)$

Die Funktion des Zustandes $z = f(x, x')$ und die Wirkungsfunktion $y = f(x, z)$ stehen in einer ständigen Wechselwirkung, die Resultate sind nicht voraussagbar.

Wir erkennen die Ansätze des ganzheitlichen Denkens, das, aus ständigen Wechselwirkungen und Feedback-Schleifen genährt, immer wieder das Unerwartete bringen kann, dem Leben aber näherkommt als die „triviale Maschine".

DIE ENERGIE DER VERÄNDERUNG

Ich habe schon im Buch „Die neuen Macher" von der „Einheit Führende und Geführte" gesprochen. Führung als nicht-triviales System bedeutet, daß die ständigen Wechselwirkungen und Zustandsänderungen auch das Ergebnis nur als *Zusammen*wirken, nicht als *Ein*wirken allein verständlich machen. Unter Hinweis auf diese zwei Modelle warnt der Betriebswissenschaftler und Berater Alfred Janes davor, die „triviale Maschine" dort einsetzen zu wollen, wo sie nicht funktionieren kann. Ein Input, ob er nun in ein triviales oder nicht-triviales System eingeht, ist im Sinn unserer Überlegungen Energie zur Veränderung. Energie kann viele Formen annehmen. *Sozialenergie* in der Definition von

Beziehungen, *Geistenergie* im Sinn einer intellektuellen Überzeugungskraft oder *ethische Energie* als Standpunkt und Charakterwissen. Die Definition des Energiefeldes nach dem Wildentenprinzip folgt dem Grundsatz der polarisierten Ganzheit von Kampf und Konsens als den in meinen Augen wichtigsten Bewegern sozialer Entwicklung. Ich stelle die These auf, daß eine Optimierung *beider* Faktoren in einer sozialen Organisation zur Optimierung ihrer Möglichkeiten führt. Selbst in großen Organisationen gibt es die Chance, aus dem „eisernen Käfig" auszubrechen, wenn nur ein starker Wille dazu da ist und die Macht zur Veränderung aus einem Optimum der Sozialenergie gespeist wird. Denken wir an das Beispiel von Jack Welch, der General Electric „neu erfunden" hat. Seine einfache Vision war, General Electric in jedem Geschäftsfeld, in dem die Gesellschaft tätig war, zur Nummer eins, wenigstens aber zur Nummer zwei zu machen. Wie wollte er das erreichen? Selbstvertrauen, Schnelligkeit und Einfachheit sollten die wichtigsten Bestandteile dieses Erfolgsmix sein. Die Organisation sollte durch *delayering,* also die Entfernung unnötiger (hierarchischer) Ebenen, entschlackt werden, unnötige Arbeit sollte durch *workout* entfernt und Selbstvertrauen und Erfolg sollte durch die Anerkennung von *best practices* im ganzen Unternehmen verbreitet werden. In einem Aktionärsbrief von GE aus dem Jahre 1990 wurde diese Philosophie als ein Anliegen *aller* beschrieben: Bessere Resultate können wir nur erzielen, wenn sich die Zehntausenden Menschen, die jeden Tag zur Arbeit gehen, an der Suche nach besseren Möglichkeiten beteiligen. In einer Titelgeschichte von „Business Week" im November 1993 heißt es über den neuen Topmann von General Motors: „Kann Jack Smith GM in Ordnung bringen? Nur wenn er seine Vision im stolpernden Riesen verbreiten kann." Manches sei in einem „ordentlichen Start" schon gelungen, aber enorm viel bliebe zu tun. Eiserne Käfige der Größe und Komplexität von GM enthalten auch dicke Gitterstäbe und viele Unterkäfige ...

Ich beziehe mich gerne auf das Märchen vom Hasen und vom Igel, wenn manche Führungskräfte glauben, sie müßten *alles selbst machen* oder zumindest unter *Kontrolle* haben und damit die hierarchische und vertikale Organisation rechtfertigen. Wir müssen akzeptieren, daß es immer mehr Igel als Hasen gibt! Im Wettbewerb kann nicht *einer* erfolgreich sein, kann es nicht die *eine* und allein zündende und erfolgversprechende Idee oder die *eine* allein treibende Kraft geben, sondern müssen die Ideensymphonie und das Energiekonzert der vielen den Erfolg bringen. Aber dennoch ist es dieses Bild vom Hasen, das das Ideal des Managers in den Köpfen vieler nachbildet: Bis zur Selbstaufgabe (bis zum Erschöpfungstod des Hasen) sollen die Manager Führungsarbeit leisten. Ihr Ehrgeiz und ihre Willensenergie sollen unerschöpfliche Kraftquellen erschließen. Würde ein Topmanager tatsächlich versuchen, die Führung des ganzen Unternehmens auf sich zu ziehen, dann züchtet er sich überspitzt gesprochen zahllose Igel, die immer schon vor ihm dagewesen sein werden. Und trotzdem muß der Manager *auch* sein wie ein Hase, der gegen die Igel läuft. Aber er braucht andere, die mit ihm laufen und da sind, wenn er noch nicht am Ziel sein kann.

Der Unternehmer-„Maverick" Ricardo Semler propagiert für den Ausbruch aus den Sachzwängen, den er in seinem Konzern offensichtlich erfolgreich geschafft hat – ein revolutionäres Modell von „Management ohne Manager". Er meint, daß überschaubare Strukturen, totale Transparenz und deshalb gegenseitige soziale Kontrolle, Gewinnbeteiligung für alle, volle Information und Verhinderung von etablierten Hierarchien durch Unternehmensdemokratie und wechselnde Führungsverantwortung „Leadership ganz von alleine entstehen läßt". Wir finden in seinem Modell viele vertraute Ansätze des *Lean management*, wie zum Beispiel die Verminderung von Führungsebenen, das Eine-Seite-Memo, den Abbau von administrativem Komfort usw. Aber kaum woanders ist – jedenfalls nicht öffentlich bekannt – ein *System* daraus gemacht worden, die Kontrolle von oben durch eine *Kontrolle von innen* zu ersetzen. Was hier – ob auf Dauer, wird man erst später sehen – gelungen scheint, ist die energiesparende Transformation persönlichen Einsatzes mit wenigen Blockaden zur gemeinsamen Leistung durch ein erfolgreiches Konsensmodell. Semler selbst sagt, daß Erfolgreiche nur eines brauchen: Die Menschen müssen mit freudiger Erwartung jeden Morgen zur Arbeit kommen. Kurz gesagt: Wenn unsere Arbeit für uns Sinn macht, dann werden wir sie gerne tun. Aber das ist leichter gedacht als getan.

MOTIVATION DURCH SINN

Die Frage nach dem Sinn des Daseins begleitet den Menschen seit seiner Menschwerdung. Seit wir ein Selbst-Bewußtsein haben, wie John C. Eccles es beschrieben hat, stellen wir uns die Frage nach dem Ziel unseres Lebens, ja nach unserer Existenz über das Leben hinaus. Gerade in unserer überreizten und beschleunigten Zeit suchen viele Menschen nach Verankerung im metaphysischen Bereich, oft nicht in der traditionellen Religion und Ethik unserer Kultur, sondern in einer Art metaphysischer Fluchthaltung bei Esoterik, Sektenwesen und sonstigen „neuen“ Sinnspendern. C. G. Jung sagt: „Was du bewußt berührst, gerät Dir nicht zum Schicksal. Was wir uns bewußt machen, das können wir leichter ertragen.“ Wenn wir uns selbst besser erkennen, können wir aus unklaren Ängsten ein bewältigbares konkretes Problem machen, erkannte Schwäche umgehen und teilweise korrigieren, indem wir uns besser auf die eigenen Stärken konzentrieren. So kommen wir auch auf der Suche nach der neuen Organisation auf den Menschen zurück, den Anfang und das Ende gemeinschaftlichen Denkens und Handelns. Gerade als Führungskräfte in Organisationen müssen wir die vielen und tiefen Seiten des Menschlichen besser verstehen lernen, vor allem uns selbst, um diese weite Reise zum Sinn unserer Arbeit als ein befreiendes Erleben zu gestalten.

Der erfolgreiche Unternehmensberater und Leiter seiner eigenen „Sinnwerkstatt“, Klaus Peter Seibt, will sich um das wertvollste Instrument des Erfolges kümmern: das eigene Ich. Durch „Lehrlernen“ (ein Kreislauf des Lehrens und des Lernens) sollten wir uns etwa die folgenden Kontrollfragen stellen:

- Ich bin scheinbar sehr erfolgreich, warum lächle ich so selten?
- Ich kann mir vieles leisten, was ich mir wünsche, warum freue ich mich so wenig?
- Ich kenne viele Menschen, warum kann ich mich auf kaum einen von ihnen verlassen?
- Warum empfinde ich nicht mehr Sympathie, Freundschaft und Liebe?
- Ich habe Probleme zu lösen, warum bedrücken sie mich derartig und warum folgen sogleich neue noch schwierigere nach?
- Ich lebe unter einschränkenden Bedingungen, warum ändere ich sie nicht?

- Ich habe noch Leben vor mir, will ich es weiterhin verstreichen lassen? Warum ist es nicht groß, glänzend, schön, dieses Leben? Warum wird es nicht so – durch mich?

Wir sehen, daß der eiserne Käfig nicht nur in unseren Organisationen, sondern auch in uns selbst immer wieder auftaucht. Wir sperren uns selbst ein, unsere Gefühle, unsere Kreativität, unsere Möglichkeiten. Wir werden aber auch eingesperrt von anderen, die diese Gefühle, Möglichkeiten und Stärken nicht gebrauchen können oder denen sie vielleicht sogar im Weg sind. Wir werden kämpfen müssen,wenn wir frei sein und es bleiben möchten. Wir werden uns zu stellen haben, wenn wir herausgefordert sind.

Management ist wie alles im Leben, was wir in irgendeine Kategorie einteilen, nur Teil eines größeren Ganzen. Wir sollten daher auch darauf achten, die Ganzheit nicht zu übersehen, in der wir tätig sind. Wir werden und können nicht alles überblicken, was wesentlich ist; wir sind nicht dazu imstande, alles zu bewegen, was bewegt werden müßte; wir können mit unserem Glauben nicht unbedingt Berge versetzen; wir können aber wohl Berge ersteigen oder umgehen. Wir leben in Gegensätzen und dürfen uns nicht von ihnen auseinanderreißen, sondern nur von ihnen elektrisieren lassen. Wir heben eine Hand zum Kampf, die andere reichen wir zum Konsens. Wir stehen mit dem einen Fuß in der Natur, mit dem anderen in der Kultur unserer Existenz. Wir leben für uns selbst und für andere.

Es gibt ein russisches Märchen, das die Bedeutung von Solidarität für das Zusammenleben, ja das Überleben von Menschen auf wunderbare Weise klarmacht. Darin kommt ein Rabbi zu Gott und bittet darum, daß ihm einmal Himmel und Hölle gezeigt werden. Der Rabbi wird in einen großen Raum geführt, in dem Menschen im Kreis um ein Feuer sitzen, auf dem ein köstlicher Eintopf schmort. Alle schöpfen mit langen Löffeln aus dem Gefäß. Dem Rabbi fällt auf, daß die Menschen mager sind und unglücklich dreinschauen. Und er erkennt, warum: Die Löffel, die sie benutzen, sind so lang, daß sie sich nicht zum eigenen Mund führen lassen. Das ist die Hölle, sagt der Begleiter und führt den Rabbi weiter – in den Himmel. Dort ist alles genauso wie in der Hölle. Mit einem kleinen, aber entscheidenden Unterschied: Die Menschen sehen gut genährt und glücklich aus – sie schieben sich ihre Löffel gegenseitig in den Mund (zitiert nach Stefan Baron, Wirtschaftswoche 37/1993).

Hinter dieses Geheimnis müssen wir kommen: Was ist der Unterschied zwischen Himmel und Hölle in Organisationen? Ich glaube, daß es die *Bereitschaft zum Teilen* ist. Sich selbst mit-teilen zu können heißt, Ganzes bleiben und doch Teil sein. Dann ist der beste Beitrag jedes einzelnen zum gemeinsamen Erfolg möglich.

DER FÜNFSATZ DES WILDENTENPRINZIPS

Zum Abschluß und als Zusammenfassung möchte ich im Licht des Buches das Wildentenprinzip nochmals als Fünfsatz interpretieren.

1. *Soziale Energie bewußt erleben und sinnvoll einsetzen.* Begreife die Macht des gemeinsamen Fluges von vielen Flügeln.

   Gemeinsam läßt sich mehr erreichen. Die Gemeinschaftsleistung spart Energie. Management hat immer das Ziel zu verfolgen, mit knappen Ressourcen nachhaltig ein optimales Ergebnis zu erzielen. Wenn wir die Beispiele der Natur und die Lehren aus dem Lebendigen als Vorgabe beherzigen, dann sehen wir die sparsame Verwendung von Energie als ein *Grundprinzip* des Lebens bestätigt. Zusammenarbeit spart Energie. Allerdings ist das Leben des Menschen keineswegs nur von seiner biologischen Realität bestimmt. Der Mensch besitzt Selbst-Bewußtsein, einen freien Willen und kulturelle Traditionen: Wertecollagen seiner Befindlichkeit, würde man heute sagen. Er trägt eine stammesgeschichtliche Prägung seines Denkens und Handelns in sich, er ist ein territoriales Wesen mit Anspruch auf Rang und Rolle. Der Mensch versteht allerdings, daß große Aufgaben nur gemeinsam erfüllt werden können, und befolgt von alters her auch Regeln des guten Zusammenlebens. Das Wildentenprinzip will die Energie des Kampfes um das Überleben durch aktive Anpassung mit einer energiesparenden und erfolgversprechenden Zusammenarbeit koppeln.

2. *Vom Leben die Bewältigung von Gegensätzen lernen.* Glaube an die Kraft in Dir und in den anderen. Erkämpfe die eigene und die gemeinsame Leistung mit gleichem Einsatz.

Ohne einen starken Lebenswillen und eine darin zum Ausdruck kommende positive Haltung läßt sich kein Kampf gewinnen. Der Wille zum Erfolg braucht Energie. Ohne diesen Willen geht gar nichts. Jeder Mensch kann Kraft mobilisieren, wenn er Sinn in einer Aufgabe oder Sinn in einer Beziehung sieht. Man darf nicht nur an die eigenen Möglichkeiten glauben, sondern muß auch die der anderen Menschen wahrnehmen und einsetzen. Diese Vorgabe ist hart. Wie oft sind wir nicht enttäuscht, verlassen und verraten worden? Wie oft haben sich nicht Kräfte, die wir genährt haben, gegen uns selbst gewendet? Dennoch gibt es meiner Ansicht nach keinen anderen Weg als diesen des *Glaubens an sich selbst und an andere.* Aus dieser Haltung erst kann Vertrauen und Schutz erwachsen, und in dieser Polarität können sich Kräfte frei entfalten. Die Aggressivität und die Selbstzerstörung (als ihre eigentliche Wurzel) müssen bekämpft werden, wenn wir Energie in eine nach außen wirkende Leistung wandeln wollen. Aggression und Macht sind aber ständige Begleiter des sozialen Lebens. Sie sind auch natürliche Elemente der gesellschaftlichen Wirklichkeit. Es sollte stets genügend Kontrolle durch Recht und Moral geben, damit die normalen Spannungen zwischen Funktionsträgern, Interessen und Ansprüchen nicht zersetzend wirken. Das Wildentenprinzip will die eigene Kraft mit der Kraft der anderen verbinden und dadurch eine frei fließende gemeinsame Energie in eine sinnvolle Gemeinschaftsleistung lenken.

3. *Leistung für sich und andere im Wettbewerb erkämpfen.*
   Führe, aber laß Dich auch selbst führen. Nimm Deinen Platz in der Schar zum Anlaß, für mehr Leistung; dann werden Rolle und Rang folgen.

Es ist eine wunderbare Übung, mit geschlossenen Augen und den Händen auf den Schultern des Vordermannes zu laufen. Der erste führt mit offenen Augen, die anderen folgen im Vertrauen auf die gute Führung. Man kann dann die „Last“ der Führung körperlich spüren, ebenso wie die Geführten die

Fliehkräfte wahrnehmen, wenn der Führende die Kurve zu eng anschneidet. Leistung erfordert kämpferischen Einsatz und Willensenergie des Führens und des Folgens. Ein letzter *entscheidender* Sprung ins Ungewisse liegt allen großen Taten zugrunde. Die Durchsetzung des eigenen Willens kann nicht ohne Rücksicht, schon gar nicht als Kampf auf Leben und Tod, angelegt sein. Die menschliche Gruppe braucht das Zusammenspiel von Entscheidungen und den *einen* Willen in der Vielheit, daher auch die Abweichung der Meinungen voneinander. Konflikt und Konfliktlösung sind Voraussetzung und Folge des Zusammenwirkens. Der Beitrag jedes Mitglieds einer Organisation muß in doppelter Abhängigkeit von der eigenen Leistung und der Funktion in der Gemeinschaft gesehen werden. Es ist klar, daß es Kompetenz- und Rangkonflikte, Meinungs- und Wertdifferenzen und viele Kommunikationsprobleme zu bewältigen gibt, um „in der Schar" zu bleiben. Das Wildentenprinzip fordert dazu auf, durch Leistung Rang und Einfluß in der Gruppe aufzuwiegen und die Übereinstimmung des unternehmerischen Willens im Wechselspiel zwischen Kampf und Konsens herbeizuführen.

4. *Solidarität für die Gemeinschaft erbringen.*
Die Natur hat dem Leben mitgegeben, sich durch ständige Anpassung zu erhalten und zu entfalten. Es ist zutiefst menschlich, den Erhalt des eigenen Lebens und die Sicherung der eigenen Möglichkeiten an die erste Stelle zu reihen. Macht ist Überleben. Und Überleben erfordert Ressourcen. Die Erhaltung des Selbst und der Art wirken weiter auf die Sicherung des Reviers und die Wahrung von Lebensmöglichkeiten. Der Mensch ist wie jedes Lebewesen auf Lebensgemeinschaften angewiesen. Er

muß früh die Bereitschaft zum Teilen lernen, sich dafür aber Vertrauen einhandeln, daß auch die anderen zu teilen bereit sind. Die alte Regel „Gleiches mit Gleichem“ *(lex taleonis)* ist das grundlegendste ethische Prinzip des Zusammenlebens und doch eines, das überwunden werden muß. Eine Leistung ohne Blick auf die Gemeinschaft gibt es gar nicht, weil die Gemeinschaft die Leistung und das Entgelt der einzelnen immer überprüft. Von der gerechten Steuerprogression bis zur unerfreulichen Neidgesellschaft können wir zahlreiche Beweise für die Auswirkungen des Gleichheitsprinzips sehen, das uns als Schwester der Freiheit sozial und politisch begleitet. Es sollte daher keine Anstrengung geben, die nicht schon in sich die Bereitschaft zum Teilen enthält. Leistung *auch* für andere ist eine Abschwächung des Eigensinns, aber kein Freibrief für das Trittbrettfahren. Freiheit ohne Verantwortung ist unmöglich. Das Wildentenprinzip will das Gleichgewicht zwischen Eigensinn und Gemeinschaftssinn herstellen und Leistungen, Verantwortung und Entgelt fair teilen.

5. *Durch Verantwortung Sinn für sich selbst und andere schaffen.*
Spannung und Spannungsausgleich sind Gesetze des Lebens – von der Zelle über die persönlichen Beziehungen bis zur sozialen und geschichtlichen Entwicklung der Menschheit. Ein Urproblem der Gesellschaft ist die Beziehung von Ich und Wir. Eine immer neue und aktuelle Frage sind die Aktionen zur Förderung der gesellschaftlichen Balance. Ein Gegensatz von Interessen ist legitim. Auch Konflikt zwischen den Verfechtern dieser Interessen ist normal. Wir werden aber stets zwischen den eigenen und den anderen Interessen einen langfristigen Aus-

gleich schaffen müssen, wenn wir die Lebensfähigkeit des Systems bewahren wollen. Kampf und Konsens müssen wir als Einheit sehen, weil sie voneinander abhängig sind. Gemeinsam bestimmen sie die soziale Synergie jeder Organisation. Solidarität und Egoismus sind ein gutes Gespann, wenn man sie mit gleichen Kräften versehen kann. Diese Quadratur des Kreises möchte das Wildentenprinzip lehren. Wir werden ewig Lernende bleiben, um Kampf und Konsens als Wege des Lebens zum Erfolg zu nutzen. Und der Weg ist das Ziel.

NACHWORT

Die Idee zu diesem Buch entstand so: Wolfgang Schüssel zitierte bei der Präsentation der „Neuen Macher“ im März 1990 die „Wildentenkultur“. In meiner Bank bildete sich spontan ein „Wildentenkreis“. Und ein Freund schenkte mir die Attrappe einer Wildente zum Geburtstag. Ich war erstaunt, daß ein eher nebenbei und scherzhaft aufgestelltes Theorem einer Unternehmenskultur solche Aufmerksamkeit gefunden hatte.

Seit damals beschäftigte ich mich dann mit der Flugformation von Zugvögeln, stieß auf das Gesetz der knappen Energie, staunte über die „einfache Komplexität“ des Lebens, die eine leider oberflächliche Beschäftigung mit Biologie – vor allem Verhaltensbiologie und Soziobiologie – zutage förderte. Zwangsläufig ergab sich daraus ein Interesse für „biologisches Management“ und die organische Betrachtung von Organisationen und schließlich für all die interdisziplinären Zusammenhänge zwischen den mannigfachen Aspekten von Mensch, Gesellschaft und Management, die ich in diesem Buch verarbeitet habe. Wie aktuell dieser Ansatz geworden ist, zeigt eine umfassende Analyse im „Economist“ zur Jahreswende 1993/1994. *„Evo-Economics“* wird genannt, daß Biologie und Ökonomie gegenseitig ihre Theorien austauschen und eine „neue und ermutigende Sicht der menschlichen Natur entsteht“.

Ich bedanke mich bei einer Reihe von Gesprächspartnern, die mir speziell bei der Prüfung und Auffindung von Gedankenansätzen geholfen haben, vor allem

Rudi Bretschneider, Bernd Lötsch, Helmut Neumann und Rupert Riedl. Man dankt bei der Beendigung einer Arbeit, die eine Art geistige Geburt ist, gerne auch allen jenen, die sonst noch Beiträge geleistet haben: Es sind Kollegen und Freunde, die mir bewußt oder unbewußt Anregungen in Wort und Tat vermittelten. Es ist die Familie, die das Entstehen des Buches über die letzten drei Jahre geduldig mitansah – war doch die ohnehin knappe Familienzeit noch zusätzlich beeinträchtigt. Ich danke auch dem Verlag, insbesondere der Lektorin, Frau Sibylle Pühringer, und Leo Mazakarini, der sich einmal mehr in seiner Rolle als „Büchervater“ bewährt hat. Auch mein Freund Anton M. Burghardt hat das Manuskript kritisch durchgesehen und die verbleibenden Ungereimtheiten vermindern geholfen.

Widmen möchte ich das Buch meinem kleinen Alexander, weil er wie sein Bruder Michael (dem mein erstes Buch gewidmet war) die Hoffnung auf eine bessere Welt verkörpert.

Wien, im Januar 1994

VERWENDETE UND WEITERFÜHRENDE LITERATUR

Ammelburg, Gerd: Organismus Unternehmen. Düsseldorf 1993.

Armstrong, Michael: Die Geheimnisse erfolgreicher Manager. Wien 1990.

Bell, Daniel: The Coming of Post-Industrial Society. London/New York 1973.

Bennis, Warren: On Becoming a Leader. Reading 1989.

Briggs, John-Peat F. David: Die Entdeckung des Chaos. Wien/München 1990.

Canetti, Elias: Masse und Macht. Hildesheim 1992.

Cassirer, Ernst: Versuch über den Menschen. Frankfurt/Main 1990.

Davies, Paul: Prinzip Chaos. München 1991 (3. Auflage).

de Bono, Edward: Conflicts. London 1985.

Deal, Terrence; Kennedy, Allen: Corporate Cultures. London 1988.

Eccles, John C.: Die Evolution des Gehirns – Die Erschaffung des Selbst. München/Zürich 1989.

Eibl-Eibesfeldt, Irenäus: Liebe und Haß. München/Zürich 1970.

Eibl-Eibesfeldt, Irenäus: Der Mensch – das riskierte Wesen. München/Zürich 1988.

Eibl-Eibesfeldt, Irenäus: Die Biologie des menschlichen Verhaltens. München/Zürich 1986 (2. Auflage).

Gerken, Gerd: Manager ... Die Helden des Chaos. Düsseldorf/Wien/New York/Moskau 1992.

Hammer, Michael; Champy, James: Reengineering the Corporation, A Manifesto for Business Revolution. New York 1993.

Handy, Charles: Inside Organizations. London 1990.

Handy, Charles: Understanding Organizations. London 1993 (4. Auflage).

Hass, Hans: Der Hai im Management. München 1988

Haumer, Hans: Die neuen Macher. Wien 1990 (2. Auflage).
Hawking, Stephen W.: Eine kurze Geschichte der Zeit. Reinbek bei Hamburg 1988.
Höhler, Gertrud: Spielregeln für Sieger. Düsseldorf/Wien/New York/Moskau 1991.
Imai, Masaaki: Kaizen. Der Schlüssel zum Erfolg der Japaner im Wettbewerb. München 1992.
Inglehart, Ronald: Kultureller Umbruch. Frankfurt/New York 1989.
Katzenbach, Jon R.; Smith, Douglas K.: The Wisdom of Teams. Boston, Massachusetts 1993.
Keegan, John: The Mask of Command. New York 1988.
Lay, Rupert: Die Macht der Wörter. München 1986.
Lay, Rupert: Ethik für Manager. Düsseldorf/Wien/New York 1989.
Lay, Rupert: Kommunikation für Manager. Düsseldorf/Wien/New York 1989.
Lay, Rupert: Wie man sinnvoll miteinander umgeht. Düsseldorf/Wien/New York/Moskau 1992.
Lorenz, Konrad: Das sogenannte Böse. München/Zürich 1984.
Lorenz, Konrad: Die Rückseite des Spiegels. München/Zürich 1988.
Mann, Rudolf: Die fünfte Dimension in der Führung, Quelle für Produktivität und Kreativität im Unternehmen. Düsseldorf 1993.
Maslow, Abraham H.: Motivation und Persönlichkeit. Olten 1977.
Mintzberg, Henry: Mintzberg on Management. Inside our strange world of organizations. New York 1989.
Moss Kanter, Rosabeth: The Change Masters. London/Sydney/Wellington 1973.
Müri, Peter: Chaos-Management, Die kreative Führungsphilosophie. München 1985.

Pfeffer, Jeffrey: Managing with Power. Boston, Massachusetts 1992.
Pugh, D. S; Hickson, D. S.: Writers on Organizations. London 1989 (4. Auflage).
Pümpin, Cuno: Das Dynamik-Prinzip. Düsseldorf/Wien/New York 1989.
Riedl, Rupert: Die Strategie der Genesis. München/Zürich 1984 (3. Auflage).
Schein, Edgar H: Organizational Culture and Leadership. San Francisco/London 1987 (6. Auflage).
Schulz von Thun Friedemann: Miteinander reden (Teil 1 und 2). Reinbek bei Hamburg 1981.
Schulze, Gerhard: Die Erlebnisgesellschaft. Frankfurt/Main/New York 1992.
Schwarz, Gerhard: Die „heilige Ordnung“ der Männer. Opladen 1987 (2. Auflage).
Schwarz, Gerhard: Konfliktmanagement. Wiesbaden 1990.
Senge, Peter M.: The Fifth Discipline, The Art & Practice of the Learning Organization. New York 1990.
Simmel, Georg: On Individuality And Social Forms. Chicago/London 1971.
Smith, Peter B.: Groups within Organizations. London/New York/Evanston/San Francisco 1973.
Thompson, James: Organizations in action. 1967.
Tyson, Shaun; Jackson, Tony: The Essence of organizational Behaviour. Hertfordshire 1992.
Waldrop, M. Mitchell: Complexity. New York/London/Toronto/Sydney/Tokyo/Singapore 1992.
Watzlawick; Beavin; Jackson: Menschliche Kommunikation. Bern/Stuttgart/Toronto 1990 (8. Auflage).
Weber, Max: Wirtschaft und Gesellschaft. Tübingen 1980.
Wilson, Edward O.: Sociobiology. Cambridge/Massachusetts/London 1982 (7. Auflage).
Zaleznik, Abraham: Führen ist besser als Managen. Freiburg i. B. 1989.

PERSONENVERZEICHNIS

STICHWORTVERZEICHNIS